낙랑파라 시대

낙랑파라 시대

초판 인쇄	2025년 8월 27일
초판 발행	2025년 9월 02일
지 은 이	김광휘
발 행 인	김춘기
발 행 처	(주)해맞이미디어
편 집	김은주 02-701-0680
등록번호	제320-199-4호
주 소	서울시 관악구 신사로 124
전 화	02-863-9939
팩 스	02-863-9935

ISBN 978-89-90589-93-4 03800

값 22,000원

좋은 책 만들기 Since 1990 해맞이출판사
이 책은 저자와 (주)해맞이미디어 협의하에 출판되었습니다.
무단전재와 불법복제를 금합니다.

낙랑파라 시대

목차

1. 낙랑파라   12
2. 순항과 몰락   22
3. 청년 이상   30
4. 배천 온천에서 만난 여자   45
5. '제비 다방' 시대   57
6. 천재 이상의 탄생   73
7. 위대한 파산   85
8. 카페 쓰루(鶴)에 나타난 김환기   92
9. 또 다른 파산   106
10. 세 번째 만난 운명의 여인   111
11. 뜨거운 청춘의 고개   124
12. 탈출   130
13. 소꿉장난   137
14. 성북동을 떠나다   151
15. 경성으로   158
16. 친구들   162

목차

17. 다미아를 만나다　　　166
18. 만추　　　174
19. 유키즈마리(막다른 골목)　　　182
20. 날개 달다　　　196
21. 리틀 런던　　　204
22. 천재 떨어진다　　　210
23. 1937년 김환기　　　221
24. 야나기 무네요시　　　228
25. 각성　　　237
26. 고향에 돌아오다　　　241
27. 안좌도　　　246
28. 근원(近園)과 수화(樹話)　　　251
29. 함경북도 경성읍　　　256
30. 바다와 나비　　　261
31. 구월산에서　　　264
32. 운명의 만남과 결혼　　　270

프롤로그

아직 봄기운이 돌지 않는 계절이었다.

국립현대미술관이 과천으로 옮겨가기 전 덕수궁 석조전에서는 〈김환기 10주기전〉이 열리고 있었다. 방송국 촬영팀이 달려가 보도용 촬영을 시작하였다. 회색 바바리 코트를 입은 할머니 한 분이 나서면서 촬영팀에게 당부를 하였다.

"작품이 충분히 들어갈 수 있도록 거리를 두고 찍어주세요."

담당 PD는 할머니를 향해 퉁명스럽게 말했다.

"잘 찍고 있습니다. 염려 마세요. 그런데 누구세요?"

바바리 코트의 할머니도 퉁명스럽게 받았다.

"내가 수화(樹話)선생의 안사람입니다. 좀 잘 찍어주세요."

말로는 잘 찍어달라고 하면서 할머니는 삽삽한 표정을 짓지 않았다. 여전히 미심쩍은 눈초리로 카메라를 쳐다보며 '이 사람들이 제대로 찍어 가겠나?'하는 의구심을 숨기지 않았다. 담당 PD도 토라진 말투로 말했다.

"이 분이 담당 작가니까요, 두 분은 밖에 나가 말씀을 좀 나누시죠. 여기는 우리에게 맡기시고."

요컨대 작품 촬영은 우리에게 맡기고 사모님께서는 구성작가에게 김환기 서거 10주년을 기념하는 전시회의 개최의도와 작품설명이나 해주라는 뜻이었다. 키가 작은 그 할머니와 구성작가인 나는 석조전을 나와 물이 말라 나오지 않는 분수 옆의 벤치에 앉았다. 1984년 3월 초였다.

벤치에 앉자 할머니는 바바리 코트를 여미며 다리를 꼬고 앉아 당당하게 말했다.

"나도 글 쓰는 사람이에요. 김향안(金鄕岸)이라고 합니다."

사실 나는 그때까지 수화 김환기의 10주기전에 대해 제대로 공부를 해오지 못했고 전혀 예비지식이 없었기 때문에 곁에 앉아있는 그 할머니가 일제강점기 때에 신여성으로 날리고 수필로 신문지면을 누볐던 유명 여류 명사라는 것도 몰랐었다. 김환기의 그림에 대해서도 엄청 크기만 했고 푸른 점화가 끝도 없이 펼쳐지고 있는 그 아득한 세계에 대해 요해(了解)할 식견을 가지고 있지 않았다. 당시 40대였던 나의 눈에는 그 키 작은 할머니가 60대 후반 쯤 되는 '당찬 할머니'로, 전시장을 누비며 전문 큐레이터들을 일방적으로 호령하는 그저 고집 센 노인으로만 가늠되었다. 그런데 그 할머니는 또 말했다.

"나는 한국의 두 천재와 살았던 여인입니다."

잠시 뜸을 들이다가 천천히 말을 이었다.

"시인 이상과 화가 김환기에 대해서는 공부를 해가지고 오셨나요?"

나는 고개를 떨구며 힘없이 대답하였다.

"그야 뭐 이상 시인은 교과서에도 나오니까요. 저도 명색이 국문과를 나왔으니까… 또 김환기 화백은 요즘 한창 매스컴이 주목하는 떠오르는 화가가 아닙니까. 제가 이 프로그램을 제대로 소개하기 위해 땀 좀 흘리겠습니다. 오늘은 선생님께서 두 분에 대한 개략적인 말씀을 해주시고 수화의 그림세계도 알려주십시오."

할머니는 물이 안 나오는 메마른 분수대를 나무라듯 다소 화난 투로 말했다.

"취재 나온 방송작가가 기본 소양이 부족하군요. 우선 이 점만은 제대로 알고 시작하세요. 나 김향안은 한국의 천재 시인 이상(李箱 : 1910 ~ 1937)과 천재 화가 김환기(金煥基 : 1913 ~ 1974)와 살았던 수필가입니다. 한국의 두 천재를 데리고 살아본 여인입니다."

할머니는 두 천재를 '데리고 살았다'는 표현도 썼다.

그리고 10년 전 뉴욕에서 숨진 천재 화가 수화 김환기에 대한 이야기를 열성적으로 하기 시작하였다. 그런데 나는 수화 김환기 쪽 보다는 그 엄청난 신화를 남겨놓고 간 시인 이상 쪽이 오히려 더 궁금했기 때문에 그 할머니의 이야기 허리를 자주 자르며 이상에 관한 얘기를 자꾸 물었다. 할머니의 미간이 찌푸려지면서 다소 신경질적으로 되더니 갑자기 커다란 핸드백에서 준비해 온 듯한 책을 꺼냈다.

"이거 내가 연전에 펴낸 수필집이에요. 가서 꼼꼼히 읽어보세요. 도움이 될 거에요."

〈까페와 참종이〉라는 수필집이었다. 회색 바탕의 책 표지가 할머니의 바바리 색깔과 비슷했다. 책 표지 안에는 증정(贈呈)이라는 글자가 붉은 인주에 묻혀 미리 찍혀있었다. 김향안 여사는 자리에서 일어났다. 그러면서 다시 말했다.

"공부 좀 하세요. 그리고 오늘 제 기분이 안 좋아요."

"왜 안 좋으세요. 큰 기념전을 여시면서."

여사가 말했다.

"아 글쎄 수화 10주기 기념전에 그 분 대표작 '어디서 무엇이 되어 다시 만나랴'가 빠졌어요."

"왜요?"

"개인이 소장하고 있는데요, 자기 집에 걸려있는 작품을 떼는 일도 싫고, 훼손될 염려가 있어 못 내놓겠대요."

"아 그런 일이야 사모님께서 어련히 알아서 해주실라고요."

여사는 아주 섭섭한 얼굴을 숨기지 않으며 말했다.

"그이 그림을 아끼는 마음이 소장자인 자기보다 내가 훨씬 클 텐데 그 소장자는 저를 못 믿는 거죠. 아직 저에 대한 믿음이나 공부가 돼 있지 않다는 얘기죠."

나는 그 날 김향안 여사의 옆얼굴을 바라보며 '정말 이 분은 보통 분이 아니구나'라는 생각을 하였다.

후에 내가 읽은 이경성 선생의 〈내가 그린 점 하늘 끝에 갔을까〉라는 책에는 김향안 여사에 대한 내용이 있었다.

'수화(樹話 : 김환기의 아호)의 가까운 사람 중에서 그에게 가장 필요했고 또 수화를 그만큼 아끼고 예술가로서 크게 성공시킨 사람은 다름 아닌 그의 부인 김향안이었다. 수필가이기도 한 김향안은, 어느 쪽이냐 하면 차가운 성질의 소유자이다. 그래서 나 자신도 마음에서부터 가까이 할 수 없는 일정한 거리를 유지해왔다.

그러나 수화는 마치 어린아이가 어머니에게 어리광을 부리듯이 그녀에게 모든 것을 의지했다. 또 누가 보더라도 김향안의 일생은 예술가 수화에게 바친 반려자의 그것이었다.

어머니 같은 자애심과 자상한 비서 같은 사무적인 수완, 그리고 친구처럼 조언을 해주고 돌봐주는 마음이 늘 두 사람의 금실을 보통 부부 이상의 것으로 만들고 있었다.'

1952년 3월에 수화가 쓴 〈산처기〉에는 아내에 대한 그의 마음이 잘 표현되어 있다.

'아내는 내가 술을 마시든, 게으름을 부리든 아무 소리가 없다. 돈을 못 벌어오는데도 아무 소리가 없다. 먹을 것이 있든 없든 항상 명랑하고 깨끗하다. 아내는 능금을 좋아하는데 궤짝으로 사다두고 먹어본 적이 없다. 과용하고 돌아오는 길, 가다가 몇 알 사들고 와서 손에 쥐어

주면 어린애같이 좋아한다.

　나는 아내가 능금을 움푹움푹 맛있게 먹는 것을 보는 게 좋다.

　아내는 소설을 쓰고 싶은 모양인데 나 때문에 쓰지 못하는 것을 나는 잘 알고 있다. 나는 참 아내를 혹사한 것이다. 소설을 못 써도 아내는 불평이 없다. 나는 아내에게 하숙하고 있는 셈이다. 사는 게 하나에서 끝까지 아내가 움직여야 하니 소설을 써낼 재주는 없을 것이다. 틈틈이 수첩에 무얼 열심히 기록하고 있는 것을 보면 미안해지는 때도 있다. 게다가 세상이 귀찮고 그림을 못 그릴 때면 아내에게 신경질을 부린다. 그럴 때면 찻값을 주어 내보내든지 술을 사들고 와서 한잔 권할 때도 있다. 나는 곧잘 아내를 상대로 인생론 미술론을 편다....'

　김향안은 끝내 소설을 쓰지 못했다. 그러나 그의 삶은 소설보다도 진했다. 결핵 때문에 일본 도쿄에서 요절하고 만 천재 시인 이상을 수습하고 그 뒤에 만난 천재 화가 수화 김환기를 세계 화단에 우뚝 서게 하였다. 그 일을 키 작은 김향안, 바로 그 할머니가 혼자서 해낸 것이다. 수화 김환기는 주역 배우이다. 그러나 그 주역 배우를 무대 위에 세우고 당당히 연기하게 만들며 위대한 예술가로 일으켜 세운 연출가... 진짜 프로듀서 김향안이었다.

낙랑파라 시대

1930년대 식민지 시절에도 조선의 작가와 화가들은 서울 시청 앞 지금의 프라자호텔 자리에 세워진 3층짜리 백색양옥 〈낙랑파라〉에서 그들의 눈물어린 사연을 주고 받았다.

1. 낙랑파라

경성 부청(서울시청) 건너편 광장 끝에서 수상쩍은 건축공사가 벌어지고 있었다. 건축공사라고 해야 새집을 짓는 것이 아니고 가림막을 내린 채 3층으로 된 건물을 내부만 손보는 공사였다. 그러나 그 공사는 꽤 여러 달 진행되었다. 사람들은 지나다니며 불평을 했다.

"뭐야 한 길을 막고 뚝딱거리면서…"

부청 직원들도 광장 건너편의 정남향을 가로막고 여러 달째 공사를 하는 그 현장을 바라보며 불만을 터뜨렸다.

"시내 한 복판에서 무슨 짓거리를 하는 거야, 볼썽사납게 흰 천까지 가려놓고 말이야"

그 가림막은 1931년 7월 7일에 치워졌다. 그리고 저녁에는 환하게 불을 켜고 가게의 간판을 자랑하였다. 가게 이름은 〈낙랑파라〉(樂浪 Parlour)였다. 커피를 파는 커피점이었다.

식민지 시절, 일제강점기 때인 1931년 초여름에 가게이름을 〈낙랑파라〉라는 이국적인 이름으로 붙인 일이 일단 파격적이었다. 하세가와조오(長谷川町 : 지금의 소공동) 입구에 있는 그 가게는 조선호텔,

하라 이순석/공예가
(1905~1986)

경성부청(서울시청), 조선일보사, 동아일보사 등을 지척에 두고 덕수궁을 빤히 바라보면서 외국공사관이 밀집해 있는 정동 가까이에 있었다. 오랜 세월이 지난 현재, 서울 시청 앞 정면 그 자리에는 세계인들이 드나드는 서울의 명물 플라자호텔이 자리 잡고 있다.

약 100여년 전, 식민지시절 지금의 시청 앞 정남향에서 다방 〈낙랑파라〉가 문을 열자 당대의 명사들이 초청되었다. 개업식인데도 술이 안 나왔고 그 흔한 개업 떡도 내놓지 않았다. 주인이 내놓은 것은 미국산 커피 MJB 한 잔 뿐이었다. 주인은 얌전하게 생긴 미남이었다. 조용히 입을 열었다.

"엊그제 도쿄 유학에서 돌아온 이순석(李順石 : 1905 ~ 1986, 근대 초기의 공예가)이라고 합니다. 충청도 아산 출신의 촌놈입니다. 경성 생활을 하면서 여러 어르신들께 배우겠습니다. 아는 것도 많지 않습니다. 도쿄미술학교 도안과를 나왔습니다. 앞으로는 회화공부도 해보고 싶습니다. 제가 이곳에 가게 문을 연 것은 특별한 이유가 있습니다. 바로 코앞에 덕수궁이 있기 때문에 낮에는 스케치를 할 수 있을 것 같아 일부러 이곳에 자리를 잡았습니다. 제 가게에서는 술 대신 음악을 내놓겠습니다."

상석에 앉아있던 춘원 이광수가 말했다.

"커피 맛이 좋소. 오늘 내놓은 이 맛대로 초심을 잃지 마시오. 허기야 술을 팔면 분위기가 흐려지지… 술 대신 음악이라… 참신한 생각이오."

이광수 옆에 앉아있던 처녀, 이화여전을 갓 졸업한 여류시인 모윤숙(毛允淑 : 1910 ~ 1990)이 덧붙였다.

"그럼요. 술 먹고 주정하면 분위기가 흐려지죠. 차 한 잔에 음악이면 족하지요."

뒷자리에 서있던 김용규가 성큼성큼 앞으로 나갔다. 그리고 주인 이순석의 손을 잡고 말했다.

"축하하오. 개업을 축하하오. 개업선배로서 말하자면... 아니지 동경유학도 내가 선배지. 그것도 같은 대학 같은 과가 아닌가. 도쿄미술대학 도안과의 선배로 말이네만 앞으로 절대로 외상은 주지 말게. 나는 그 외상이라는 것 때문에 망한 사람이야!"

그는 실내를 가득 채운 손님들을 향해 모나지 않은 목소리로 말했다. 반은 농이 섞인 말투였다.

"새집이 생겼다고 헌집 구박하면 곤란합니다. 이 새집으로 오실 분들은 우리 멕시코에 진 외상값부터 갚고 오세요. 사실 저는 외상값 때문에 쓰러질 지경입니다. 제 동업자 배우 심영은 저보고 벌써부터 폐업을 하자고 야단입니다."

그러고 보니 그의 입에서는 술 냄새가 풍기고 있었다. 종로 YMCA 곁에 있는 다방 멕시코의 주인 김용규는 이참에 외상값을 받으려고 작심을 한 듯 다방 안을 둘러봤다. 조선일보사 기자 홍종인이 걸걸한 목소리로 말했다.

"김용규 사장, 미안하게 됐소이다. 우리가 그동안 친하다는 이유 하나로 우리 조선에서는 선구자적인 자세로 종로통에 맨 먼저 커피점을 연 예술인 김용규 사장과 함께 수고하시는 심영 사장을 괴롭혔습니다. 10전밖에 하지 않는 커피도 냉수 마시듯이 거저 마시고, 그 집에 진열된 50여종의 양주를 내 집 안방에 있는 밀주처럼 무작정 외상으로 마서 멕시코 운영을 어렵게 만들었습니다. 앞으로 소생이 앞장을 서서라도 외상값 갚기 운동을 벌이겠습니다. 오늘은 새로운 명소 낙랑파라가 개업을 하는 날이니 웃으며 넘어갑시다. 주인장, 이순석 사장! 정말 개업을 하면서 술 한 잔을 준비하지 않았습니까?"

홍종인의 일갈에 주인 이순석은 빙긋 웃으며 주방 쪽을 향해 손뼉을 쳤다. 총각 하나와 소년 둘이 샴페인 병과 잔을 들고 나왔다. 그리고 모두에게 샴페인 글라스를 나누어 주고 춘원 이광수에게 건배사를 제안하였다. 여기저기서 펑펑 샴페인 병 터지는 소리가 들리고 순식간에 향긋한 샴페인 향이 가게를 채웠다. 두루마기를 입은 춘원이 일어서며 건배사를 하였다.

"경성 한 복판에 참으로 귀한 문화 1번지가 탄생하였습니다. MJB커피 향과 클래식 음악이 우리 모두를 위안해 줄 이 명소의 무궁한 발전을 위하여!"

"위하여!"

그 때 양복천으로 만든 검은색 두루마기를 입은 청년 하나가 큰소리로 말했다.

"춘원 선생님, 선생님께서도 이 커피샵의 내부 인테리어에 대해서는 주목하지 못하셨죠?"

춘원이 의아한 듯 받았다.

"인테리어 말입니까?"

청년이 말했다.

"저는 건축을 전공한 건축학도로서 경성 시내 몇 군데에 실내장식 즉 인테리어를 해보았기 때문에 이 낙랑파라의 진면모를 알고 있습니다. 우리가 지금 무심히 보고 있는 이 실내등과 목재 장식과 금속 공예의 절묘한 조화는 지금 구라파에서 유행하고 있는 아르누보(Art

Nouveau:신예술) 의 경성판 시제품입니다."

춘원이 반문했다.

"아르누보라고 하면 지금 유럽에서 유행하고 있는 '신예술'을 말하는 것입니까?"

청년이 받았다.

"그렇습니다. 신예술을 말하는 것입니다. 실내장식을 찬찬히 둘러보십시오. 일단 장식의 형태는 덩굴식물 모티브와 구불구불하고 유연한 선으로 장식되어 있습니다. 저 철제 난간이 그렇지 않습니까? 섬세한 꽃무늬의 반복적인 패턴... 철제 난간 밑에 있는 장식을 살펴보십시오. 완벽한 아르누보의 양식입니다. 또 실내에 펼쳐져 있는 늘어진 천은 여인의 실루엣을 상징하고 있습니다. 이 또한 아르누보의 전형적인 형태입니다."

[1930년대의 낙랑파라 모습]

그때 의자 사이를 헤집고 어린 아이 하나가 뒤뚱거리고 나왔다.

사람들은 '어머 웬 이상한 아이야?'라고 하며 그 사람을 주목하였다. 그 사람은 허리가 굽은 꼽추였다. 모두 긴장하며 그 꼽추에게 주목하였다. 꼽추는 주저하지 않고 앞자리에 있던 의자 하나를 꺼내어 껑충 뛰어 올라갔다. 모두 숨을 죽이고 그의 다음 행동을 기다렸다. 그는 두 팔을 벌리고 천천히 말했다.
"곡마단의 꼽추인가, 노트르담의 꼽추인가… 놀라셨죠?"
멕시코의 주인 김용규가 얼른 나섰다.
"아 이 분은 조선의 천재 화가 서산(西山:구본웅의 호) 구본웅(具本雄 : 1906 ~ 1952) 선생입니다. 우리 멕시코가 문을 열 때 실내장치를 도와주신 분입니다. 전체적인 색채의 조화는 화가 도상봉 선생께서 도와주셨고 벽에 걸린 사진장식은 사진작가 이해선 선생이 맡아주었고 무대장치와 실내장식 전체를 바로 이 구본웅 선생이 맡아주셨죠. 지난 1927년 제6회 조선미술전람회에서 특선을 하셨고 1928년에 도쿄 가와바다미술학교를 거쳐 니혼대학 미학과를 수료하셨습니다. 그러니까 지난 1930년 가을에는 일본 재야 전위미술인들이 선망하는〈이과회(二科會)전시회〉에 우리 조선인으로서는 최초로 입선하신 분입니다. 그리고 지난 1월에는 전위미술인들, 구체적으로는 야수파와 표현주의파들이 결성해 만든 도쿄〈독립미술전〉에서 조선인으로서는 유일하게 입선하였습니다. 현재는 다이헤이요(太平洋)미술학교에 재학 중이십니다."
"어머 멋쟁이세요. 존경합니다."
모윤숙이 큰 목소리로 말하며 손뼉을 쳐주었다. 모두 박수를 보냈다. 꼽추 구본웅이 싱긋 웃으며 말했다.
"앞으로 저를 보시면 로트레크라고만 불러주세요. 프랑스의 귀족 출신으로 파리 물랑루즈에서 신고(身苦 : 신체장애)를 무릅쓰고 평생 그림만 그렸던 앙리 드 툴루즈 로트레크말입니다. 그 사람도 키가 꼭 저만 했죠. 이왕이면 다홍치마라고 듣기 좋은 로트레크라고 불러주세요."
사람들이 모두 입을 모아 불러주었다.

"로트레크 로트레크 우리들의 로트레크…"
로트레크는 기분 좋게 웃으며 말을 이었다.
"그렇습니다. 오늘 개업을 하는 이 낙랑파라는 그냥 커피를 파는 커피점이 아니라 멕시코를 잇는 신예술의 산실입니다. 도상봉(都相鳳 : 1902 ~ 1977)화가선생이 색조를 봐주시고 제가 장식을 맡았던 멕시코의 시대는 끝이 나는 듯합니다. 경성의 중심지 경성부청 앞에 혜성처럼 나타난 이 낙랑파라야말로 조선의 아르누보의 산실이며 바우하우스의 실험실이 될 것입니다. 저는 아직 독일을 못 가봤습니다만 독일에는 끊임없이 아르누보를 생산해내는 예술학교 바우하우스가 있다는 얘기도 들었습니다. 칸딘스키와 클레도 그곳에 있고요."

서산 구본웅에 앞서 얘기를 했던 키 큰 청년이 성큼성큼 걸어가 구본웅의 곁에 섰다. 모윤숙이 물었다.
"잘생긴 청년은 누구세요? 아까 멋진 말씀을 해주셨는데 자기소개를 하지 않았잖아요?"
청년은 싱긋 웃으며 자기소개를 했다.
"네 저는 보성고보를 나오고 지난 1929년에 경성고등공업학교(서울공대 전신) 건축과를 나온 김해경이라는 사람입니다. 현재는 총독부에서 건축기수(기사)로 일하고 있습니다. 그런데 현장에 있는 일본인 인부들이 제 이름이 어렵다고 하면서 자꾸 이상(李樣: 이씨)이라고 부릅니다. 그래서 저도 제 자신을 이상(李箱)으로 부르기로 했습니다. 상자 상(箱)자를 붙여 아호처럼 쓰고 있습니다. 앞으로 저를 부르실 때는 그냥 이상이라고만 불러주십시오."
이번에도 모윤숙이 선창을 하였다.
"이상 이상 우리의 멋진 이상"
사람들도 모두 화답하였다.

"이상 이상!…"

이상이 돌아서며 물었다.

"그러는 아가씨, 네 물론 아가씨겠죠. 아가씨는 어떤 분이신지?"

춘원이 나서며 답해주었다.

"얼마 전에 이화여전을 나온 시인 모윤숙 씨입니다. 머지않아 첫 시집이 나올 겁니다. 일단 미인이지 않습니까? 아주 이지적인 미인!"

은테 안경을 쓴 모윤숙이 얼굴을 붉혔다.

"막상 미인이라는 소리를 들으니 쑥스럽네요. 정직하게 말하면 미인은 못될 겁니다. 하지만 이지적이라는 소리는 들어요. 호홋!"

[좌측 젊은시절 모윤숙] [우측 신문기자 홍종인/출처:한국민족문화대백과]

그때 다시 목소리가 걸걸한 홍종인이 나섰다.

"주인장, 이왕 음악다방으로 만드시려면 제대로 해봅시다. 주말이 시작되는 금요일 그렇지 매주 금요일을 명곡의 날로 정합시다."

주인 이순석이 반색을 하며 말했다.

"훌륭한 아이디어입니다. 접수하겠습니다. 저희 낙랑파라에서는 매주 금요일을 명곡의 날로 정해서 테마가 있는 명곡감상을 해보겠습니다. 이왕이면 홍종인 기자님께서 해외출장이나 지방출장을 가시지 않는다면 그 명곡해설을 맡아주십시오."

"내가요? 명곡해설을요?"

춘원이 중재를 하였다.

"그렇게 하세요. 홍종인 기자는 자타가 공인하는 클래식 애호가가 아닙니까. 멋진 음악평론을 쓰시기도 하시니까"

마치 회의를 하는 것처럼 사람들은 만장일치로 손뼉을 쳐주었다. 홍종인 기자는 머리를 긁어 수락하는 체를 하였다. 모윤숙이 주인 이순석에게 물었다.

"왜 하필 커피점 이름이 낙랑파라에요?"

이순석은 머리를 긁으며 답했다.

"조선 반도에서 오래된 고분으로는 대동강가의 낙랑고분이 있습니다. 조선반도 태생과 꿈을 말해주는 낙랑고분에서 낙랑을 따왔고요, 오다가다 내 집 응접실처럼 들러달라는 뜻으로 응접실이라는 단어 'Parlour'를 붙였습니다."

이광수가 칭찬했다.

"아, 격조 있고 예술적 상상력을 자극하는 상호입니다."

그 때 갑자기 꽈과광하며 음악이 울렸다. 이순석이 자랑을 하였다.

"제가 도쿄에서 특별 주문을 하여 독일에서 들여온 음향기기입니다. 여러분들의 기대를 저버리지 않을 겁니다. 참, 이 음악을 전담한 기사는 전문학교를 중퇴한 변동욱이라는 젊은이입니다. 음악이 좋아 다니던 학교도 백화점 일도 접고 낙랑파라로 달려온 열정의 사나이입니다."

개성이 뚜렷해 보이는 변동욱이 허리를 굽혀 인사하였다. 베토벤의 '운명' 교향곡이 낙랑파라의 첫 밤을 장식해주었다.

[왼쪽부터 시인 이상, 소설가 박태원(월북작가), 김소운(일본문학가)/출처:조선일보]

2. 순항과 몰락

"홍식아, 남식아, 가게 잘 부탁한다."

이젤을 챙겨든 주인 이순석이 가게를 나서자 소년 두 명이 쪼르르 나와 배웅을 해주었다. 음악을 트는 변동욱이 푸시시한 머리를 긁으며 하품을 하면서 나왔다. 이순석이 돌아서며 말했다.

"동욱이, 손님이 없을 때에도 잔잔한 음악을 틀어놓도록 해. 우리 다방에 들어서면 이슬비에 옷이 젖는 것처럼 음악에 젖어들도록 하라고. 그리고 클래식 중에서도 가능한 한 세레나데를 찾아 틀어주라고…. 야상곡 말이야. 슈베르트, 모차르트부터 시작해서 수많은 야상곡이 있잖아…… 아무튼 그런 봉두난발은 곤란해. 손님이 있든 없든 복장은 늘 단정해야 돼. 가게는 청결해야 되고."

동욱은 쑥스럽게 뇌었다.

"어젯밤 늦게까지 이상 때문에 술타령 좀 했습니다. 명심하겠습니다."

이순석은 넓은 태평로를 가로질러 대한문 속으로 들어갔다. 여름이 끝나가는 고궁의 모습이 고즈넉했다. 아침 시간인데도 젊은이들이 띄엄띄엄 데이트를 하고 있었다. 교복을 입지 않았지만 배제고보이거나 이화여고보 학생인 듯한 앳된 얼굴들이었다. 손도 잡지 않은 채 두어 걸음씩 떨어져 걷고 있지만 그들은 열기를 안고 있었다. 순석은 부러운 눈으로 그들을 바라보았다. 아침 이른 시간에 사랑의 열기를 안고 고궁을 서성이는 젊은이들만큼 뜨거운 가슴으로 그림을 그려야겠다는 생각을 하였다. 석조전 끝자락과 고궁의 담이 이어지는 위치에 이젤을 세우고 물감을 고르고 있었다.

"어?"

이순석 보다 먼저 와서 자리를 잡고 있는 사람이 있었다. 그는 천천히 담배를 피우면서 화판에 집중하고 있었다. 남자가 아니고 여자였다. 결이 곱게 생긴 머리를 단정히 빗어 넘기고 아주 맛있게 담배를 피우며 작업에 열중하고 있었다. 순석이 조용히 다가갔다. 잠시 서 있다가 조심스럽게 운을 떼었다.

"정월(晶月) 선생님 아니십니까?"

여인은 힐끗 올려다보았다.

"누구시드라?"

"예, 저는 얼마 전에 도쿄미술학교를 졸업하고 돌아온 이순석이라고 합니다. 진작 찾아뵙고 인사를 올렸어야 하는데…"

여인은 빙긋 웃으며 담배를 껐다.

"아니에요. 내가 이 선생의 그 유명한 낙랑파라를 찾아갔어야 했는데 바로 길 건너에 있죠?"

"하 이거 결례가 컸습니다. 개업일에 대 선배님을 정중히 모셨어야 했는데 제가 결례를 했습니다."

"그 집 MJB커피 맛이 벌써 유명하다더군요. 멕시코의 밋밋한 커피 맛보다 오리지널에 충실하다고 춘원 선생이 전해주시더군요."

"과찬이십니다."

이순석이 엉거주춤한 자세로 계속 서 있자 여인이 말했다.

"이 화백도 의자 가지고 와서 앉으세요."

이순석은 캔버스 천으로 된 깔개의자를 가지고 와서 나란히 앉았다. 여인이 새 담배를 피워 물자 순석이 동작 빠르게 불을 붙여 주었다. 여인은 담배 연기를 멀리 내뿜으며 마치 기다리고 있었다는 듯이 이야기를 펼쳐 놓기 시작하였다.

"내가 요즘 정신이 없었어요. 이미 소문을 들어서 아셨겠지만 나는 요즘 버림받은 여인이 돼있어요. 그것도 바람을 피우다 들켜서 쫓겨난 여자 신세가 됐지요."

순석은 자신이 무슨 잘못을 한 것처럼 목을 붉히며 여인의 말을 막았다.

"과하신 말씀이십니다. 여사님의 결단이야말로 조선 페미니스트들이 찬양해 마지않는 쾌거가 아니겠습니까. 멋진 결단이시라고 찬양하는 모더니스트들이 많습니다."

"이 선생은 남을 잘 위로해주는 재주도 가지고 계시네요? 사실 그 문제는 좀 불공평하지요. 조선 천하의 모든 남자들은 처첩을 두고 바람피우는 것을 멋으로 삼으면서 여자가 조신하지 못하면 그냥 돌팔매질을 하니까요. 이 나혜석, 정월은 나 하나만이라도 조선의 관습에 정면으로 맞서보려고 하고 있죠. 아이고 참, 내 정신 좀 봐. 이순석 화백도 그림을 그리셔야죠?"

순석이 환히 웃으면서 말했다.

"오늘은 정말 기념할 날입니다. 조선의 명사 나혜석 여사님을 이 호젓한 고궁에서 만나 뵈었으니 말입니다. 아직 식전이신 것 같은데 저희 가게에 가셔서 모닝커피도 하시고 토스트라도 드시죠."

나혜석은 기분 좋게 웃으면서 화판을 접고 사생상(寫生箱:스케치 박스)을 챙기기 시작하였다. 두 사람은 한 쌍의 연인처럼 고궁을 천천히 걸으며 한가하게 웃었다. 입구에서 들어오는 사람들이 힐끔힐끔 바라보며 수군댔다.
　"저거 나혜석 아니야? 아니, 이혼했다고 신문에 대문짝만하게 기사가 났는데 벌써 새 서방을 얻었나?"
　여인들은 나혜석을 바라보고 미간을 찌푸렸다. 어쨌거나 두 사람은 대한문을 나와 대로를 가로질러 곧장 가게로 돌아왔다. 눈치 빠른 변동욱이 주방에 알려서 모닝커피를 끓이고 토스트와 에그 프라이를 준비하였다. 환한 음악이 울려 퍼졌다. 순석이 말했다.
　"지난 5월 제10회 선전에서 특선하신 작품「정원」을 잘 감상하였습니다. 선배님의 호방하신 필치가 일품이었습니다. 입선하신「작약」,「나부」도 훌륭했습니다. 여성의 작품이라고 생각할 수 없는 대담함이 역력했습니다."
　나혜석은 손에 묻은 토스트 가루를 가볍게 털며 커피 맛을 완상하였다. 그리고 눈을 가늘게 뜨며 말했다.
　"역시 대단한 MJB 맛이군요. 춘원 선생께서 칭찬하실 만하네요. 멕시코는 외상값도 문제겠지만 사실은 커피 타는 법을 제대로 익히지 못한 것 같아요. 주방장이 제 노릇을 못 하고 있는 거죠. 밤에 술을 파니까 커피 손님을 우습게 보는 탓도 있고요."
　순석이 겸손하게 말했다.
　"그래서 저는 술을 팔지 않기로 했습니다. 커피 맛 하나라도 제대로 내야 된다고 생각해서 커피만 팔기로 했습니다."
　나혜석이 말했다.
　"참 이 화백은 도쿄에서 니와(丹羽 : 1890 ~ 1974, 1930년대의 일본 화단 지도자) 화백에게 배웠다고 했죠? 그러면 회화 쪽으로 가셨어야지, 왜 도안과로 가셨나요? 무슨 특별한 이유가 있습니까?"

순석은 선생님 앞에 앉은 제자처럼 단정한 자세로 말했다.

"저는 조선의 공예를 제대로 챙겨보고 싶습니다. 철학을 하신 야나기 무네요시(柳宗悅：1889 ~ 1961) 선생이 조선의 공예를 연구하시고 조선의 목물과 조선의 미를 챙기고 있는데, 정작 조선 사람이 조선의 공예를 알아주지 않는… 아니 알지 못하는 현실이 서글펐습니다. 저는 앞으로 우리 젊은이들에게 조선의 아름다움과 조선의 전통 미를 공예와 목물을 통해 전파하려고 합니다."

나혜석이 크게 끄덕였다.

"생각이 깊으시군요. 아무쪼록 그 생각이 변치 않으시기를 바랍니다. 저는 금강산에 들어가 잠시 머리를 식히고 그림 몇 장 그린 후에 내지(일본)로 다시 들어갈 겁니다. 10월에 제12회 제전(帝展 일본제국미술전람회)에 출품해볼까 해요."

순석이 반색하였다.

"훌륭하신 생각이십니다. 반드시 멋진 결과가 있을 겁니다. 확신합니다."

"고맙습니다. 이 화백."

순석은 머리를 조아렸다.

"선배님, 말씀을 낮춰주십시오. 10년이나 뒤에서 따라가는 까마득한 후배가 아닙니까."

나혜석은 빙긋 웃으며 말했다.

"그까짓 10년이야 벗하는 사이가 아닙니까. 앞으로 우리 친구처럼 지내요. 뭐 그렇다고 커피 외상으로 하자는 얘기는 아니고… 내 비록 이혼은 당했지만 아직 쓸 돈은 있어요."

그때 다방 문이 열리면서 홍종인 기자가 들어섰다. 그는 걸걸한 목소리로 아침햇살처럼 밝게 말했다.

"아이고 우리 정월 누님이 어째 이 낙랑파라에 오시지 않나 했습니다. 그럼요. 당대의 명사, 정월 화백이 우리 낙랑파라를 빛내주셔야죠."

순석이 황황히 말했다.

"홍 기자님, 아까 내가 스케치를 나갔다가 정월 선배님을 뵙고 억지로 모셔왔습니다. 좋습니다. 외상을 절대로 안 드린다는 제 맹약을 깨고 오늘 아침 모닝커피는 프리입니다. 참 선배님, 정월 선배님, 제가 홍종인 기자를 우리 낙랑파라의 음악 담당 프로듀서로 모셨습니다."

나혜석이 반색하였다.

"아이고 잘 하셨어요. 홍 기자는 만능 탤런트죠. 음악 평론에 영화 평론에 연극 평론 그리고 무용 평론까지… 클래식 해설을 얼마나 잘 하신다고요."

소년이 내온 커피를 마시면서 홍종인이 기어코 독설을 쏟아냈다.

"누님, 요즘 장안의 화제가 뭔지 아십니까?"

나혜석이 빠르게 말했다.

"그야 뭐 파리에서 바람피우다가 이혼 당한 이 나혜석이 얘기가 아니겠어요?"

홍종인이 빙글거리며 말했다.

"그 정도의 단순성 화제가 아닙니다. 화가 나혜석은 파리에서 외간 남자와 바람피우다가 이혼 당했는데, 무대 위에서 맨발로 춤추는 조선의 이사도라 던컨은 지난 5월에 지성적인 안막과 결혼하고 유서 깊은 석왕사를 스리살짝 다녀왔다. 조선에서 제일 유명한 한 사람은 파혼당하고 또 하나의 프리마돈나는 아름다운 새 출발을 하였다… 바로 이

[나혜석/우리나라 최초의 여성화가 (1896~1948)]

런 뉴스올시다. 누님. 누님은 금년 스캔들의 주인공인데 반해 무용가 최승희(崔承喜 : 1911 ~ 1969)는 이 해의 찬란한 별로 떠오르고 있습니다. 그야말로 빛과 그림자의 대비입니다."

나혜석도 지지 않았다.

"아이고 누가 기자 아니랄까봐 꼭 그렇게 악성뉴스를 만들어 퍼뜨려야겠어요? 이 나혜석, 나정월은 죽지 않습니다. 불사조 나정월, 올 가을 제전에서 반드시 입선하고 재기하겠어요."

홍종인이 미안했던지 나혜석의 손을 덥석 잡으며 힘찬 목소리로 말했다.

"내가 우울한 누님의 마음을 달래주기 위해 음악 선물을 하겠습니다. 변군, 우울한 베토벤 선생의 작품 중에서 제일 밝은 바이올린 소나타가 무엇이지? 그대는 알렸다."

변동욱이 민첩하게 움직이며 대답했다.

"예스 써, 베토벤 바이올린 소나타 넘버 파이브, 작품 24 아니겠어요?"

홍종인이 받았다.

"그렇지. 베토벤의 스프링. 봄으로 틀어."

낙랑파라가 소공동에서 문을 연지 한 달 만에 종로에 있던 멕시코는 파산 선고를 하였다. 홍종인 기자가 쓴 기사의 요지는 이런 것이었다.

'조선 한성의 안식처, 장안의 내로라하는 명사들과 밤의 백작들이 날개를 접고 무시로 쉬어가던 종로의 멕시코가 위대한 파산을 선언하고 1931년 8월 말 부로 문을 닫게 되었다. 지난 1929년 11월 3일 화려하게 문을 열었던 이 종로의 명물은 외상값 3천5백 원을 남기고 역사의 뒤안길로 사라지게 되었다. 단돈 10전의 커피값도 갚지 않은 장안의 명사들이 수백 명이며 5원 미만의 양주값을 갚지 않은 자 기백 명이라 하더라. 양심 있는 자들은 외상값을 들고 가 장안의 선구자 배우 김용규와 심영을 파산의 어두움에서 건져주시기 바람. 외상값 3천5백 원은 종로 집 한 채 값과 맞먹는다고 하더라. 제발 단골인 예술인들과 기방의 아가씨들이여, 유서 깊은 멕시코를 구원하시라.'

그러나 결국 멕시코는 문을 닫았다. 그리고 그 해 가을, 나혜석은 이혼의 아픔을 딛고 도쿄제전에서 작품 「정원」으로 입선하였다.

3. 청년 이상

　머리칼이 마구 엉켜있었다. 가을의 바람결에 낙엽이 흩날리는 모양새였다. 까치가 금방이라도 내려와 집을 지을 것 같은 그런 모습이었다. 흰 바지와 백색구두에는 지저분한 얼룩이 무늬처럼 그려져 있었고 벗어 든 백색 양복에도 검정이 묻어있었다. 청년은 비틀거리며 다방 문을 열었다. 변동욱이 큰 소리로 말했다.
　"어서 오게나 이상. 대낮부터 웬 술이야... 아주 떡이 됐군, 떡이."
　청년은 자리에 풀썩 주저앉으며 소리쳤다.
　"그 음악을 틀어. 그 음악. 집시들이 흐느끼는 음악 말이야. 나도 바야흐로 집시다. 이제는 집시야."
　변동욱이 빙글거리며 받았다.
　"찌고이네르바이젠 말이야?"
　이상은 테이블에 머리를 파묻으며 외쳤다.
　"그래. 찌고이네르바이젠. 사라사테 선생의 연주로!"
　손님들은 모두 미간을 찌푸렸지만 극적인 사라사테의 연주가 울려 퍼지자 모두 감전된 듯 침묵하였다. 바이올린 선율이 오르내릴 때 모두 심장이 찔리는 듯 움찔 움찔하였다. 이상은 엎드린 채 독백처럼 외쳤다.

"여러분, 제가 음악을 잘못 선택했나요?"

구석에 앉아있던 30대 후반의 여인이 웃으며 응대를 해주었다.

"아니에요. 탁월한 선곡이었어요. 우리의 폐부를 찌르는 군요."

문이 열리며 키 작은 소년이 뒤뚱거리며 들어왔다. 서산 구본웅이었다. 그는 주저하지 않고 홀을 가로질러 엎드려있는 이상에게 다가갔다. 그리고 물었다.

"무슨 일 있었어? 대낮부터 웬 술이야?"

이상은 엎드린 채 대꾸하였다.

"나 경성제대병원에 다녀왔는데... 나 참 더러워서... 폐병이래, 폐병. 나 참 내 몸 속의 숨 쉬는 기관, 폐에 구멍이 뚫리기 시작했대. 아 글쎄 그 구멍에 폐병균이 득실대기 시작했다는 거야. 나 총독부에 사직서 냈어. 그 알량한 봉급 일금 55원... 사양하겠다 이거야."

구본웅은 선 채로 말했다.

"산 입에 거미줄 치겠나. 걱정 말게나. 우선 병부터 고쳐야지. 그 병은 잘 먹고 푹 쉬는 게 약이야. 내가 청계천에 있는 뱀탕집에다가 구렁이탕을 부탁해줌세. 진정해. 겁먹지 말고."

여인이 뒤에서 혀를 끌끌 찼다. 여인의 기척을 의식한 구본웅이 돌아서다 말고 깜짝 놀랐다.

"선생님, 정월 선생님께서도 낙랑파라에 나오십니까?"

여인이 말했다.

"얼마 전 덕수궁에 스케치 나갔다가 이 집 주인, 이순석 화백을 만났어요. 이 화백도 우리와 같은 동경 유학파더군."

구본웅이 여인에게 다가가며 밝게 말했다.

"이곳에서 선생님을 뵙게 되어 더욱 반갑습니다. 이 친구는 총독부 건축기수로 나가던 이상이라는 친군데요. 제 보통학교 동창입니다. 이봐, 이상군. 이리 와서 선생님께 인사 올려. 머리 좀 손질하고."

이상은 비스듬히 일어나면서 말했다.

"누구시라고?"

구본웅이 발을 구르듯이 말했다.

"정월 선생님이셔. 나혜석 선생님. 내가 미술에 입문하면서 YMCA에서 처음 미술공부를 할 때 김복진(金復鎭, 1901-1940, 소설가 김기진의 형, 근대 조각의 개척자) 선생님과 함께 나를 지도를 해주셨지. 고희동 선생님, 김복진 선생님 그리고 정월 선생님은 모두 나의 영원한 스승님들이셔."

이상이 비틀거리며 다가와 꾸벅 인사를 하며 말했다.

"조선에서 제일 유명하신 여류 예술가, 게이오대학의 천재 최승구와 열렬히 사랑했던 도쿄 신화의 주인공, 조선 최초의 여류화가, 파리와 유럽을 거쳐 세계일주를 하셨던 나혜석 선생님… 이렇게 뵈어서 참으로 영광입니다. 제가 취해서 송구스럽습니다."

구본웅이 나혜석에게 손을 부비며 말했다.

"선생님 이 친구가 빈속에 술을 마신 듯하니 속을 좀 달래줘야겠습니다. 괜찮으시다면 제가 모시겠습니다."

중국 음식점에 자리를 잡고 나자 나혜석이 차분한 말투로 말했다.

"아까 이상 씨가 말하는 내용을 들으니 몸에 이상이 있는 것 같은데… 결핵이에요?"

이상이 맥주를 시원하게 들이키며 말했다.

"그렇답니다. 폐결핵인데 상당히 진행된 상태랍니다."

나혜석이 깐깐하게 따졌다.

"엑스레이를 확인했어요?"

"봐야 뭐 제가 압니까? 시커멓고 허옇고… 아무튼 각혈을 두어 번 했고요. 상당히 진행된 상태라고 합니다."

나혜석이 미간을 잔뜩 찌푸렸다 폈다.

"이미 각혈을 했다고요? 하이고. 징그러워라. 그놈의 폐병."

구본웅이 손을 부비며 말했다.

"선생님께서도 그 병에 얽혀 얼마나 고생을 하셨습니까. 도쿄 유학생들 사이에서는 정월 선생님 사연이 전설처럼 전해 내려오고 있습니다."

나혜석은 맥주를 벌컥 벌컥 들이키며 미리 나온 군만두를 삼키면서 눈을 가늘게 하고 남말처럼 말했다.

"생각하면 징그러워요. 청운의 뜻을 품고 진명을 나와 18세에 현해탄을 건너고 도쿄 '사립여자미술학교' 서양화부에 입학하지 않았소. 조선 여자로서는 최초였지요. 그때 내 앞에 하늘에 별처럼 나타난 청년이 있었어요. 게이오(慶應大學)의 천재라고, 글씨가 명필이며 시를 천재처럼 쓰던 사람이었지요. 춘원 이광수선생도 놀랐던 수재였어요. 호가 소월(素月)이었죠. 나에게 수정처럼 맑다고 하면서 자신의 달월을 떼어주며 정월(晶月)이라는 호를 주기도 했어요. 바로 그분이 나하고 한참 사랑에 빠졌을 때 그만 기침을 하기 시작하더군요. 그리고 얼마 후 나에게 자신이 폐병을 얻었다고 고백했어요. 그리고 얼마 후 그분은 세상을 떠났지요. 전라도 바닷가 분이었는데…. 그분이 세상을 떠나고 나서 나는 그분의 시신을 고향 바닷가에 묻어주고 왔어요. 그래서 나는 폐병이라고 하면 지금도 몸서리가 처져요…. 젊은 이상씨가 폐병에 걸렸다고 하니 참 안됐군요…. 그 병에는 약도 없어요."

"여기 빼갈로 주시오."

이상이 소리쳤다. 구본웅이 말렸다.

"이 사람아, 술은 좀 그만하고. 국물로 배를 좀 채워."

그때 전채요리와 함께 게살스프가 나오자 나혜석이 스프를 이상 앞으로 밀어주며 큰누나처럼 다정하게 달래주었다.

"키도 크고 눈썹도 짙고 콧대도 바로 섰고 눈꺼풀은 세 겹이나 멋지게 진 미남인데 잘 가꾸셔야지요. 정신을 차리고 우선 몸보신부터 하세요. 자신을 방기하는 일은 금물입니다. 어떤 일이 있어도 생에 대한 애착을 버려서는 안 됩니다. 이 병과 길게 싸우려면 몸도 마음도 독해져야해요. 우리 최승구 씨는 그런 독한 마음이 없었어요. 지레 겁을 먹다가 그 폐병한테 졌지요. 허긴 뭐 우리 춘원 선생도 이제껏 그놈하고 싸우고 있잖아요. 다행히 그 분 곁에는 여의사인 허영숙 씨가 붙어 있지만요."

그때 이상이 뜬금없이 말했다.

"사실은요, 제가 정월 선생님을 뵌 것은 오늘이 처음이 아닙니다. 이서산하고 몇 년 전에 진고개 제과점에서 선생님을 뵈었었죠. 그때 선생님 내외는 안동현 부영사 일을 마치고 세계여행을 떠나신다고 하며 하늘에 별처럼 빛나는 표정으로 경성에 나타나셨죠?"

나혜석이 새삼스러운 표정을 지었다.

"하 그때, 그러니까 내가 서른두 살 때네요. 아들 둘을 낳고 아주 홀가분한 상태에서 유럽여행을 준비할 때였죠. 그래, 그때 서산을 충무로에서 만나 우리가 메이지 제과점을 들렀었던가?"

구본웅이 얼른 받았다.

"그랬습니다. 선생님. 선생님께서 저희들에게 일본과자를 사주셨습니다."

나혜석은 손바닥으로 입을 가리며 호호 웃었다.

"별 걸 다 기억하고 있네요."

이상이 말했다.

"선생님께서는 그때 우유 한 잔만 마시셨습니다. 지금도 고우십니다만 그때 서른 고개를 막 넘으셨을 때였을 것 같은데 선생님은 정말 숨이 막히도록 아름다우셨습니다."

나혜석은 손 사례를 치며 입을 가리고 웃었다.

"그건 아니지. 내가 쭉 빠진 미인이 아니라는 것쯤은 알고 있어요. 나도 처음 도쿄에서 옷 벗은 처녀의 모습을 스케치할 때 같은 여자였지만 숨이 막혔었는데… 나는 아니에요. 나는 뭐 눈도 가늘고 코도 높지 않은 평범한 얼굴 아니에요? 키도 크지 않고…"

이상은 술이 다 깬 목소리로 말했다.

"이 점은 분명히 말씀드릴 수 있습니다. 선생님은 산술적인 팔등신은 아니라 하더라도 이상하게도 남성들의 영혼을 쥐고 흔드는 고혹적인 데가 있습니다. 화가들이 그로키나 붓 끝으로 잡아낼 수 없는 신묘한 매력을 숨기고 계십니다. 그러니까 게이오의 천재 최승구 선생도 정월 선생님에게 빠졌고, 대문호 춘원 선생까지도 선생님에게 경도되셨고, 교토제대 출신 수재 김우영 변호사가 선생님을 쟁취하신 것이 아니겠습니까."

구본웅이 더듬더듬 말했다.

"선생님, 우리 이상이 선생님을 오래 전부터 흠모해온 모양입니다. 혹 결례되는 내용이 있더라도 용서해주십시오."

"뭐 용서랄 게 있나요? 오히려 내가 영광이죠. 이렇게 젊고 이지적인 미남이 나에게 후한 점수를 주시는데… 미상불 고마운 일이죠."

구본웅은 황급히 나혜석의 잔에 술을 따랐다. 그때 구본웅이 목덜미를 긁으며 수줍게 말했다.

"선생님, 제가 선생님께 전부터 꼭 여쭤볼 말이 있었습니다. 저…. 선생님께서 파리에 가셨던 얘기 좀 해주십시오! 선생님은 우리나라에서 제일 먼저 파리에 가셨던 여류 화가가 아닙니까?"

나혜석은 묘한 미소를 띠며 되물었다.

"내가 최린(崔麟 : 1878 ~ 1958, 3·1운동 때 민족대표 33인중에 1명이었다. 뒤에 변절하였다.)이 하고 거기에서 바람핀 얘기를 해 달라는 얘기인가요? 구 화백도 역시 남자는 남자군요."

"아닙니다. 아닙니다. 뭐 그런 얘기를 여쭙는 게 아니고요. 저는 아직 파리를 못 가봤습니다. 구라파의 파리라는 곳에 대한 호기심이 있어서요."

이상도 끼어들었다.

"네. 저도 파리 구경을 못했습니다. 그곳에서는 다다이즘이니 쉬르레알리즘이니 하는 화풍이 유행이라면서요?" 나혜석은 눈을 가늘게 뜨고 담배를 피우며 말을 시작했다.

".... 아무튼 파리는 대단한 곳 이예요. 내가 그 곳에 도착했던 때가 1927년 7월이었지…. 파리지엔들이 파리 시내를 텅 비우면서 니스나 스페인과 같은 남쪽으로 피서를 떠나기 시작하는 때였으니까…. 사람들이 덜 붐비니까 다니기는 좋았어요. 우리 내외가 그곳에 도착했을 때에는 조선인 유학생이 십여 명 정도 있었지. 그 중에서는 내가 도쿄여자미술학교를 졸업하던 해 그러니까 1918년에 도쿄미술학교 서양학과에 입학해서 1923년에 졸업한 이종우(1899~1979)씨가 있었어요. 아마도 조선 사람으로는 초기에 그곳에 간 듯해요. 그 양반은 황해도 봉산의 천석군 집 아들로 일찍부터 서양화에 매진하여 1925년부터 파리에서 공부를 하고 있었어요. 내가 갔을 때는 파리 생활이 벌써 3년차가 되어 프랑스어에도 능통하더군. 조선의 파리 유학생들이 모두들 그 사람 집에 모이더군. 몽마르트에서 멀지 않은 주택가에 제법 넓은 아틀리에도 가지고 있었는데, 내가 가니까 반가워서 유학생들을 자기 집에 모아 주더군. 우리 그이는 거기 가서도 유럽 법률 공부를 더 해야 한다고 하면서 베를린을 왔다 갔다 했는데 나는 뭐 한가하니까 루브르 박물관이다 생긴 지 얼마 안 된 로댕 미술관이다 분주하게 다녔지. 아무튼 그날 이종우 집에서 내가 팔을 걷어 부치고 이종우가 사가지고 온 서양배추로 김치를 담갔는데… 아무래도 나는 살림을 하던 주부였으니까… 내가 담근 김치를 유난히 맛있게 먹으면서 나를 뚫어지게 바라보던 중년 남자가 있었다 이거야…"

이상이 잽싸게 받았다.

"그게 바로 최린씨였군요? 아 최린씨야 조선 천하가 알아주는 명사 아닙니까. 언변 좋고 인물 좋고 서화 잘 치고 악기 잘 다루고 풍류가 철철 넘치는 인사…. 거기다가 학식까지 높아 3·1만세 때에는 민족대표 33인이 되어 독립선언서 제일 앞에 이름을 올렸던 분이었죠. 나중에는 천도교 교령까지 지내시고."

구본웅도 끼어들었다.

"그 최린 선생이 정월 선생님을 처음 보시면서 뭐라고 하시던가요?"

"사실 우리는 서로 이름만 들었지, 얼굴을 본 것은 그때가 처음이었어요…. 최린 선생은 젓가락으로 김치를 드시면서 이런 말씀을 하시더군. '하 이거 조선 제일의 여걸 나혜석 여사가 만든 김치를 프랑스 파리에서 맛을 보다니 대사건입니다. 일대광영이외다.'… 호호 그 찬사가 싫지 않았어요."

이상은 조급하게 말했다.

"그래서 두 분은 곧장 눈이 맞으셨군요. 두 명사가 낭만의 도시 파리에서 조우하셨으니 감회가 오죽하셨겠습니까. 그래서 어떻게 진전이 되셨습니까?"

　나혜석도 지지 않았다.

　"처음에는 통변(통역)으로 천도교도인 공진항(1900-1972, 개성출신, 광복 후 주 프랑스공사 농림장관, 천도교령 역임)이 우리를 안내했어요. 개성 부잣집 아들로 와세다 영문과에서 공부를 하고 런던대학에서 또 공부를 하고 프랑스의 명문 소르본에서 사회학을 전공하던 수재였어요. 일본어는 물론이고 영어 프랑스어를 자유자재로 했던 그 공진항의 미술 해설은 정말 일품이었어요. 함께 센느강을 유람하고 베르사유를 다녀오고 정말 꿈결 같았죠."

　세 사람은 갑자기 파리에 온 것처럼 황홀한 기분이 들어 술을 들이켰다.

　이상은 술잔으로 테이블 구석을 치며 말했다.

　"그래, 가는 거야. 도쿄에 가서 기본만 배워가지고 가는 거야. 파리로! 이봐, 서산. 나 좀 파리까지 보내줘. 나하고 함께 가자고!"

　구본웅이 이상을 달랬다.

　"그래. 자네하고 내 프랑스어 실력이 웬만큼만 되면 떠나자고."

　나혜석이 웃으며 말했다.

　"우리 그림하는 사람들은 프랑스어를 잘 하지 못해도 그곳에서 공부하는 데는 힘들지 않아요. 그냥 눈으로 보고 따라하고 그 사람들보다 작품 실력이 뛰어나면 파리 사람들도 이내 인정해 주더라구요. 그 곳은 말로 하는 데가 아니라 그림실력으로 솜씨를 겨루는 진짜 예술의 고장이었어요. 사실 내가 파리에 있을 때 도쿄여자미술학교 내 후배였던 백남순(1904 ~ 1994, 미국에 이주하여 활동하였음)이 그곳으로 유학을 왔더군. 불어 실력은 별 것 아니었어. '이거 얼마에요?' '이 물감은 무슨 색깔이죠?' 뭐 이정도만 알아가지고 온 듯했어. 나를 보고 얼마나 반가워하는지 글쎄 내 팔을 붙잡고 늘어지더라고. '언니, 우리 여기서 함께 미술공부해요. 그래서 조선화단을 깜짝 놀라게 해주자고요.'... 나도 그럴 생각이 간절했지. 하지만 뭐 내가 저처럼 처녀인가? 남편도 있고 아이도 있는데 어떻게 파리 생활을 할 수가 있겠어. 아무튼 남순이는 그 후에 미국 예일대학 미술학부를 나오고 파리 유학을 왔던 임용련(1901~?, 6·25 때 납북)과 만나고 부부화가가 됐지."
 구본웅이 말했다.
"아 얼마 전에 동아일보사에서 후원하여 경성에서 조선 최초의 부부 미술전을 하고 지금은 정주 오산학교에 가 있는 임용련 부부 말이군요. 참으로 모범적인 미술가 가정이죠."
 나혜석이 긴 한숨을 내쉬었다.
"그때 백남순이 말을 듣고 그냥 일을 저질렀어야 되는데... 가정이고 뭐고 팽개치고 현지에 남아서 그림이나 더 했으면 오늘날처럼 이혼녀로 사람들의 괄시를 받으면서 떠돌이 신세는 되지 않았을 텐데... 현대 미술의 진짜 알맹이도 알아내고..."
 구본웅이 또 진지하게 물었다.
"선생님, 선생님께서 현지에서 보시고 느끼신 현대 미술의 정수는 무엇이라고 생각하십니까?"
 나혜석은 담배를 깊이 빨면서 대답했다.
"글쎄... 깊이는 모르겠어요. 통변을 맡았던 공진항이 해설을 해주는 것으로 봐서는 앞으로 일을 낼 사람들은 바로 피카소와 마티스라는 서양화가라고 해. 그 사람들은 인류가 19세기까지 이룩한 미술의 모든 전통과 형태를 깨부순 사람들이야. 피카소는 주로 여자를 그리는데 얼굴이 세 개 네 개로 겹쳐지게 그리지. 뭐 동서남북에서 봤다는 입체주의라나. 아무튼 놀라운 사람이야. 여자의 누드도 아주 파격이야. 항문이 음부 위에 붙어 있을 정도니까. 마티스는 선이 아주 단순해. 구성도 깜짝 놀랄 만큼 단순 명쾌해. 하지만 할 말을 다 하고 있어. 전혀 군더더기가 없지. 구상을 잃지 않으면서 전혀 다른 세계를 지향하고 있으니까…"

구본웅이 진지하게 또 물었다.

"칸딘스키와 클레는 어떻습니까? 제가 동경에서 일본책을 보고 배운 칸딘스키와 클레도 대단했는데요."

"그 사람들 그림에도 형태가 없어요. 그분들도 구상화의 세계를 아주 떠났다는 얘기지…."

"그러면 무엇을 그립니까?"

"자신의 미술적인 신념과 정신세계를 표현하는 거지. 뭐 미술적인 광신도라고 할 수 있을까?… 우리 같은 보통 화가들은 그 사람들의 달리는 속도를 도저히 따라잡을 수가 없을 정도야."

이상이 또 물었다.

"그 사람들은 처음부터 미술로 시작을 했나요?"

나혜석은 고개를 갸웃하였다.

"바실리 칸딘스키는 모스크바 출신이지. 러시아 사람이라는 얘기야. 모스크바대학에서 법학과 경제학을 공부했던 아주 딱딱한 모범생이었어. 그런데 인상주의 모네의 그림을 보고 홀딱 해서 그림으로 방향을 바꾼 사람인데 그리다 보니까 형태를 버리게 되고 추상화쪽으로 빠지게 되었지. 요즘 유럽에서 신식으로 그리는 그림을 추상화라고해요. 그 사람들도 피카소만큼은 아니지만 아주 여자그림을 잘 그리지. 젊은 여자들을 말이야. 근엄한 척하면서 그림으로 실속을 다 챙기는 희한한 사람들이야. 다 남자들이니까. 우리 춘원 이광수 선생이 우리 근대문학의 기념비인 〈무정〉을 썼던 1917년에 칸딘스키는 열아홉 살짜리 모스크바대학 출신 니나라는 처녀하고 세 번째 결혼을 했다는 공진항의 얘기를 들었어. 파리에서 발행된 칸딘스키 도록에 나와 있는 이력서래. 50이 훨씬 넘은 중늙은이가 어떻게 열아홉 살짜리 귀족 처녀하고 결혼할 생각을 했는지 남자들은 다 그런가봐. 동양이나 서양이나…"

　이상이 야릇하게 웃었다.

　"으흐흐 그것 참 멋있다. 예술이라는 것은 모든 것에 면죄부를 주는 신령한 영역이 아니겠습니까? 예술은 종교보다도 더 위대한 듯합니다. 선생님, 안 그렇습니까?"

　이번에는 구본웅이 또 물었다.

　"클레는 어떤 사람입니까?"

　"파울 클레는 스위스의 음악가 집안에서 태어났다고 해. 나도 그곳에서 공진항한테 열심히 들어 배운 거야…. 아무튼 클레는 어려서부터 음악을 하다가 미술로 돌아섰다는 거야. 어느 기자가 '선생님은 왜 음악을 하시다가 미술로 방향전환을 하셨습니까?'라고 묻자 이런 대답을 했다고 해. '내 미술 수준이 음악 수준 정도는 돼야 한다고 생각해서 미술에 몰두했습니다. 그런데 미술을 하다 보니까 구상은 사라지고 내 붓 끝에는 추상만 남았습니다. 나는 그림을 그리면서 바그너, 슈트라우스, 모차르트를 듣습니다. 어쩌면 내 그림 속에 그들의 음악이 녹아있는 지도 모릅니다.'… 서양 미술가들의 수준이 이 정도야. 정말 대단하지 않아?"

　이상이 큰 소리로 말했다.

　"선생님, 제가 그림을 그려도 되겠습니까?"

　구본웅이 말했다.

"이 친구도 한때 그림을 했습니다. 저하고 신명보통학교에 다닐 때 사생대회만 했다 하면 상을 받았고, 크레파스를 상품으로 받았었죠. 보성중학교로 진학해서는 그 유명한 고희동(高義東 : 1886 ~ 1965, 한국최초의 서양화가) 선생님한테 미술을 배웠고요. 열다섯 살 때에는 교내 미술전람회에서 〈풍경〉이라는 그림으로 1등상을 받기도 했습니다. 그리고 지난 1931년 이 친구가 스물두 살 때 선생님께서 출품을 하셨던 조선미술전람회에 〈자화상〉을 출품하여 입선까지 하였습니다. 이 친구도 화갑니다."

나혜석이 화들짝 놀랐다.

"아 그래요? 선전에서 입선까지 했어요? 대단한 실력인데, 그런데 이상 씨는 시를 쓰는 시인이라고 하시지 않았던가?"

이상이 대답했다.

"제가 그동안 쓴 시가 2천 편은 넘습니다. 뭐 습작이겠습니다만 끊임없이 써왔습니다. 안타깝게도 일본어로 써왔습니다. 아직 조선어 쓰기에는 익숙하지 않아서요."

"쓴다는 게 중요해요. 일본어로 쓰든 조선말로 쓰든 일단 끊임없이 쓴다는 자세가 중요하지요. 말이 나왔으니까 내가 유식한 체를 조금 더 하자면 지금 파리에서 세계의 화단을 쥐고 흔드는 피카소 같은 사람도 시인들로부터 엄청난 영향을 받고 있어요. 클레가 음악으로부터 영감을 받듯이 피카소는 주로 살롱에서 만나는 시인들로부터 예술적 영감을 받아내죠. 그 사람은 여자와 자고 나야 그림이 된다고 하지만 일단 예술적 에스프리는 시인들로부터 받아들였다고 해요. 막스 자코브, 기욤 아폴리네르 이런 시인들이 피카소 미술의 정신적 샘물이었어요. 특히 피카소의 그림을 초기 때부터 사주면서 시적 영감을 전해주었던 미국 여자가 있었지요. 거트루드 스타인(Gertrude Stein,

1874~1946)이라고…. 아버지로부터 엄청난 재산을 물려받은 여잔데, 달러 뭉치를 들고 파리에 나타나서 천재들의 그림을 사 모으기 시작했죠. 마티스의 그림도 사들이고 소설가 앙드레 지드의 출판비도 대주고 파리 예술계의 큰 손이 됐는데, 그 미국 여자가 제일 많이 사들인 작품은 피카소의 그림들이었지요."

이상이 입을 떡 벌렸다.

"여자가 거금을 들여 그림을 사들여요? 참 놀라운 일입니다."

"피카소도 그 여인을 위해 초상화까지 그렸지."

구본웅이 말했다.

"화가의 그림을 볼 줄도 알아야 되고, 무엇보다도 자신의 돈을 내고 화가가 그린 그림을 사줄 수 있는 그런 사람들이 있어야 되지 않겠습니까?"

나혜석이 술잔을 꺾으며 받았다.

"맞아, 맞아. 일본만 해도 훌륭한 화가를 발굴하고 성원해주는 문화인들이 많지만 우리 조선에는 그런 안목 있고 돈 있는 사람들이 거의 없다는 것이 가장 큰 문제야. 우리 조선미술사에서 선두그룹에 섰던 김관호(1890~?) 화백을 생각해보자고. 고희동 선생에 이어 1911년에 동경미술학교 서양학과에 들어가고 1916년 졸업을 하면서 명작 〈해질녘〉을 도쿄문전에 출품하여 특선을 했던 분 아니야. 조선인으로 일본을 흔들었다고 해서 춘원 선생이 신문에 감격적인 글을 싣기까지 했는데, 그 분은 〈호수〉라는 또 한 편의 작품을 남긴 채 1925년 이후에는 절필을 하셨지. 왜 그 서양화의 천재가 작품 두 점만을 남긴 채 예술을 접으셨겠어…"

[김관호 작품 : 해질녘, 1916년作]

구본웅이 조심스럽게 말했다.
"저도 그 점이 전부터 궁금했습니다."
나혜석이 천천히 말했다.
"충분히 유추할 수 있지 않겠어? 그 아름다운 나체 그림으로 특선을 하고 나니까 평양 부자라는 사람들, 일본인 고관들이 불러다가 겨우 시키는 일이 자기 부인들을 그려 달라, 자기가 첩으로 삼을 권번의 기생들을 그려 달라, 심지어는 자신과 여인들의 춘사(春思 : 성행위)를 그림으로 묘사해 달라고 하니까 붓을 집어던지셨다고 해요. 조선에서는 아직 화가를 알아줄만한 사람들이 없는 셈이지요!"

그날 해가 지자 마음씨 착한 구본웅은 인력거를 불러 나혜석을 정중히 모셨다.

4. 배천 온천에서 만난 여자

아지랑이는 피어오르지 않았다. 먼 산에는 잔설이 남아 있었다.
1933년 이른 봄이었다. 구본웅은 태평양미술학교 본과를 졸업하고 귀국하였다. 3년 전에 결혼한 강희맹의 후손 강임(姜姙)은 부인으로서 손색이 없었다. 양반집 딸이었지만 가세가 기울어 친정에 땅마지기를 전하고 꼽추인 구본웅에게 시집을 왔다. 그리고 군말 없이 시부모를 섬기고 잘생긴 아들까지 낳아주었다. 아들은 벌써 세 살이 되어 널따란 마당을 가로질러 씽씽 달리기를 할 정도였다. 꼽추 아버지가 팔을 벌리면 넙죽 웃으며 달려와 안겼다. 청계천 근처 화신백화점이 지척의 거리에 있는 구본웅의 집에는 언제나 손님들이 득실거렸고 사람들은 그렇게 번잡한 구본웅의 집을 다옥정(茶玉亭)이라 불렀다. 당대의 문사들과 예술인, 영화감독까지도 드나들었다. 구본웅의 덕 있는 부인 강임이 찬모들과 함께 땀 흘려 그 많은 손님들을 치다꺼리하였다.
두 달 전에 총독부를 그만두고 실업자가 된 이상도 결국 그 마음씨 좋은 꼽추 화가 구본웅의 집으로 달려갔다. 그리고 꼽추 구본웅의 호를 점잖게 불러주며 꼬드겼다.
"서산, 우리 어디 가서 바람이나 쐬고 오세. 폐병쟁이가 된 나도 앞으로 무엇을 하면서 세월을 낚을지 궁리를 해야겠고 신고(신체적인 핸디캡)가 있는 자네도 이제는 그림으로 세상을 어떻게 살아가야할지 궁리를 해야 하지 않겠나?"

구본웅이 픽 웃으며 말했다.

"곱추인 내가 무슨일을 하겠나! 집에 돈 깨나 있으니 그냥 그림이나 그리며 살지 뭐...."

이상이 또 유혹했다.

"아무튼 어디로든 가세. 물 좋은 온천에라도 가서 몸을 푹 담근 후에 우리 함께 아이디어를 정리해보자고!"

그러자 구본웅이 고개를 갸우뚱 하고 받았다.

"가만 있자, 온천이라면 온양 온천인데... 그곳엔 신혼부부가 들끓을 것이고 수안보는 너무 멀고 평산 온천은 번잡하고 연안 온천은 물이 너무 뜨겁고 개성에서 가까운 배천 온천이 어떤가?"

구본웅이 기분좋게 고개를 끄덕였다.

"그곳도 물은 뜨겁지. 하지만 라듐 온천으로 일찍이 세종대왕께서도 피로가 쌓이시면 달려가신 곳이라 하니 그곳으로 가보세."

구본웅의 부인 강임은 동경에서 돌아온 지 얼마 되지도 않은 남편을 꼬드겨서 기어이 행장을 차리게 하는 이상이라는 기이한 친구가 야속하기만 하였다. 하지만 착한 그녀는 곱추 남편의 마음을 헤아리고 묵묵히 화구와 함께 여행가방을 챙겨주었다. 기다렸다는 듯 이상이 가방을 받아들고 앞장을 섰다.

연백평야로 들어가는 협괘열차가 배천역에 도착하자 사람들은 아늑한 휴양지의 황홀경에 취하여 흐느적거리는 걸음걸이로 개찰구로 향하였다. 곱추 구본웅은 위아래 검은 양복정장에 검은 중절모를 썼다.

키 큰 이상은 아래에는 대님을 매지 않은 헐렁한 바지를 입고 위에는 연한 옥색의 저고리를 걸친 채 개찰구를 향하여 건들건들 걸었다. 키 큰 이상과 땅에 끌리는 듯한 곱추 구본웅의 걷는 모습을 보며 사람들은 모두 웃었다. 두 사람이 개찰구를 빠져나가자 저마다 여관의 이름을 새긴 팻말을 흔드는 소년들이 앞을 가로 막았다.
 "우리 연백여관에는 기막힌 아가씨들이 단체로 숙식하고 있습니다. 임도 보고 뽕도 따세요."
 "우리 백산여관에는 도로꼬탕(터키탕)이 죽여줍니다. 물 뜨끈뜨끈하지요. 아가씨 매끈매끈하지요. 극락이 따로 없습니다. 절 따라 오세요."
 제일 나이가 어려 보이는 소년이 아무 말 없이 팻말을 들고 멍하니 서있었다. 팻말에는 '국향(菊香)'이라는 여관이름이 쓰여 져 있었다. 소년은 팻말을 어정쩡하게 들고 우물쭈물하는 모습으로 그냥 서있었다. 구본웅이 다가가 소년에게 물었다.
 "너희 여관에는 국화가 피어 있느냐?"
 소년은 어리둥절한 표정으로 말했다.
 "우리 여관에는 국화가 없는데요."
 구본웅은 빙글거리며 말했다.
 "이 녀석아 국화도 피어있지 않은데 국화향기가 어디 있느냐? 너희 여관 이름이 국화향기지 않느냐?"
 소년은 땅바닥을 보며 말했다.
 "우리 여관은 그냥 조용하고 깨끗합니다. 국화향기 같은 것은 없구요."
 구본웅이 결론을 내렸다.
 "녀석 정직해서 좋구나. 앞장 서거라."
 헐렁한 바지와 풀어질 것만 같은 저고리를 휘날리며 키 큰 이상이 앞장을 서고 땅에 끌릴 듯한 검은 양복에 어울리지 않는 검은 중절모를 쓴 구본웅이 소년을 따라가자 나머지 소년들이 따라오며 키득거렸다.

"딴따라 팬가봐. 키 큰 얼치기하고 꼽추 피에로하고 잘 어울리는데 그래? 오늘 저녁 서커스는 하는 거예요?"

구본웅이 놈들을 바라보며 익숙하게 받았다.

"그래 우리는 광대들이다. 오늘 저녁 국향여관 앞에서 한 판 벌릴 것이다. 구경하러 오거라."

이상은 껑충껑충 뛰며 큰소리로 말했다.

"그래 서커스를 벌려주마. 어디 가서 곰 한 마리를 데려오든지 코끼리라도 몰고 오거라. 내가… 이 이상이 멋지게 한 판 놀아주마!"

[이상과 구본웅 : 이승만 삽화_1977년 중앙일보간행 중 풍류세시기]

두 사람은 여관으로 들어와 우선 씻기부터 하였다. 시원하게 몸을 풀고 나자 찬모가 상을 놔주었다. 결코 과장하지 않은 밥상이었다. 팔첩 반상으로 차려진 저녁상이 까다로운 구본웅의 입맛을 단박에 녹여주었다. 이상은 연어무침을 빠른 속도로 먹고 구본웅은 한 가지씩 차

근차근 맛을 보며 고개를 끄덕였다. 국화향기가 풍기는 토주도 먹을 만했다. 구본웅이 밥상을 물리면서 이상에게 말했다.

"여기에서 내다보는 들판이 시원하고 아득하게 보이는 억새밭이 일품일세. 여기에서 며칠 간 영양보충을 하고 신선한 공기를 쐬어보게. 병이 저절로 나을 것 같네. 저녁에는 너무 서두르지 말고 풍악소리가 요란하지 않은 곳을 찾게. 풍악을 너무 난하게 잡는 여자들은 밤일도 난잡하게 전개할 걸세. 여관이 정갈하고 조용한 만큼 여자도 정갈하면서도 농밀한 멋을 풍겨주는 그런 여자로 정해보게. 군불을 너무 화끈하게 때면 엉덩이를 델 수가 있네. 음식도 여자도 서서히 정을 들여보게."

다음날 아침을 먹고 구본웅은 화구를 챙겨들고 일찌감치 나갔다. 이상은 커피 한 잔을 청해 마시고 배를 깔고 누워 가지고 온 무괘지(칸이 쳐있지 않은 종이) 노트 위에 다음과 같이 썼다.

'스물세 살이오-3월이오-객혈이다. 여섯 달 잘 기른 수염을 하루 면도칼로 다듬어 코밑에 다만 나비만큼 남겨가지고 약 한 재 지어 들고 B라는 신개지 한적한 온천으로 갔다. 게서 나는 죽어도 좋았다.

그러나 이내 아직 기를 펴지 못한 청춘이 약탕관을 붙들고 늘어져서는 날 살리라고 보채는 것은 어찌하는 수가 없다.

여관 한등 아래 밤이면 나는 늘 억울해했다.'

훗날 그의 유별난 소설 〈봉별기(逢別記)〉의 도입 부분이었다.

여인은 장구를 손수 치면서 유연한 소리를 뽑았다. 소리를 다루는 솜씨가 구성지고 구김이 없었다. 고음부도 잘 올라가고 적절한 교태를 섞어가며 소리를 예성강 물소리처럼 구성지게 풀어나갔다. 이상이 물었다.

"그게 무슨 노래인가?"

"서도 민요입니다."

"어디서 배웠는가?"

"제가 다녔던 사리원 권번에서 배웠습니다. 이 노래는 우리 황해도 뱃사람들이 즐겨 부르는 노래인데요. '배따라기'라고 합죠. 이 민요를 모르면 황해도 사람도 아니고요. 황해도 기생은 더더구나 아닙니다. 하지만 좀 구슬프다 못해 서글프죠."

여인은 먼 산을 바라보며 장구를 치면서 배따라기를 부르기 시작했다.

윤하윤삭(閏夏閏朔)은 다 지나가고 황국(黃菊) 단풍이 다시 돌아오누나에- 지화자자 좋다/

천생만민(天生萬民)은 필수지업(必授之業)이 다 각기 달라/

우리는 구태여 선인(船人)이 되어 먹는 밥은 사자(使者)밥이요 자는 잠은 칠성판(七星板)이라지/

옛날 노인 하시던 말씀은 속언(俗言) 속담(俗談)으로 알아를 왔더니/

금월금일(今月今日) 당도하니 우리도 백년이 다 진토록 내가 어이 하자나/

에- 지화자자 좋다....

이상은 이내 고개를 흔들었다. 그러면서 여인을 향해 말했다.

"그 서글픈 노래 듣기 싫으이.... 요즘 내 마음이 가뜩이나 뒤숭숭한데.... 서도노래는 다 그렇게 서글픈가?"

여인은 장구채를 어정쩡하게 들고 노래를 그쳤다. 그리고 말했다.

"우리 서도노래는 다 이렇게 구슬퍼요."

구본웅이 종이 씌운 식탁 위에 십 원짜리 다섯 장을 올려놓으며 여인을 향해 말했다.

"아. 창 잘하는 자네가 무슨 죄가 있겠나! 요즘 이 사람이나 나나 심사가 시끄러워 여기까지 왔다네. 창은 이따하고 우리 술이나 마시세. 자네도 함께 마시자고!"

그러자 여인이 재치 있게 받았다.

"손님들께서는 그러니까 골치 아픈 노래는 부르지 말라 이거죠? 호호…."

여인은 함께 술을 마시며 다시 장구채를 잡았다. 그리고 숨을 고르더니 자세를 흐트러뜨리며 마음껏 소리를 지르기 시작했다.

'노세 노세 젊어서 놀아 늙어지면 못 노나니/ 화무는 십일홍 이요 달도 차며는 기우 나니라!/ 가세 가세 산천경계로 늙기 전에 구경가세/ 인생은 일장에 춘몽 둥글둥글 살아나 보세!/ 얼시구 절시구 차차차! 지화자 좋구나 차차차!/ 마라방창 호시절에 아니 노지는 못하리라 차차차/'

이상은 그제야 신이 나서 어깨를 들썩이며 노래를 따라 불렀다. 구본웅도 굽은 어깨를 들썩이며 신나게 젓가락으로 요릿상을 치며 열심히 따라 불렀다. 이윽고 여인이 땀을 닦을 때 이상이 물었다.

"네 이름이 뭐냐?"

여인이 대답하였다.

"금홍이에요."

구본웅이 물었다.

"물론 본명은 아니겠지?"

여인이 살짝 눈을 흘기며 말했다.

"이런 데서 본명을 쓰는 사람이 어디 있어요."

이상이 받았다.

"금홍! 그래 그 이름이 썩 좋은데? 금홍이라... "
이상이 또 말했다.
"좋다. 오늘부터 너 금홍이는 이 이상의 여자가 되는 거다. 사실 난 총각도 아니다. 내가 고공을 다닐 때 충무로의 술집에서 만났던 일본여자가 있었지. 사미센을 잘 연주하던 곱상한 여자아이.... 흐흐 그 아이는 시즈오카 현 출신인데 봉급을 모아서 홀어머니한테 꼬박꼬박 부치던 착실한 여자아이였어. 그 일본소녀에게 내 동정을 기꺼이 줬지. 물론 그 아이도 나한테는 헌신적이었지. 하지만 고공을 졸업하고 사회인이 되고 나서는 까맣게 그녀를 잊었어. 그녀도 훌쩍 일본으로 떠났고...."
구본웅이 말했다.
"맹물 같은 여자였군 그래."
금홍이가 끼어들었다.
"남녀 간에 맹물이면 곤란하죠. 술처럼 콱 취하든지, 떡처럼 꽉 막히든지, 돌처럼 가슴에 콱 들어와 박히든지 아무튼 남녀는 만났다 하면 일이 벌어져야 하는 거예요. 맹물처럼 그냥 흘러가버리면 그건 남녀사이가 아닌 거죠."
구본웅이 무릎을 쳤다.
"거 명언이다. 술처럼 콱 취하든지, 떡처럼 꽉 막히든지, 돌처럼 콱 박히든지..."
이상도 게슴츠레한 눈으로 그녀를 바라보며 말했다.
"그래 남녀는 얽혔다 하면 함께 죽고 싶은 그런 감흥이 나야 하는 거야. 암, 함께 죽을 만큼 화끈해야지."
그날 밤 이상은 그녀를 품고 잤다.

그녀는 키가 크지 않았다. 쭉 빠진 미인도 아니었다. 대신 차돌처럼 단단하고 피부가 뱀처럼 미끄러웠다. 뱀처럼 착 감기기도 하였다. 이상은 그녀와 함께 아주 낮은 곳까지 잠행해 들어갔고 진흙탕 같은 밑바닥을 함께 헤매었다. 그리고 몇 번인가 수면 위로 올라왔다. 그리고 다시 심연으로 가라앉으며 자맥질을 하였다.

아침 해가 밝아올 때 그녀는 천연덕스럽게 일어나 욕탕에 들어가 쫙 쫙 물을 끼얹고 들어와서는 '아이고 시원하다'고 하며 체경을 앞에 놓고 화장품을 들고 얼굴을 다듬기 시작하였다. 이상은 비스듬히 누워 그녀를 완상하였다.
"몇 살인고?"
하얀 치아를 드러내며 대답하였다.
"스물한 살이에요."
"스물한 살이라고? 난 어젯밤에 네가 서른 대여섯 살 먹은 과분줄 알았다."
그녀가 생긋 웃으며 물었다.
"아저씨는요?"
"나? 그래 내가 몇 살이나 들어 보이니?"
그녀는 눈썹을 그리면서 말했다.
"글쎄 마흔? 서른아홉? 맞죠?"
이상은 허허 웃으며 말했다.
"이것 참 억울한데? 나 참 내 나이 이제 스물넷이야."
금홍이는 생긋 웃으며 말했다.
"그렇다면 더 없이 좋고."
그녀는 바람처럼 나가버렸다.

그날 구본웅은 경성으로 향하였다. 이상은 배를 깔고 누워 경성으로 떠나는 구본웅에게 당부했다.

"가서 착한 부인께 내가 피를 토한다고 치료비 좀 두둑히 받아가지고 내려오게! 나는 여기가 좋네."

착한 구본웅은 행장을 차리며 알았다고 고개를 끄덕였다.

이상은 푹 자며 배천온천을 마음껏 즐겼다. 가끔다가 배천기생 금홍이가 찾아와 주었다. 그녀는 이상의 몸을 정성껏 씻어주고 누나처럼 돌봐주었다. 그러다가 심심하면 함께 탕에서 헤엄을 쳤다. 두 사람은 금세 정이 들었다. 그들의 정이 흠뻑 들었을 때 구본웅이 때맞춰 돌아왔다. 착한 구본웅은 금홍에게 수고료를 듬뿍 쥐어 주었다.

그러다가 이상과 금홍이는 셈이 흐려지기 시작하였다.

"금홍아, 너 내일도 올래?"

그녀는 뽀루퉁 해지며 반문했다.

"내가 안 오면 딴 애들하고 놀아보려고? 하긴 뭐 남자들은 우리 같은 기생들과는 쉽게 물리게 되어 있으니까. 길가에 핀 꽃 들국화면 어떻고 개나리면 어떻겠어?"

이상이 황황히 금홍이의 말을 막았다.

"그런 뜻은 아니고 사실 난 네가 너무 좋은데 내가 일방적으로 널 독점하는 것 같고 그렇게 되면 내가 너에게 화대를 후하게 쳐서 줘야할 텐데 사실 난 서산 그러니까 꼽추 화백이 후원해주는 돈으로 내 약값도 대고 이 여관비도 대고 능라정에 가서 노는 값을 대야하는 형편이라서…"

금홍은 눈을 깜박이다가 결론을 내렸다.

"그런 문제라면 내가 알아서 해결할게. 가령 돈을 많이 주는 손님이 있어서 도루코탕에서 나를 부르면 가서 얼른 씻어주고 오고, 특별히 낮에 만나자는 손님이 있으면 내 얼른 갔다 올게. 우리 마음만 변치 않으면 되지 않겠어? 사실 난 당신이 좋아. 당신은 나보다 세 살밖에 많지 않은 오라버니 같잖아. 살결도 희고 키도 크고 무엇보다 당신의 그 길고 오뚝한 코가 난 제일 마음에 들어. 당신의 움푹 들어간 그 눈도 멋지고. 술자리에서 툭툭 던지는 그 말솜씨는 어떻고… 내가 그 뜻은 다 알아들을 수 없지만 당신은 남들처럼 돈 버는 이야기, 여자 건드리는 이야기, 남 속이는 이야기는 하지 않더라. 정말로 내가 알아들을 수는 없지만 그 글 쓰는 이야기, 시 쓰는 이야기 그리고 그림 그리는 이야기가 너무 재밌어. 못 알아들어도 좋아… 난 당신의 그 순수함이 좋다고…. 거기에 비하면 난 너무 때가 묻었을 거야. 열일곱에 아이까지 낳아봤으니까. 당신이 날 벗기면서 봤을 거야. 내 아랫배에 벌써 주름이 가있다는 것을."

이상은 그날부터 금홍이에게 정이 더 갔다.

이상은 구본웅이 먼 곳으로 스케치 여행을 다녀오는 날이면 금홍이에게 슬그머니 묘한 부탁까지 하였다.

"금홍아, 서산의 때를 좀 벗겨 주거라. 도루코탕으로 데려가 깨끗이 씻겨주고 그의 피로도 말끔히 닦아 주거라."

금홍은 눈을 흘기며 말했다.

"싫어. 난 곱추는 싫단 말이야."

이상은 순한 눈빛으로 말했다.

"금홍아, 그 양반 불쌍하지도 않니. 아주 고운 마음으로 큰 오라버니에게 하듯 정성스럽게 모셔라."

금홍은 알았다는 듯 고개를 주억였다.

"오빠 정말 순수한 마음으로 하는 말이지? 사실 나도 그 분을 보면

측은한 마음도 있어. 어려서 유모가 댓돌에 떨어트려 척추를 다쳤다지?"
이상이 빙긋 웃으며 말했다.
"보살이 아픈 중생을 섬기듯, 약사여래가 치유의 손길을 나누어주듯 그렇게 모셔 봐라."
아무튼 그날 구본웅은 쑥스러워 하면서도 이상의 강권에 의해 도루코탕에 들어갔고 두어 시간 뒤에 나와서는 옷방으로 들어가 아기처럼 깊은 잠에 빠졌다.

그런 모습으로 두 사람은 한 달 남짓한 시간을 그 멸악산 밑 예성강 가의 배천온천에서 보냈다. 그리고 먼저 구본웅이 경성으로 떠났다. 그는 선전에 출품할 작품을 손본다고 하며 평양을 거쳐 경성으로 갔다. 이상도 금홍이와 헤어지는 일이 안타까웠지만 구본웅에게 더 신세를 질수가 없어짐을 챙겼다. 그리고 곁에 앉아있는 금홍이를 바라보았다.
'세상에 태어나 그 누구와 이별하는 일이 이렇게 야속하고 어렵다니'
이상은 탄식하며 주머니를 뒤졌다. 경성 가는 차표 한 장과 십 원짜리 지전 한 장이 남아 있었다. 눈물을 연신 닦던 금홍이는 이상이 건네는 십 원짜리를 물끄러미 쳐다보았다. 이상이 말했다.
"미안하다. 참으로 미안하다."
금홍이는 배시시 웃으며 아기처럼 말했다.
"괜찮아. 이 다음 당신이 돈을 벌면 더 주면 되잖아. 이 돈으로 취인점(전당포)으로 달려가 내가 전당 잡힌 시계를 찾을 거야."
이상은 미련 없이 돌아서는 그녀가 얄미웠다.

[1930년대의 이상과 기생 금홍으로 추정되는 인물]

5. '제비 다방' 시대

1933년의 초여름이었다.

경성부청 앞의 덕수궁에서는 매미가 요란하게 울고 〈낙랑파라〉 앞에 심어놓은 파초가 넓고 싱싱한 잎새를 자랑하고 있었다. 〈낙랑파라〉에서는 베토벤의 전원 교향곡이 울려 퍼지고 있었다. 김소운(金素雲, 1907-1981, 일본문학가, 수필가)이 이상에게 한복을 입고 동그란 안경을 낀 신사를 소개하였다.

"인사드리게. 조선 시단의 찬란한 별 정지용(鄭芝溶 : 1902 ~ 1950)선생일세."

이상은 자리에서 벌떡 일어나 허리를 굽혔다. 그러면서 건너편 자리에 앉아있는 사람도 들릴 만큼 큰 소리로 말했다.

"시인님의 존함은 진작부

터 듣고 있어서 잘 알고 있습니다. 알고 있을 정도가 아니라 시인님의 시도 애송하고 있습니다. 저는 작가지망생 이상이라고 합니다."
　정지용은 조용한 말투로 말했다.
　"앉으세요. 앞으로 좋은 친구가 됩시다."
　이상은 흥분을 가라앉히지 못하며 들뜬 목소리로 말했다.
　"저는 시인님의 시를 대부분 암송할 수 있습니다. 시인님의 시 중에서 제가 제일 좋아하는 시는 '유리창'이라는 시입니다."
　김소운이 빙긋 웃으면서 말했다.
　"이 사람아, 정지용 시인의 '유리창'을 암송할 수 있다면 이 자리에서 한 번 읊어보게나."
　마침 다방안의 음악도 잔잔해지자 이상은 호흡을 가다듬은 후 천천히 시를 읊었다.

　"유리에 차고 슬픈 것이 어린거린다./ 열없이 붙어 서서 입김을 흐리우니/ 길들은 양 언 날개를 파닥거린다./ 지우고 보고 지우고 보아도/ 새까만 밤이 밀려나가고 밀려와 부딪치고,/ 물 먹은 별이 반짝 보석처럼 박힌다./ 밤에 홀로 유리를 닦는 것은/ 외로운 황홀한 심사이어니,/ 고흔 폐혈관이 찢어진 채로,/ 아아, 늬는 산새처럼 날라 갔구나"

　눈을 감고 듣고 있던 정지용은 엽차로 목을 적신 후 조용히 말했다.
　"감사합니다. 별 것 아닌 시를 암송까지 해주시니 너무나 고맙군요! 사실 그 시는 내가 내 여식을 폐렴으로 잃고 슬픔에 차 있을 적, 애조를 가지고 쓴 시입니다."
　이상이 황황히 말했다.
　"아이고, 선생님의 이 시에 그런 아픈 사연이 얽혀 있는지 몰랐습니다. 멋모르고 암송하며 다닌 경거망동을 용서해주십시오."

정지용이 또 말했다.

"시인이나 소설가나 글을 발표해 놓고 나면 읽는 분의 글이지 자신의 글은 아닐 것입니다. 독자들이 편한대로 생각하면 되는 거지요."

김소운도 조심스럽게 말했다.

"저도 그 시에 그렇게 깊은 사연이 숨겨져 있는 줄 몰랐습니다. 그런데 요즘 잡지나 신문을 통해 발표되는 시 중에는 너도 나도 우리 정 시인님의 시풍을 흉내 내서 이른바 정지용의 아류 즉 '지용의 에피고넨(아류자)' 홍수를 이루고 있지 않습니까? 이런 현상 역시 문제가 아닐까요?"

정지용이 웃으며 답했다.

"우리 시를 그만큼 사랑해주고 우리 조선말을 그렇게 아름답게 구사해준다면 얼마나 좋은 일이겠습니까… 그런데 이상 선생은 그동안 우리 시를 조선어로 써왔습니까, 일본어로 써왔습니까?"

이상이 머리를 긁으며 말했다.

"조선말 쓰기와 표현하기에는 제 조선말 실력이 많이 모자랍니다. 그래서 부끄러운 말씀입니다만 지금까지 일본어 시 2천 편 이상을 써왔습니다."

정지용이 잠시 뜸을 들이다가 말했다.

"우리말을 많이 쓰고 조선어로 글을 써 버릇해야 합니다. 마침 얼마 전에는 조선어학회에서 '한글맞춤법'을 표준화해서 신문에도 발표하지 않았습니까. 신문에 올라 있는 한글맞춤법을 먼저 익히세요."

이상은 들고 온 가방에서 4백 자 원고뭉치를 꺼냈다. 습작의 노고가 착실하게 벤 땀에 전 원고지들이었다. 정지용은 받아 든 원고뭉치를 빠르게 넘기면서 작품 몇 개를 골랐다. 그리고는 말했다.

"선생의 작품은 얼핏 보면 낯설고 거칠어 보이는데 아주 큰 장점이 있습니다. 좀 엉뚱하다할지 또는 생소하다 싶은 단어들을 잘 고르시는 군요. 시는 이래야 됩니다. 절대로 남의 것을 모방해서는 안 될 일이지요. 마침 내가 '가톨릭청년'지의 편집고문으로 있으니까 이 시들을 그 잡지에 실어볼까 합니다."

이상은 무엇에 강하게 얻어맞은 사람처럼 얼굴이 핼쑥해지면서 말했다.

"그 그게 정말입니까? 제 시를 정말 잡지에 내주실 수 있습니까?"

이렇게 해서 1933년 6월 중순, 가톨릭청년 7월호의 잡지에 이상의 시가 실려 세상을 향해 나왔다. 그날 낙랑파라에서는 큰 잔치가 벌어졌다. 이상이 그날 커피점에 나온 모든 사람의 커피값을 내고 다섯 병이나 되는 샴페인의 값도 냈기 때문이다. 사실 이상은 짠돌이였다. 낙랑파라에 나와서 차를 마시고 나도 언제나 자리에서 뜰 때에는 자신이 마신 찻값 십 전짜리 동전 하나만을 차탁 위에 덩그러니 올려놓고 가는 사람이었다. 그러나 그는 그날 지배인 변동욱이 마이크를 잡고 분위기를 띄워주자 그는 한껏 흥분하였고 가톨릭청년 잡지를 손에 움켜쥔 채 앞에 나가 시를 낭송하기 시작하였다.

"벌판 한복판에 꽃나무 하나가 있소./ 근처에는 꽃나무가 하나도 없소./ 꽃나무는 제가 생각하는 꽃나무를 열심히 생각하는 것처럼 열심으로 꽃을 피워가지고 섰소./ 꽃나무는 제가 생각하는 꽃나무에게 갈 수 없소./ 나는 막 달아났소./ 한 꽃나무를 위하여 그러는 것처럼/ 나는 참 그런 이상스런 흉내를 냈었소."

누군가가 큰소리로 말했다.

"이상 씨, 아니지 오늘 부로 이상 씨는 이상 시인이 되었지. 어쨌든 이상 시인은 읽을 때는 분명히 시를 띄어서 읽었는데 왜 그 시를 쓸 때는 자 칸을 한 칸도 남기지 않고 붙여서 썼소? 숨이 막힐 것만 같았소."

정지용 시인이 두둔하는 소리를 해주었다.

"일본 시에는 띄는 것이 없지 않습니까. 이상 시인도 그런 의미에서 우리글을 붙여본 것으로 알고 있어요. 빈 칸이 없는 시… 숨이 막힐 것처럼 숨차오는 시도 멋이 있지 않습니까. 자, 이상 시인의 다음 시를 기다려봅시다."

이상은 자신을 추천해준 정지용 시인에게 목례를 올리고 다음 시를 읽었다.

"역사를 하노라고 땅을 파다가 커다란 돌을 하나 끄집어 내어놓고 보니 /도무지 어디서인가 본 듯한 생각이 들게 모양이 생겼는데/ 목도들이 그것을 메고 나가더니 어디다 갖다버리고 온 모양이길래/ 쫓아 나가 보니 위험하기 짝이 없는 큰길가더라.//

그날 밤에 한 소나기 하였으니 필시 그 돌이 깨끗이 씻겼을 터인데/ 그 이튿날 가보니까 변괴로다 간 데 온 데 없더라./ 어떤 돌이 와서 그 돌을 업어 갔을까/ 나는 참 이런 처량한 생각에서 아래와 같은 작문을 지었도다.//

"내가 그다지 사랑하던 그대여 내 한평생에 차마 그대를 잊을 수 없소이다./ 내 차례에 못 올 사랑인 줄은 알면서도 나 혼자는 꾸준히 생각하리다./ 자 그러면 내내 어여쁘소서."//

어떤 돌이 내 얼굴을 물끄러미 치어다보는 것만 같아서 이런 시는 그만 찢어버리고 싶더라."

정지용이 다시 무대에 올라와 해설을 해주었다.
"띄어쓰기가 되어있지 않고 얼핏 보면 거칠 기 짝이 없는 시입니다. 그러나 이 시는 상당히 유머가 있고 독자에게 무엇인가를 끊임없이 도발하는 대단히 도발적인 시라고 할 수가 있습니다. 종래에 있었던 시들처럼 얌전하기만 하고 매끈하기만 하고 고상한척 하는 그런 시였다면 저는 가톨릭청년지에 이 시를 소개하지 않았을 것입니다. 가톨릭 청년들에게 무엇인가를 생각하게 하고 시 속에 도발적인 그 무엇이 숨어있기 때문에 저는 이 시들을 감히 조선 시단에 소개해 보았던 것입니다."

그날 발표된 이상의 시들은 신문과 잡지에도 소개가 되었고 1933년 24세였던 청년 이상은 조선 문단에 고개를 디밀었다. 이상이 조선 문단의 문을 힘차게 두드린 그 시는 〈꽃나무〉와 〈이런 시〉라는 다소 낯설고 거친 시였다. 일본 교토의 도시샤대학 영문학부에 다닐 때부터 문명을 날리던 정지용은 김영랑, 박용철 시인과 함께 이미 조선 문단에 확실한 자리를 차지하고 있던 유명 시인이었다. 조선어를 누구보다도 구순하고 아름답게 다룰 줄 알았던 정지용이 거친 이상을 추천한 것은 상당히 주목할 일이었다. 그 후 〈문장〉지를 통하여 정지용이 박두진이나 조지훈, 박목월 같은 청록파 시인들을 추천한 일을 봐도 1933년에 무명에 가까웠던 이상을 과감히 발탁한 일은 파격 중의 파격이었다. 그만큼 정지용은 천재 시인 이상을 그 누구보다도 일찍 알아봤다는 증거가 될 것이다.

이렇게 당시 문단에서 가장 정직하고 사생활마저도 모범적이었던 시인 정지용에 의해 이상이 발탁되고 나자 그는 문학에 대한 무한한 열정을 가지게 되었다. 열정뿐이 아니라 마침내는 문학이라는 종교를 위해서 순교할 각오를 다짐하고 있었다.

7월이 왔다. 이상은 흰 색 반팔 와이셔츠에 회색 바지를 받쳐 입고 오랜만에 이발도 한 후 손에는 잡지 한 권을 들고 남대문역(서울역)으로 나갔다. 개성을 거쳐 북에서 내려오는 기차는 40분이나 늦게 도착하였다. 오후 3시가 다 된 시간이었다. 이상은 잡지에 난 자신의 시를 읽고 또 읽고 주위에 있는 사람들이 '아 이상 시인입니까?'라고 인사를 해오지 않을까 은근히 기대도 하였다. 그러나 그 누구 하나 이상에게 주의를 기울여주는 사람은 없었다. 아무튼 열차는 도착하였고 개성에 다니며 인삼 장사를 하는 보따리상 여인들이 제일 먼저 뛰쳐나오고 그 다음에 일반 손님들이 나오는데 그녀도 그 속에 섞여있었다. 그녀는 엷은 분홍색 치마에 모시 저고리를 입고 있었다. 여인은 소리를 질렀다.

"여보 나 왔소."

참으로 그녀는 천연덕스러웠다. 그녀와 만나 열정적인 시간을 가졌던 것이 달포 쯤 되는 것 같은데 그녀는 천 년이나 함께 산 내외처럼 대놓고 '여보'를 외쳐댔다.

"피곤하지는 않아?"

이상이 어색하게 묻자 그녀는 다짜고짜 팔짱부터 끼었다. 난처하였다. 그 당시에는 도쿄 유학을 하고 돌아온 청년들도 신여성들과 대놓고 팔짱을 끼지는 않았는데 황해도에서 올라온 그 연분홍색 치마의 주인공은 전후사정을 가리지 않았다.

"여보, 나 전차 타보고 싶어."

이상은 어린 애를 다루듯 조용히 말했다.

"너무 큰소리로 말하지 마. 경성 사람들은 큰소리로 얘기하지 않아."

그녀는 막무가내였다.

"아니 내 입 가지고 내가 말하는데 어떤 년놈이 말을 할 거야? 뭐? 경성 사람들은 조용히 얘기한다고? 좋아. 그럼 나도 조용히 얘기하지 뭐. 아무튼 여보, 너무 배가 고파. 우선 밥부터 먹자고."

이상은 그녀를 데리고 제일 먼저 본정 입구의 미쓰코시백화점(현, 신세계백화점)으로 갔다. 우선 지하에 있는 오뎅 집에서 오뎅 밥부터 시켰다. 그녀는 오뎅 국물에 밥 두 그릇을 말아 단숨에 먹어치웠다. 단무지를 더 달라고 소리치니까 종업원이 조용히 말했다.

"단무지도 돈을 내셔야 합니다."

그녀는 열을 냈다.

"아니 우리 조선 사람들은 음식점에서 김치를 아무리 먹어도 더 주는데 왜 별 것도 아닌 단무지를 돈 주고 사먹으라는 거예요?"

이상이 서둘러 그녀를 진정시켰다. 3층에 있는 옷가게에 올라가 여름 투피스를 사서 입혔다. 감색 바탕에 흰 땡땡이가 있는 산뜻한 하복이었다. 그녀는 거울 앞에서 황홀한 표정으로 말했다.

"야 내가 봐도 경성 사람 다 됐네. 경성 처녀 별 거 아니네?"

구두 가게로 서둘러 올라가 그녀에게 하이힐을 신도록 하였다. 그녀는 주저 없이 신었다. 그녀는 오리처럼 뒤뚱거렸다. 점원이 거들었다.

"곧 익숙해지실 겁니다."

두 사람은 경성 구경도 할 겸 본정 쪽에서 명치정 쪽으로 인파를 헤

치며 걸었다. 그녀는 오리처럼 뒤뚱거렸다. 지나가는 여인들이 그녀의 오리걸음을 보고 알 만 하다는 듯 킥킥댔다. 금홍이는 개의치 않았다. 오히려 부딪히는 사람들에게 당당히 짜증을 냈다.

"뭘 먹을 게 있다고 이렇게 기어 나와서 거리를 메우는 거야? 도무지 걸을 수가 없고만. 경성 사람들은 밖에서만 일을 보나?"

이상이 웃으며 말했다.

"여기는 팔도 사람들이 다 모이는 곳이야. 경성 사람만 있는 것이 아니야. 저 사람들 말소리 좀 들어봐. 함경도 말씨, 평안도 말씨, 전라도 말씨, 경상도 말씨… 아 여기가 팔도 사람의 땅이지 경성만의 땅이겠어?"

그녀도 따라 웃으며 말했다.

"그래 날 때부터 경성 사람이 어디 있겠나? 난 황해도 사람이다. 황해도 촌년이다. 자 하지만 오늘부터는 나도 경성 처녀다. 암 경성 처녀고말고. 경성 처녀 금홍 납신다. 나도 하이히루를 신었다. 흐흐흐."

경성 복판에 갖다 놓아도 조금도 기가 죽지 않는 금홍을 바라보며 이상이 물었다.

"뭐 경성에 와서 특별히 하고 싶은 게 있었어?"

그녀는 활짝 웃으며 받았다.

"아 있었지. 제일 먼저 남산에 올라가야 하고, 왜성대(총독관저) 구경도 해야 하고, 신사 참배도 해봐야지. 그리고 나서는 창경원에 가야지. 창경원 사자 우리에 가서 도대체 사자는 어떻게 생겼는가, 내 눈으로 똑똑히 봐둘 거야."

그런데 그녀는 본정 통을 빠져나오며 종로 쪽으로 향하자 또 밥 타령을 하였다.

"아니 많이 걸어서 그런가? 왜 이렇게 배가 허전하지? 이번에는 내가 고기를 좀 먹고 싶은데? 그 알량한 오뎅밥을 먹고 났더니 배가 금방 꺼지네?"

이상은 투피스가 잘 어울리는 그녀를 한 번 내려다보고 두말없이 큰 길을 건넜다. 큰 길 건너에는 조선호텔이 있었다. 그 으리으리한 호텔에 들어서서도 그녀는 조금도 위축되지 않았다. 마치 수없이 와보기라도 한 것처럼 아주 빠른 솜씨로 주위를 둘러본 후 결론 삼아 말했다.

"뭐 동경인가 어딘가도 별 거 아닐 거야. 당신 아직 동경 못 가봤지? 내가 돈 벌어서 당신 동경 보내줄게."

이상은 허허 웃었다.

"아 이거 신난다. 우리 금홍이 덕분에 동경도 가보게 생겼네."

그녀를 기죽이기 위해 이상이 시킨 비프스테이크가 나오자 그녀는 옆 사람들이 포크와 나이프를 쓰는 것을 재빨리 보고는 이상에게 묻지도 않았다. 마치 전에도 먹어본 사람처럼 칼질을 시작하였다.

"뭐 먹을 만하고만!"

그녀는 손목에 차고 있던 시계를 내보이며 말했다.

"이거 당신이 주고 간 십 원으로 찾은 내 스위스제 시계야. 앞으로 돈 벌면 금딱지로 바꿀 거야."

이상은 거대한 포부를 말했다.

"이 봐 금홍이, 앞으로 자네하고 나는 호흡을 잘 맞춰야 돼. 다방 개업식 날이 지나고 나면 날이면 날마다 손님들이 파도처럼 밀려올 거야. 마담인 당신이 잘 해야 돼. 너무 오래 앉아있으면 안되니까 적당한 핑계를 찾아 자리를 뜨게 만들기도 해야 되고 또 고상한 손님이 왔을 때는 정을 붙여서 자주 찾아올 수 있도록 미소 작전을 펴야 한다고. 내 얘기 무슨 얘긴지 알겠지?"

금홍은 웃었다.

"당신 공자 앞에서 문자 쓰는 거야? 번데기 앞에서 주름을 잡아 보는 거냐고? 내 나이 비록 스물 하나지만 산전수전 다 겪은 사람이야. 물장수라면 안 해본 게 없다고. 가게가 얼마나 큰지는 모르겠지만 아무튼 나만 믿고 당신은 손님들이나 몰고 와."

이상은 희망에 찬 목소리로 말했다.

"나는 우리 찻집을 조선 예술인들의 사랑방으로 만들 거야. 금홍아, 이따 가다가 내가 보여주겠지만 지금까지 우리 경성에서는 경성부청 앞에 있는 낙랑파라를 문화인들의 사랑방이라고 불렀는데 지금부터는 사정이 달라질 거야. 이 시인 이상, 이상이 직접 경영하는 다방 제비는 조선 제일의 예술파라 암 예술인의 사랑방이 될 것이야. 자 금홍아, 이 잡지를 봐라. 이 잡지에 내 시가 실려 있다. 나는 조선의 시인이다."

금홍은 이상이 건네주는 가톨릭청년지를 받아보았다. 천천히 책장을 넘기면서 거기에 실린 내용을 깊이 요해한 것처럼 고개를 점잖게 끄덕였다.

"금홍아, 내용을 좀 알겠니?"

금홍은 천천히 말했다.

"뭐 배고픈 예술가들이 하는 말 다 거기서 거기 아니야? 긴 소설은 얘기이고 짧은 시는 눈물 짜는 것이고 빡빡하게 쓴 글씨는 나 이만큼 알고 있다... 자기 글재주 자랑하는 그런 얘기가 아니겠어?"

이상은 모든 문제의 요체를 단숨에 꿰고 있는 그녀의 판단력과 센스에 놀랐다. 옳은 말이었다. 긴 건 스토리이고 짧은 것은 감정에 호소하는 그런 글이고 길고 복잡한 논설문은 요컨대 나 이만큼 알고 있어 하는 글쟁이들의 요설에 지나지 않는 것이다. 결코 그런 것들이 밥이 되거나 글이 될 수 없는 비생산적이라는 그녀의 말이 과히 틀린 말이 아니다. 그러나 이상은 그녀에게 당부하였다.

"금홍아, 하지만 말이다. 앞으로는 틈이 나는 대로 공부도 하고 책도 보고 음악도 듣고… 교양과 견문을 넓혀 가거라. 앞으로 우리 찻집에 오는 사람들은 우리 시대의 온갖 고뇌와 슬픔을 우리 가게에서 토해낼 것이고 그런 쏟아놓음 뒤에 새로운 생각들을 찾아낼 것이다. 너도 곁에서 잘 듣고 격려해 주거라."

금홍은 이 대목에서도 지지 않았다.

"아마 그렇게 되기 어려울 걸? 내가 그동안 겪어봐서 아는데 배운 놈들이 더 골치 아파. 도무지 남의 말에 귀를 기울이지 않는다고. 뭐든지 제가 다 옳지 뭐. 제 이론 이외에는 없는 거야. 그냥 제 잘난 맛에 사는 거지. 경성 유학한 놈들은 경성만큼 자랑을 하고, 동경 유학을 한 놈들은 동경만큼 자랑을 하고, 그게 어디야, 그렇지 구라파에까지 갔다 온 놈들은 더 골치 아플 뿐이야. 거 무슨 말이 있더라? 오라, 식자우환이라든가? 아는 것이 병이라고 하지 않았던가?"

이상은 난감해지기 시작했다. 금홍이가 단순했으면 좋겠는데 너무 어린 나이에 못 볼 것만 보고 자란 탓인가 세상의 모든 것들을 부정적인 시각으로 보고 다분히 반항적인 잣대로 재단하고 있었던 것이다. 하긴 이상 자신도 세상을 바라보는 눈이라든가 판단하는 내용이 사뭇 삐딱한데 그녀까지 만만하지가 않으니 앞이 좀 아득하였다.

종로통을 내달리는 인력거꾼들은 땀을 뻘뻘 흘리고, 그 인력거를 타는 기생 아가씨들은 양산을 받쳐 들고 있었다. 그 날 광화문 비각에서 화신 사거리로 가는 길에는 유난히 행인이 많았다.

"왜 이렇게 사람들이 붐벼?"

"뻔하지 뭐 또 새 가게가 들어와 신장개업을 했겠지."

사람들의 투덜댐이 맞아떨어졌다. 1933년 7월 14일 초여름의 열기를 뚫고 다방 '제비(燕, 쓰바메)'가 간판을 내밀고 있었다. 겉에서 보면 제법 그럴 듯하였다. 격자무늬의 유리창이 이색적으로 건물 하단에 설치되었고 문에는 황금색을 띤 문고리가 위용을 자랑하고 있었다. 하지만 막상 문을 열고 들어가 보면 다방의 내부는 초라하였다. 벽면은 온통 회색이었고 보통 탁자보다 키가 낮은 아이들 공부상 같은 탁자가 몇 개 놓여 있을 뿐이었다. 벽 한 가운데에 이상의 자화상 한 점이 덜렁 걸려 있었다. 노란색을 주조로 한 볼품없는 그림이었다. 누군가가 외쳤다.

"아 저 그림, 이상의 자화상이 아니야? 작년 선전(1932년)에서 입선한 이상의 자화상이군 그래."

"고흐 자화상하고 닮았는데 온통 누렇게 칠해진 걸 보니."

위아래로 흰색 양복을 차려입은 이상이 등장하였다.

"공사다망하신 중에도 소생의 개업을 축하하기 위해 원근 간에 왕림해주신 귀빈 여러분께 인사 올립니다."

"어어 왜 이러나? 이상답지 않게... 좀 제대로 된 개업 포부를 말해보시오. 이상 시인, 왜 이 번잡한 종로 머리에 제비라는 이름으로 다방을 열었소? 그 포부 좀 들어봅시다."

그제서야 이상은 긴장을 풀고 제대로 말문을 열었다.

"이 공간은 여러분의 쉼터입니다. 여기서 오백 보만 걸으면 광화문 비각이 나오고 또 동쪽으로 삼백 보만 걸으면 화신백화점과 종각이 나옵니다. 가시다가 오시다가 다리가 아프시면 저희 제비에 들러주십시오. 다리 아픈 제비들은 전봇대와 전봇줄에 편안히 앉아 쉬지 않습니까?"

"옳거니"

"또 하나, 이곳은 푸치니 라보엠의 둥지입니다. 갈 곳 없는 보헤미안들의 쉼터가 될 것입니다. 저는 오래 전부터 라보엠을 즐겨 들었습니다. 갈 곳 없는 집시들이 로돌프와 미미를 중심으로 모여들지 않습니까? 그 추운 크리스마스 시즌에도 말입니다. 우리도 이 라보엠의 둥지에 모여 봅시다."

그때 문이 삐걱 열리며 소설가 박태원이 무엇인가를 들고 들어왔다.

"여보 이상, 당신이 좋아하는 라보엠을 아예 통째 들고 왔소이다. 내가 수년째 애용하며 애청하였던 포터블 축음기를 가져왔소이다. 경성의 거리에서 갈 곳 없는 우리 문화인들이 이 제비에 들른다면 언제든지 이 귀한 레코드판을 감상할 수 있을 것이오."

그는 스무 장이나 되는 레코드판을 푼 다음 열심히 축음기를 돌려 마침내 위대한 소프라노가 그 성량을 자랑하게 만들어 놓았다. 박태원은 소리쳤다.

"자, 들어보시오. 이 천상의 목소리가 폴란드 출신의 프리마돈나, 마르셀라 셈브리치(1858~1935)의 옥음이오. 작곡가 베르디와 푸치니가 '완벽한 미미'라고 격찬하였던 바로 그 주인공의 목소리입니다. 앞으로 마음껏 취해 보십시오."

레코드판은 몇 번 칙칙 대는 소리를 낸 후 셈브리치의 '내 이름은 미미'를 아련하게 뽑아내고 있었다. 사람들은 열광하였다. 모두 심취하였고 요란한 박수를 보냈다. 개업 첫 날을 축하하는 청진동 국수가 나왔고 동대문 양조장의 특제 막걸리가 배달되었다. 꼽추 화가 구본웅이 또 의자에 올라가 한 마디 하였다.

"우리의 친우 이상이 드디어 일을 냈습니다. 이 가게 세 비싼 종로 머리에 둥지를 틀었습니다. 우리 이상은 경성부청 앞에 어마어마하게 자리 잡은 낙랑파라의 주인 이순석 화백과는 비교가 되지 않는 사람입니다. 어려서부터 어렵게 자랐고 백부 밑에서 양자 노릇을 하며 거의 고학을 하다시피 하였습니다. 보성고보를 다니며 점심에는 현미빵을 파는 고학을 하였습니다. 그럼에도 불구하고 수재들만이 간다는 경성고공에 당당히 합격하였고 건축과 3년을 내리 수석으로 일인들을 누르고 졸업하였습니다. 그리하여 총독부의 기수로 당당히 채용되었는데 신병을 얻게 되고 몇 가지 사정이 있어 마침내 그의 생애 최초의 사업으로 이 제비를 개업하게 된 것입니다. 과연 십 전짜리 커피 한 잔을 팔아 어떻게 이곳에서 배겨날지 염려되는 바가 없지 않습니다. 그러나 조선의 문화인 여러분들이 우리 이상을 힘껏 도와주신다면 몇 년 전에 파산을 한 멕시코의 전철을 밟지 않고 번창할 수도 있을 것입니다. 소생이 듣자하니 낙랑파라는 그동안 이순석 화백이 알뜰한 관리를 하여 상당한 축재를 하고 머지않아 새 주인을 맞을 것이라는 소문이 있습니다. 여러분, 모처럼 만에 종로통에 문을 연 우리 문화인들의 산실, 이 제비를 힘껏 성원해주시기 바랍니다. 저는 오늘 제비의 개업을 축하하면서 제가 동경에서 자주 마시던 압생트(Absinthe, 스위스제 술, 40도짜리 독주) 특주를 돌리겠습니다."

다시 한 번 환호와 함께 박수가 터지고 술잔이 돌았다. 투피스를 입은 금홍이가 나타났다. 환호성은 극에 달하였다. 금홍은 무대에 오른 프리마돈나처럼 침착하게 손님을 둘러보았다.

"저 황해도 배천에서 올라온 이 집 안주인 금홍입니다."

누군가가 소리쳤다.

"아이, 그건 아니지. 경성 종로통의 안방마담을 금홍이라고 부를 수 있겠습니까? 여보 이상, 마담에게 산뜻한 이름을 선사해주시오."

이상이 얼굴을 붉히자 일본 문학을 전공하는 김소운이 앞으로 나섰다.

"약간 아방가르드 하면서도 애상적인 맛이 나는 '미사에'로 합시다."

모두 화답하였다.

"거 좋습니다. 마담 미사에, 마담 미사에!"

이렇게 해서 이상의 찬란한 제비 시대는 시작되었다. 지금의 지번으로 가늠하면 종로1가 33번지에 해당하는 언저리였다.

6. 천재 이상의 탄생

    1933년 가을이 오고 있었다. 종로통의 플라타너스들이 서서히 잎을 노란색으로 갈아입고 있었다. 손님이 뜸할 때는 마담 미사에, 아니 금홍이가 하품을 늘어지게 하며 술을 마셨다. 이상은 밤늦게까지 북적대는 손님들 때문에 가게에 딸린 골방에서 콜록거리며 잠을 잤다. 힘이 넘쳐 보이는 금홍이는 경성물을 먹으며 더욱 예뻐졌고 눈가에 요염한 웃음을 달고 살았다. 밤늦게까지 패거리들이 몰려와 끝없는 요설을 풀어놓았고 금홍이는 눈치껏 술잔을 나누며 그들과 교분을 나누었다. 수면시간이 부족한 이상은 날이 갈수록 피폐해지며 여위어갔다. 머리는 까치둥지였다. 그래서 사람들은 그를 '작소(鵲巢 : 까치둥지)머리'라고 불렀다. 그리고 그의 방을 '도스토예프스키의 집'이라고 불렀다.
    누군가가 큰소리로 불평을 하였다.
    "아니, 조선 문단은 아직도 춘원과 김동인의 식민지란 말이야? 지난 4월부터는 김동인이 조선일보에 〈운현궁의 봄〉을 연재하더니 이번 가을부터는 춘원이 동아일보에 〈유정〉을 연재하기 시작했구만."
    누군가가 맞받았다.
    "그러니까, 억울하면 출세를 해야지. 하지만 솔직히 까놓고 말해서 제대로 된 조선말로 춘원 이광수, 김동인처럼 유장하게 장편소설을 써 댈 사람이 누가 있노? 모두 큰소리만 쳤지. 작품을 내놔야지."

옆에서 말했다.

"아 신문사에서 정식으로 의뢰를 해온다면 나라도 쓸 수 있어. 멍석을 깔아주면 못할 놈이 누가 있겠노?"

또 다른 사람이 말했다.

"그렇게 불평을 하기 전에 평소부터 글을 써놔야지. 아 이상은 그동안 일본어로라도 2천 편 이상 시를 써왔으니까 그 어느 날 눈 밝은 정지용 시인에게 발탁될 수가 있었잖은가."

"아 그걸 누가 모르나? 생계를 팽개치고 어떻게 글에만 매달리냐 이거야. 이광수나 김동인처럼 정식으로 신문사에서 청탁을 해오고 또 원고료가 나온다면 못할 놈이 누가 있겠나?"

"아 신문사나 잡지사에 믿음을 줘야지. 이 사람에게 장편소설을 맡기면 틀림없이 써낼 수 있겠다 하는 그런 믿음이 생기면 의뢰가 들어올 수도 있잖아."

그 때쯤 해서 이종명(李鍾鳴, 생몰연대 미상, 소설가, 구인회 창립 멤버)이 침착하게 말문을 열었다.

"사실 나도 명색이 소설가일세. 1925년에 〈노름꾼〉과 〈주림에 헤매이는 사람들〉을 썼고 1927년에는 〈오전백동화〉, 이어서 〈우정〉, 〈배신자〉, 그리고 작년에는 〈우울한 그들〉까지 끊임없이 써왔네. 그런데 작품의 스케일이 크지 못했어. 이상하게 노력을 해봐도 춘원이나 김동인 같은 긴 호흡이 안 나오더라 이거야. 일단 그 사람들 같은 거대한 테마가 잡히지 않고 영 제대로 된 글쓰기가 안 되더라고."

김유영(金幽影, 1907~1940)이 말했다.

"사실 나는 글쟁이는 아니고 영화감독이라 그동안 시나리오나 희곡을 써왔지. 또 한 때는 소설가가 되기 위해 소설을 쓰는 여자 최정희와 살아도 보았네. 그런데 장편소설은 영 힘에 벅차. 우선 끈기가 있어야 하고 장대한 스케일을 감당할 수 있는 담력도 있어야 할 것 같아."

이종명이 위로를 해주었다.

"김 감독, 그래도 자네는 그동안 멋진 영화를 만들어 왔지 않은가. 1928년인가? 카프 냄새가 나지만 〈유랑〉이라는 민중을 그린 영화를 만들어냈고 1929년에는 〈혼가〉 그리고 재작년에는 〈화륜〉도 찍어내지 않았는가."

김유영이 풀 죽은 목소리로 말했다.

"그래도 난 카프(KAPF:조선프롤레타리아 예술가동맹의 약칭, 에스페란토로 'Korea Artista Proleta Federatio'로 표기)에서 이류야. 박영희, 김기진, 이활, 이상화, 김복진, 안석주, 송영 등에 비하면 나는 이류예술가에 지나지 않아."

[박영희 시인 1901~1950/납북추정]   [김기진소설가 1903~1985]

이종명이 말했다.

"허기야 요즘에는 박팔양도 있고 이기영도 있고 최승일, 한설야, 임화가 있지 않은가. 무엇보다도 지금의 스타는 임화지. 암 임화지."

[임화, 1908년 ~ 1953년, 1947년 월북, 북한에서 활동한 소설가, 시인]

그때 부스스한 머리를 하고 세수도 하지 않은 이상이 도스토예프스키의 집을 나와 끼어들었다.

"사실 임화는 나하고 보성중학을 함께 다녔는데 그때만 해도 그 친구는 우리가 그냥 뺀질이라고 불렀지. 노상 머리에 포마드를 바르고 도리우찌를 쓰고 이웃에 있는 숙명고녀의 학생들을 후려서 영화관을 들락거리던 친구였는데… 어느 날 홀연히 일본으로 사라졌어. 동경으로 건너가더니 거물이 되었고 지금은 카프를 리드하는 떠오르는 별이 되어있어."

모두가 동의해주었다.

"그렇지. 지금은 김남천(金南天, 1911-1956, 소설가, 문학비평가, 납북 후 숙청)과 문학논쟁을 벌이는 당대의 명사가 되었지. 이제 겨우 시단에 얼굴을 내민 이상, 자네하고는 위상이 다르네. 임화는 감히 자네가 범접할 수 없는 스타가 되어있어."

결국 그래서 그날 이후 다방 제비에 나오던 그들은 '구인회'라는 아홉 사람의 문학클럽을 만들어냈다. 초기의 멤버는 이종명, 김유영, 이효석, 이무영, 유치진, 이태준, 조용만, 김기림, 정지용 등이었다. 그런데 얼마 안 있어 몇 사람의 신상에 변동이 생기면서 멤버가 바뀌었다. 카프영화를 만들던 김유영은 일본경찰에 쫓기는 신세가 되어 몸을 숨겼고, 이종명은 몸이 아프다는 핑계로 모임에 나오지 않았고, 이효석은 다음해에 평양의 교편 자리가 나서 경성을 떠나게 되었다. 해가 바뀌며 소설가 박태원, 박팔양이 가입하고 다방 제비의 주인 이상도 자연스럽게 구인회에 합류하였다. 또 얼마 후에는 유치진이 연극에 전념하기 위해 자리를 사양하였고, 조용만은 언론계로 나가면서 슬그머니 자리를 떠났다. 그 사람들 자리에 젊은 소설가 김유정(1908~1937)이 들어오고 김환태가 뒤를 이었다.

[이효석(1907년~1942년 단편소설가: 메밀꽃필무렵으로 유명해짐)]

"여보, 상허(尙虛 : 이태준의 호) 나 좀 살려주시오."
이태준(李泰俊, 1904-미상, 1946년 월북, 소설가)은 의아스러운 얼굴을 하였다.
"아니, 천하의 정지용 시인이 이 사람에게 아쉬운 소리를 할 일이 있습니까? 왜 이렇게 어려운 표정을 지으세요?"

정지용 시인은 안경을 치켜 올리며 바튼 소리를 하였다.

"상허, 내가 왜 이상의 제비에서 만나지 않고 이곳 낙랑파라로 부른 줄 아시오? 요즘 나는 이상 때문에 제비에 가기가 어렵게 됐어요."

"무슨?"

정지용 시인이 의자를 바싹 당기며 진지하게 말했다.

"이상은 내가 가톨릭청년지를 통하여 시단에 등단시킨 인물이 아닙니까. 비록 일본어이지만 워낙 많은 시작을 해놨기 때문에 그 중에서 몇 편을 뽑아 일단 등단은 시켰는데… 그 뒷감당을 못하고 있잖아요. 어디에다가 신인 이상의 후속작을 실어줘야 하는데… 지면이 있어야지요. 상허께서 관계하시는 〈조선중앙일보〉에 이상의 시를 내주시오. 제비에 들를 때마다 어떻게 이상이 졸라대는지 견딜 수가 없어요. 상허는 지금 〈조선중앙일보〉의 학예부장이 아닙니까."

이태준이 말했다.

"그거야 뭐 작품만 좋다면야, 어려울 것이 없잖습니까. 오히려 우리 쪽에서 찾아내어 실어야 할 판인데…"

정지용이 난처한 듯 말했다.

"그런데 그게 쉽지가 않은 것이…"

정지용이 무엇인가 난감한 표정을 짓고 있을 때 시인 김기림(金起林, 1908~미상, 한국전쟁 때 월북)이 들어섰다.

"아이고 여기들 계셨군요. 무슨 중대한 모의를 하고 계십니까? 뭐 총독부라도 뒤엎자는 역적모의입니까?"

정지용 시인이 김기림을 붙들고 말했다.

"아이고 마침 잘 오셨습니다. 내가 지금 상허를 붙잡고 사정, 사정을 하고 있습니다. 제가 시인으로 만든 이상의 후속작을 〈조선중앙일보〉

에 실어달라는 청을 상허에게 하고 있는 중입니다."

김기림이 껄껄 거리며 웃었다. 심부름하는 소년에게 압생트를 주문하였다. 그러면서 말했다.

"사실 나도 이상에게 쪼들려서 할 수 없이 이상의 시를 읽어봤습니다. 일단 읽어는 봤는데… 허 참, 도무지 알 수가 없어요. 어찌 보면 이상하기 짝이 없는 문자의 장난인 것 같기도 하고 또 어찌 보면 지금 구라파에서 유행하고 있는 쉬르레알리즘의 조선판 같기도 하고 아무튼 다다와 쉬르가 믹스된 괴상망측한 실험시들 입니다."

"도대체 어떤 시 길래요?"

그제서야 정지용 시인이 가방을 열고 원고뭉치를 꺼냈다. 세 사람은 똑같이 독한 압생트를 마셨다. 한참 원고를 뒤적이던 이태준은 울듯한 표정을 지었다.

"이건 좀 곤란한데… 아무리 다다이즘도 좋고 쉬르레알리즘도 좋지만 이런 파천황(破天荒: 하늘을 파헤친다는 뜻인데, 이전에 누구도 손대본일이 없는 특이한 일이나 사물)의 시를 어떻게 대중이 보는 신문에 실을 수가 있겠어요? 명색이 학예부장인데… 제 직책과 배짱으로는 힘들 것 같습니다."

그러자 김기림이 말했다.

"아 어찌 알겠습니까? 이런 암호 같은 시가 조선신문에 실리게 되면 〈조선중앙일보〉가 인구(人口: 사람 입)에 회자(膾炙: 입에 오르내리다)되게 되고 신문 판매부수가 갑자기 늘어날 수도 있지 않겠습니까? 상허, 한 번 시도나 해봅시다. 하다가 안 되면 그만 두면 될 거 아니오?"

이태준은 압생트의 마지막 한 모금을 털어 넣으면서 힘차게 말했다.

"까짓 거 죽기 아니면 까무러치기지 뭐. 조선일보와 동아일보를 엿

먹인다고 생각하고 한 번 저질러 보지 뭐."

[이태준(본명:이태규) 1904~ 미상(6.25때 북한에서 실종, 신문기자, 소설가)]

"야, 네가 신문사 학예부장이냐? 네가 상허 이태준이 맞냐?"
상허는 아침부터 전화통에다 대고 고개를 조아렸다.
"죄송합니다, 죄송합니다."
"야 인마, 네가 신문쟁이냐? 정신병자 아니야? 오감도가 뭐야? 오감도가. 도대체 조감도(鳥瞰圖)라는 말은 있지만 오감도(烏瞰圖)라는 말이 있냐?"
이태준은 땀을 닦으며 대답했다.
"죄송합니다. 오식은 아니고요. 시인이 원래 오감도라고 썼습니다."
"뭐? 시인? 그 따위 정신병자 장난 같은 글을 쓰는 놈이 시인이냐? 그런 시를 받아서 신문에 싣는 네가 정신병자지! 네가 소설을 쓰는 그 이태준 맞냐?"
이태준은 책상 위에 있는 신문을 내려다보고 있었다. 1934년 여름 7월 24일자였다.

'十三人의兒孩(아해)가道路(도로)로疾走(질주)하오.
(길은막달은골목이適當(적당)하오.)

第一의兒孩가무섭다고그리오.
第二의兒孩도무섭다고그리오.
第三의兒孩도무섭다고그리오.
第四의兒孩도무섭다고그리오.
第五의兒孩도무섭다고그리오.
第六의兒孩도무섭다고그리오.
第七의兒孩도무섭다고그리오.
第八의兒孩도무섭다고그리오.
第九의兒孩도무섭다고그리오.
第十의兒孩도무섭다고그리오.

第十一의兒孩가무섭다고그리오.
第十二의兒孩도무섭다고그리오.
第十三의兒孩도무섭다고그리오.
十三人의兒孩는무서운兒孩와무서워하는兒孩와그러케뿐이모혓소.(다른事情(사정)은업는것이차라리나앗소)

그中에一人의兒孩가무서운兒孩라도좃소.
그中에二人의兒孩가무서운兒孩라도좃소.
그中에二人의兒孩가무서워하는兒孩라도좃소.
그中에一人의兒孩가무서워하는兒孩라도좃소.

(길은뚤닌골목이라도適當하오.)
十三人의兒孩가道路로疾走하지아니하야도좃소.'

그날 하루 종일 〈조선중앙일보〉의 전화통은 전부 다 불통이었고 특히 편집실과 교정부의 기자들이 자욱하게 담배를 피워 물며 성토장을 만들었다.

"그러니까 애당초 교정부 기자들이 조감도라고 할 때 고쳤어야지. 그 정신병자 같은 애송이 시인에게 끌려 오감도라고 내보냈냐 이거야. 그리고 숫자 장난을 하나, 일에서부터 열셋까지 숫자를 세고 뭐 아해가 어쩌고 골목이 어쩌고 나 참, 유치해서! 신문이 정신병자 실험실인가?"

아무튼 그날 독자들의 반응은 한결같이 '미친놈의 잠꼬대냐', '무슨 개수작이냐', '그게 대체 어쩌자는 거냐'는 것들이었다. 이태준은 사표를 써서 안주머니에 넣었다. 그런데 신문의 영업부에서는 어이없는 반응이 올라왔다. 발행부수가 늘었다는 것이었다.

'에라 모르겠다.' 그 다음날부터 이태준은 엉뚱한 오기가 생겼고 그 연작시의 연속 게재를 강행하였다. 그러나 그 소동은 보름 만에 끝났다. 훗날 이태준은 다음과 같은 기록을 남겼다.

'이상의 〈오감도〉는 처음부터 말썽이었다. 당초에 원고가 공장으로 내려가자 문선부에서부터 〈오감도(烏瞰圖)〉라는 것은 〈조감도(鳥瞰圖)〉의 오자가 아니냐고 물으러 오지를 않나, 그리고 이어서 하는 말이 자전(사전)에 조감도란 말은 있어도 오감도란 말은 없으며, 자고이래로 보지도 듣지도 못한 제목이라고 법석이었다. 그러다가, 간신히 사정을 하다시피 해서 조판을 하여 교정부로 넘어갔는데, 또 눈 밝은 조판부 사람들이 들고일어났다. 평생 활자로 조판생활을 해왔던 문자의 달인들이 '이런 글은 애당초 없다' 고 아우성을 쳤다.

결국 편집국장에까지 진정이 들어갔다. 그러나 내가 그 요란한 반대를 무릅쓰고 신문에 실었더니 결국 문제가 커졌다. 독자들의 항의문이 쏟아져 왔다.

어쨌든 이상의 시는 8월 8일까지 계속되었다. 마지막 시 제15호는 다음과 같은 가관(可觀: 야단스러운 내용)의 글로 맺어졌다.

1
나는거울업는室內(실내)에잇다. 거울속의나는역시外出中(외출중)이다.나는至今(지금)거울속의나를무서워하며떨고잇다.거울속의나는어디가서나를어떻게하랴는陰謀(음모)를하는中일까.

2
罪(죄)를품고식은寢床(침상)에서잣다. 確實(확실)한내꿈에나는缺席(결석)하얏고義足(의족)을담은軍用長靴(군용장화)가내꿈의白紙(백지)를더럽혀노앗다.

(..............중략..............)

이 당시 동경유학생들은 이상의 시를 얼마 후에 접하고 모두 간다의 학생거리에 모여 깔깔대며 웃었다.

"잘 한다, 도쿄는 파리를 베끼고 경성은 도쿄를 베끼고... 어쨌든 이상이라는 친구는 경성에 있으면서 동작 하나는 빠르구만."

특히 평양 출신 미술대학생 김병기(金秉騏, 1916~2022년, 한국 근대 미술 개척자, 100세를 넘기는 최장수 예술가로 소설도 썼다)는 박

장대소를 하며 이상의 아이디어에 찬사를 보냈다.

"〈세르팡(1930년대 일본에서 발행되던 지식인을 위한 잡지)〉을 열심히 읽었구만. 편집자 하루야마 유키오(春山行夫), 다키구치 슈조의 초현실주의 이론을 과감히 실천했군 그래. 파리에 있는 피카소의 후원자, 그렇지 그 미국 여자, 거트루드 스타인(Gertrude Stein, 1874~1946 : 미국인으로 파리에서 피카소를 발견하고 성원했던 예술애호가)이 일찍이 시도를 했었지. '장미는 장미이다. 장미는 장미이다…(A rose is a rose is a rose…)' 그렇지, 거트루드 스타인은 '어 로즈'를 80번이나 반복을 했었지."

동경에서 다다와 초현실주의 문학과 미술에 심취해 있던 조선 유학생들은 이상에게 박수를 보냈다. 반쯤은 놀리는 느낌으로, 반쯤은 성원하는 느낌으로.

7. 위대한 파산

〈조선중앙일보〉에 실렸던 「오감도」라는 시 때문에 이상은 일단 유명인사가 되었다. 그 무렵 소설가 박태원이 신문 연재소설 「소설가 구보(丘甫) 씨의 1일」을 〈조선중앙일보〉에 연재하고 있었다. 박태원은 그 소설의 첫머리에 자신을 문학적으로 키워준 스승, 이광수에게 올리는 정중한 헌사를 쓰고 그 연재소설을 시작하였다. 그 연재소설에 이상은 하융(河戎 : 물에 사는 오랑캐라는 뜻)이라는 이름으로 삽화를 그려 넣었다.

그 무렵 종로에 있는 제비 다방은 손님으로 넘쳐났다.

다방주인 이상을 보기 위해 이런저런 사람들이 몰려왔기 때문이었다. 그런 손님들 사이에서 제일 신나는 사람은 마담 금홍이었다. 이상은 신문과 잡지의 인터뷰에 지쳐 아예 밖으로 나가 외박을 자주하였다. 청계천 곁에 사는 박태준의 집에 가서 편하게 잠을 잤다. 금홍은 이상이 가게에 멍하니 앉아 이상 식의 선(禪)을 하거나 명상에 잠기는 모습을 보며 늘 투덜댔다.

"아. 장사를 하는 거야? 도를 닦는 거야? 왜 노상 멍하니 넋을 놓고 있어?" 이상은 어이없는 표정으로 대답했다. "이 사람아! 이건 멍하니 있는 게 아니야. 불교에서 말하는 선에 몰입해 있는 거야. 사람은 명상을 할 줄 알아야 도인이 될 수 있는 거야."

금홍은 입을 삐죽이며 말했다.

"아. 그놈의 선이 밥을 먹여주나? 떡을 갖다 주나? 당신이나 나나 한참 젊은데 밤에 볼일을 봐야 아들이라도 하나 낳지! 아. 하늘을 봐야 별을 따지."

이상은 머리를 긁으며 말했다.

"난 늘 피곤해. 사람들 때문에 피곤하고 시를 못 써서 괴롭고…. 난 저 골방을 〈도스토예프스키의 집〉이라고 부르고 싶어…. 고뇌하는 방 말이야."

금홍은 잔뜩 찌푸리고 말했다.

"머? 도스토…뭐라고? 그게 뭔데?"

이상이 힘없이 대답했다.

"내가 존경하는 러시아 작가 도스토예프스키 선생이 명상하고 창작하던 골방이 있었는데…."

그러자 금홍은 이를 갈 듯 말했다.

"그놈의 지긋지긋한 문학…. 아이.. 이 갈리는 글쟁이들의 타령!"

이런 일이 있고나서부터 이상은 자주 밖에 나가서 외박을 하고 가게를 지키던 금홍이는 슬금슬금 손님들 중에서 마음에 드는 남자들과 이상의 그 신성한 〈도스토예프스키의 집〉에 끌어들여 동침을 시작하였다. 끝내는 밖에 나갔던 이상이 새벽에 들어와 문을 아무리 두드려도 열어주지 않았다. 금홍은 배짱도 두둑하게 자주 바뀌는 남자들과 함께 과감히 이상이 보는데도 그 골방에서 그 짓을 하며 나오지 않았다.

그러자 이상도 참지 못해 그녀의 머리채를 휘어잡고 나무랐다.

"너 어쩌려고 이래? 너 아직까지 배천 기생의 그 색기를 버리지 못했냐? 낯도 코도 모르는 놈들을 내가 자는 방에까지 끌어들여? 내가 글을 구상하고, 쓰는 그 신성한 골방에까지? 그것도 모자라 밥 사준다 술 사준다 하는 놈들을 따라 한밤중에도 나가 외박을 해?"

금홍은 담배를 피워 물고 태연히 대꾸를 하였다.

"네가 나한테 해줄 일을 제대로 해주면 내가 이럴까? 틈만 나면 늘 엎어져서 잠이나 자고 경성구경 시켜준다더니 어디 한군데 데려가지도 않고, 밤이면 밤마다 술타령이 아니면 외박이나 하고…. 나는 어디 가서 내 청춘을 보상 받냐? 내가 청상과부냐? 네 정욕을 채워주지 못하는 고장 난 여자냐? 나 아직도 싱싱해! 젊디젊은 청춘이라고…. 네가 내 월급을 한 번 줘봤냐? 호강 한 번 시켜줬냐?"

금홍이는 입가에 거품을 물었다. 이상은 반격할 거리가 없었다. 화나는 대로 손찌검을 했다가는 오히려 동작 빠른 그녀가 얼굴을 할퀴거나 따귀를 먼저 때릴 것이다. 이때의 풍경을 그는 자신의 소설에 남겨 놓았다.

'하루 나는 제목 없이(이유없이) 금홍이에게 몹시 얻어맞았다. 나는 아파서 울고 나가서 사흘을 들어오지 못했다. 너무도 금홍이가 무서웠다.

나흘 만에 와보니까 금홍이는 때묻은 버선을 윗목에다 벗어놓고 훌쩍 나가 버린 뒤였다.'

-〈봉별기〉 중에서

이상과 금홍이가 요란하게 싸울 때면, 이상의 동생 옥희가 빼꼼 문을 열고 들어왔다. 착한 옥희는 안타까운 표정을 하고 금방 울 듯한 목소리로 말했다.

"오빠 싸우지마. 언니 말도 맞잖아. 제대로 먹지도 못하고 잠도 못자고 경성구경도 못하고…"

그러자 금홍이가 살 판 난 듯이 옥희에게 말했다.

"아가씨, 내 말이 맞죠? 황해도 촌년이… 그래도 거기서는 밤마다 장구 울러 메고 신나게 민요를 뽑고 고급술도 마시고 손님들한테 팁도 많이 받았는데…. 지금은 이게 뭐에요. 창살 없는 감옥에 갇혀서 하루 종일 꼼짝도 하지 못하고, 월급 한 번을 제대로 못받고…. 극장 구경 한번 못하고…. 엎드리면 코 닿을 데에 화신백화점이 있는데 외식 한 번 안 시켜주고…. 이 여름이 다 가도록 여름 원피스 한 벌을 못 얻어 입었어요."

그러고는 그녀는 아예 퍼질러 앉아 목 놓아 울기 시작하였다. 이상은 더 이상 할 말이 없어 옥희에게 빨래 거리를 챙겨 건네주고 슬그머니 방문을 나섰다. 그러자 옥희가 머뭇거리다 말했다.

"집에 쌀 떨어진지 오래 됐어요. 동네 가게에서 외상으로 갖다 먹은 반찬값, 채소값도 밀려있어요."

이상은 눈치를 채고 주머니에서 잡히는 대로 돈을 꺼내 건네주고 훌쩍 밖으로 나갔다.

그때 가게 문이 열리면서 점잖은 신사 풍의 수주 변영로(시인, 교육자, 1898~1961)가 들어섰다. 그리고 그는 주방쪽을 향해 소리쳤다.

"이봐, 레지, 음악이 왜 이래? 클라식 음악을 틀어줄 수 있나?"

그러자 주방쪽에서 금홍이가 토라진 소리로 받았다.

"무슨 귀신 씨나락 까먹는 소린지…. 난 그 클라식이라는게 영 마음에 안들어요. 이난영의「목포의 눈물」이나, 이애리수의「황성옛터」가 훨씬 좋더라!"

함께 온 정지용 시인도 웃으며 말했다.

"마담 말이 옳소. 영문학을 한 우리도 외국노래 보다는 쉬운 우리 가요가 듣기 좋지…. 마담! 이애리수의「황성옛터」를 들어봅시다."

그러자 금홍이는 얼굴을 펴고 얼른 판을 레코드판위에 얹어놓았다.

시중에 발매되기 시작한지 5년이 넘는「황성옛터」가 은은하게 울려 퍼지기 시작하였다. 막간 가수로 출발하여 조선 최고의 여가수가 된 이애리수의 목소리는 우선 애잔하고 사람의 가슴을 울린다.

'황성 옛터에 밤이 되니 월색만 고요해/폐허의 설운 회포를 말하여 주노나/아 외로운 저 나그네 홀로 잠 못 이뤄/구슬픈 벌레 소리에 말 없이 눈물져요…'

금홍이는 턱을 괴고 그 노래를 다 듣고 나서 시인 정지용과 변영로에게 노란색 음료를 내놓았다.

"기분이예요! 내가 좋아하는「황성옛터」를 시인들께서도 잘 들어주시니 위스키를 서비스로 드리겠어요."

두 시인은 환하게 웃으며 잔을 들었다. 그리고 축사를 해주었다.

"우리와 기분을 맞춰주는 마담을 위하여!"

그때 갑자기 주방에 있던 이상이 부스스한 모습으로 나타나 힘없이 말했다.

"오늘 제 기분이 안 좋습니다. 제가 두 분을 낙랑으로 모시겠습니다."

금홍이가 도끼눈을 하고 말했다.

"머? 어딜 가자고? 왜 멀쩡한 내 가게에 온 손님들을 데리고 낙랑을 간다고…. 오호라. 요즘 거기에 그 기생같은 金蓮實, 1911~1997, 영화배우, 해방 후 월북)이 년이 있지? 뭐? 영화배우라고? 순 갈보같은 년이!"

이상이 앞장서며 말했다.

"함부로 말 하지마! 그래도 그 여자는 이 나라 최초의 여배우야!"

세 사람은 금홍의 눈치를 보며 가게를 나와 시청 쪽으로 향하였다.

시청 앞에는 〈낙랑〉이라는 위스키집이 있었다. 3년 전까지 동경 유학생 이순석이 장안 최고의 커피점 "낙랑파라"를 운영했는데 이순석은 그 커피점을 당대의 영화배우 김연실에게 팔아넘겼다. 김연실은 부르기 어려운 "낙랑파라"라는 상호에서 '파라'자를 떼어버리고 부르기 쉬운 〈낙랑〉으로 개명하였다. 그리고 핑크빛 불을 밝히고 본격적으로 위스키를 팔기 시작했다. 골치 아픈 클래식음악도 때려치우고 경쾌한 대중음악으로 분위기를 살렸다. 장안의 사내들과 신식 여성들이 모여들어 새로운 〈낙랑〉을 즐기기 시작했다.

세 사람이 코트 깃을 세우고 〈낙랑〉에 들어서자 핑크빛 원피스를 입은 마담 김연실이 반색하며 맞았다.

"어서들 오세요. 그런데 이상시인이 웬 일이예요? 그 무서운 금홍마담한테 혼나시려고…. 종로 가게는 어쩌고 오셨어요?"

정지용 시인이 얼른 받았다.

"아. 남의 집 멋진 가게를 봐야 벤치마킹을 해서 내 가게를 잘 운영할 수 있지. 아. 우리는 산업스파이로 온 거야. 마담! 알겠어?"

변영로 시인도 거들었다.

"아. 시인들도 남의 시를 슬쩍 봐야 내 시를 더 잘 쓸 수 있는 거요.

마담! 술이나 내놓으시오. 새로 들어온 위스키로!"

그러자 김연실은 양담배를 꺼내 피우면서 일제 삿뽀로 위스키와 스코틀랜드 위스키를 나란히 꺼내놓았다. 일찍이「승방비곡」,「임자 없는 나룻배」같은 영화의 주인공으로 은막을 주름잡던 여주인공답게 쭉 뻗은 다리를 꼬고 고혹적인 자세로 세 사람에게 양주를 따라주었다. 음악은 경쾌한 일본 경음악이었다. 이상이 탄식하듯 말했다.

"아. 빠아가 이 정도는 돼야지. 마담 멋지고 술맛 좋고, 음악 달콤하고…. 하이고 우리집은 음악도 금홍이가 망치고 분위기도 엉망으로 만들고 도무지 무드가 없으니…. "

정지용 시인이 위로해 주었다.

"뭐…. 차차 나아 질 거야. 금홍이도 서울여자가 되면 좀 세련되지 않겠어?"

변영로 시인이 아이디어를 냈다.

"언제 날을 잡아서 금홍이를 데리고 여길 와보지 그래. 와서 봐야 배우는게 있을게 아니겠어?"

이상은 고개를 끄덕였다.

그러나 그 세 사람의 염려는 끝내 염려로 끝나고 말았다. 종로에 있던 이상의 다방 〈제비〉는 부채에 시달리고 마담 금홍의 잦은 외박과 시도 때도 없는 이상과의 다툼이 계속 되다가 끝내 파탄을 맞았다. 외우내환을 견디지 못해 이상의 종로 제비 다방은 문을 닫았다. 1935년 9월이었다. 다방 앞에 있는 플라타너스의 잎이 누렇게 물들기 시작할 무렵이었다. 이상의 위대한 첫 파산이었다. 〈제비〉가 문을 닫은 그 가게 〈도스토예프스키의 집〉앞에는 금홍이가 벗어놓고 간 때묻은 버선 짝 하나가 남아있었다.

8. 카페 쓰루(鶴)에 나타난 김환기

　　배천 출신 기생 금홍이 사라지고나자 이상은 비틀거리기 시작하였다. 그가 최초로 사업이랍시고 벌린 다방 〈제비〉는 파산하였고, 집기들은 채권자들이 모두 집어가 버리고 말았다. 다음 사업을 하기 위하여 가지고 있던 집문서를 들고 취인점(전당포)으로 달려가 보았지만 잔액이 부족하다는 이유로 대출이 거절되었다. 그는 할 수 없이 구본웅에게 달려갔다.
　　"서산, 나 좀 도와주시오."
　　"이번에는 무슨 일로?"
　　"인사동 입구에 가게 자리가 하나 났소. 이번에는 카페를 해보겠소."
　　"안 들어먹을 자신 있소?"
　　"자신 있어요. 물장사는 결국 마담 장사인데 이번에는 틀림없는 여자니까."
　　"그게 누군데?"
　　"내가 다니던 낙원 카페의 아가씨인데 제법 똑똑하오. 함경도 여자인데 야무지고 꽤 유식하오. 어린 시절을 블라디보스토크에서 보냈다고 하는데 톨스토이도 읽고 도스토예프스키도 읽고 막심 고리키도 읽는 여자요."

"그런 여자가 어찌 카페에 있었누."

"아버지가 독립 운동하다가 죽었다고 합니다. 독립 운동가 유족을 돕는 셈 치고 나하고 판을 벌리게 해주시오."

구본웅은 침착하게 말했다.

"하긴 배천 여자 금홍은 너무 천박했지. 그리고 남자를 너무 밝혀. 당신 폐병이 요즘 더 도지고 있잖아. 이번에는 여자에게 너무 빠지지 마."

"알겠소. 이번 여자는 지성적인 면이 있으니까, 남자만 밝히지는 않을 거요."

구본웅은 이상이 건네주는 집문서를 보고는 피식 웃었다.

"이까짓 집문서가 무슨 필요가 있겠나. 제비 다방 하느라고 다 잡혀 먹었을텐데."

그러면서도 구본웅은 그가 건네주는 집문서를 받고 안방에 있는 금고 문을 연 후 자금을 빌려주었다.

개업식은 따로 하지 않았다. 이번에도 인사동 초입에 있는 그 가게의 인테리어를 이상 자신이 땀을 흘리며 마쳤다. 벽면을 단순하게 흰색으로 처리하고 천장에 너무 요란하지 않은 샹들리에를 달았다. 이상이 다니던 낙원 카페에서 여급 노릇을 하던 권순옥이라는 여인이 이상을 따라왔다. 그리고 가게에 딸린 쪽방에서 이상과 함께 잤다. 예상했던 대로 그녀는 금홍이와는 달랐다. 금홍이는 체구가 작았다. 하지만 차돌처럼 매끄러웠고 햇솜처럼 가벼웠다. 그 가벼운 몸으로 이상에게 달라붙어 온갖 기교를 다 부렸다. 그러고도 모자라 언제나 이상을 보챘다. 이상은 늘 잠이 부족하였다. 그러나 권순옥은 금홍이처럼 집요하지 않았다. 이상이 하자고 하면 옷을 벗고 하자는 소리를 하지 않을 때는 간단한 잠옷을 입고 얌전히 잤다. 이상이 먼저 잠을 잘 때는 스탠드를 켜놓고 혼자 책을 읽었다. 중키에 갸름한 얼굴, 꼭 다문 입술, 그리고 거칠지 않은 피부, 힘든 이상이 충분히 기대어 쉴 수 있는 나무 같은 여자였다. 금홍이가 동물성이었다면 그녀는 식물성이었다.

[갑빠머리를 한 박태원 시인,소설가 1909~1986 / 월북]

개업한 지 사흘이 되던 날, 어떻게 알아냈는지 구보 박태원과 정인택이 들어섰다. 박태원은 1930년대의 모던보이였다. 일본 유학 시절부터 해왔다는 갑빠머리(이마 부분이 일직선으로 그어져있고 나머지는 동그랗게 부풀린 유행 머리, 당시 동경에서 미술을 전공하던 모던보이들이 흔히 하고 있던 머리 모양)에 뿔테 안경을 쓴 박태원은 경성제일고보(경기고등학교 전신)를 나오고 일본 호세이 대학 예과를 중퇴하였다. 하지만 글을 잘 썼고 멋을 잘 부렸다. 이상과 동갑으로 호흡이 맞았다. 정인택은 이상보다 한 살 위였는데 역시 그도 경성제일고보를 나오고 경성제대 예과를 다니다가 중퇴하였다. 아버지는 궁중의 말단 직원 출신이었고 어머니는 일본 여인이었다. 말하자면 혼혈인 셈이었다. 참으로 착하고 구인회에 입회하여 이상과 호흡을 맞춰오던 좋은 친구였다.
"이상, 자네는 정말 도깨비구만. 동에서 번쩍 서에서 번쩍이야. 세종로 비각과 종각 사이에 제비라는 판을 벌리더니 이제는 인사동 초입이야? 야, 샹들리에의 불빛이 제법 고운데."
구보가 큰 소리로 말했다. 그러자 정인택은 개업 기념이라고 하면서 서양 난을 건네주었다.
"어머, 귀한 손님들이 오신 모양이죠?"
교양미가 있어 보이는 권순옥이 음전한 걸음걸이로 조용히 나왔다. 이상이 두 사람을 소개하였다.
"연전에 내가 삽화를 맡아 그려주었던「소설가 구보씨의 일일」을 썼던 박태원씨고, 이 사람은 소설을 쓰면서 지금은 매일신보에 기자로 있는 정인택이요."
정인택이 얌전한 말투로 말했다.
"어이고, 형수님이시군요. 앞으로 잘 부탁합니다."
권순옥이 입을 가리고 웃으며 말했다.
"앞으로 우리 카페를 애용해주세요. 제가 마담으로 있는 한 성심껏 모시겠습니다."
동작 빠른 구보가 그녀의 손을 보며 말했다.
"마담, 손에 들고 계신 책은 누구의 소설인가요?"
그녀는 얼굴을 붉히며 말했다.
"부끄러운 책이에요. 얼마 전에 동경에서 나온 사람이 사다 준 책인데 검열을 거치면서 완전 번역이 되지 않은 소설인데 내용이 특이합니다."
그렇게 해서 그 날 이상과 구보 박태원과 정인택은 스카치 위스키를 마시기 시작하였고 권순옥 마담으로부터 D.H 로렌스(1885~1930)론을 듣게 되었다. 그녀는 침착하게 작가 로렌스에 대한 개요를 설명하였다.

"불과 5년 전에 세상을 뜨신 분이니까 뭐 우리와 같은 세대의 사람이라고 봐야겠죠. 하지만 이 영국 소설가는 대단합니다. 자신의 스승 위클리의 부인이며 자신보다 6년이나 연상인 독일계 프리다와 사랑에 빠지게 되었고 두 사람은 유럽 대륙으로 과감히 사랑의 도피 여행을 떠나죠. 그러면서 위대한 작품 「아들과 연인」, 「사랑하는 여인들」, 「아론의 지팡이」 등을 썼어요."

박태원이 말했다.

"나도 얼핏 그 작가에 대한 소개는 받았소만 그렇게 대담한 인물인 줄은 몰랐소. 동경에서도 아직은 완역이 되지 않은 소설 「채털리 부인의 사랑」을 아직은 못 읽었어요. 그 책이 그렇게 노골적이라면서요?"

권순옥은 입을 가리고 웃었다.

"저도 틈이 나는 대로 이 책을 읽는데요, 등줄기가 스물스물 하답니다. 귀족 부인 콘스탄스가 근엄한 남편 클리포드 경을 재워놓고 비 오는 날 산장에 올라가 산지기 멜로스와 진흙탕 위에서 뒹구는 장면은 아직까지 일본이나 조선의 그 어떤 작가도 그려보지 못할 내용일 거예요. 너무 너무 황홀해요."

정인택은 넋이 나간 듯한 표정이었다. 박태원도 멍한 채로 앉아있었다. 이상이 두 사람을 향해 말했다.

"이 사람들아, 술 들어. 뭘 넋을 놓고 있어? 앞으로도 우리 카페 쓰루에 오면 우리 권 마담의 문학 강의를 자주 들을 수 있을 거야. 우리 권 마담의 책장에는 D.H 로렌스만 있는 게 아니라 뜨루게네프도 있고 안톤 체호프도 있고 도스토예프스키도 있으니까. 얼마든지 흥미진진

한 문학 강좌를 들을 수 있을 거야."

그 후로 인사동 초입에 문을 연 카페 쓰루는 번창하게 되었고 구인회 멤버뿐 아니라 구본웅 화백이 끌고 오는 미술인들이 들끓게 되었다. 그 수많은 사람 중에서 가장 끈질기게 거의 매일이다시피 찾아오는 사람은 소설가 정인택이었다. 정인택은 이상을 볼 때마다 감탄하며 말했다.

"이상, 자네는 어떻게 권 마담 같은 보물을 찾아낼 수 있었단 말인가? 난 자네가 너무 부럽네. 그런데 권 마담은 나를 거들떠도 보지 않네. 하기야 뭐 내가 자네처럼 키가 큰가, 문인으로서 이름이 나있나. 아무튼 자네, 권 마담을 너무 심하게 다루지는 말게. 금홍이는 기생 출신이라 내 관심을 두지 않았네만 권 마담은 내 취향에 맞는 여인이니까. 제발 좀 아껴주시게."

이상은 싱겁게 받았다.

"이 사람아, 웬 걱정이 그렇게 많은가? 그 여자... 이미 나하고 동숙하고 있는 사이일세. 솔직히 말하자면 난 금홍이가 떠나고 나자 거의 미칠 것 같았었네. 그 조그만 여자가 남기고 간 성적 공허함이 너무 컸기 때문이었어. 하지만 이열치열이라고 금홍이의 잔영(그림자)을 씻어줄 만큼 우리 권 마담이 나에게 잘해줬기 때문에 난 그 색정의 여인 금홍을 잊을 수 있었다네."

정인택이 입을 벌린 채 듣고 있다가 말했다.

"권 마담의 밤 솜씨도 금홍이만큼 찬란한가?"

이상은 정인택을 바라보며 말했다.

"왜, 그 점이 궁금한가? 왜 궁금한데?"

9월이 다 가는 초가을 밤이었다. 탑골공원 쪽의 나무들이 슬슬 단풍들 채비를 하고 있었다. 파랗고 노란 쓰루의 천장 불빛이 빙글빙글 돌고 있을 때, 삐걱 문이 열리며 키 작은 구본웅이 먼저 들어왔다. 그런데 그 뒤에는 구본웅과 정말 대비가 되는 키 큰 젊은이가 겸손하게 따라 들어왔다. 그리고 정인택도 이어 들어왔다. 구본웅이 자리에 앉으면서 말했다.

"권 마담, 오늘 저녁은 제대로 한 번 차려봐. 오늘 내가 귀빈을 모시고 왔어."

"귀빈이라면 바로 이 분이신가요?"

권순옥이 키 큰 젊은이를 가리키며 물었다.

"그래, 그래, 잘 봤어. 이 친구의 키가 아마도 내 키의 두 배 반은 될 거야. 노쿠샤쿠(6척 장신이라는 뜻 : 180cm를 뜻하는 일본인들의 속어, 녹샤쿠라고 줄여 말하기도 함)야. 나는 땅으로 기어드는 두더지라고 한다면 이 친구는 하늘로 무작정 뻗어가는 포풀러나무라고 할 수 있지."

이상이 하품을 하며 나오다가 일행을 보고 허리를 숙였다. 이어서 박태원이 갑빠 머리를 하고 들어섰다.

"미안해. 신문사 일이 늦었어."

모두 자리를 잡고 맥주로 목을 축이고 나자 구본웅이 본론을 꺼냈다.

"이 노쿠샤쿠는 내 후배라고 할 수 있지. 나하고는 학교는 다르지만 함께 그림을 그리는 환쟁이니까. 어쨌든 이제 조선 화단에 명물 둘이 짝을 이루게 되었어. 나는 제일 작은 환쟁이고 이 사람은 제일 큰 환쟁이가 되는 셈이지. 이름은 김환기(金煥基 1913~1974)... 전라도 사람이야. 어쨌든 이 노쿠샤쿠가 내 뒤를 잇게 되었다고. 내가 지난 1930년 제10회 이과회(二科會: 동경의 재야화가들이 만든 미술전)에서 조선인으로서는 처음으로 입선을 했는데 이번에 이 후배님이 조선인으로는 두 번째로 이과회에 입선을 하셨다고... 신문에도 크게 났잖아."

권순옥 마담이 순발력 있게 받았다.

"동아일보에서 봤어요. 크게 났더라고요. 청년 화가 김환기, 이과전에 초입선!... 구 화백님, 동아일보에선 화백님이 먼저 입선하신 것을 깜박한 모양이죠?"

김환기가 얼른 끼어들었다.

"신문사라고 옛날 자료를 다 챙기는 것은 아닐 겁니다. 제가 구본웅 선배님에 이어 두 번째로 입선한 것이 맞습니다."

이상이 축하를 해주었다.

"아무튼 축하합니다. 내지 사람들도 입선하기 어려운 그 이과전에 식민지 청년이 입선을 하다니요. 대학에서도 축하를 해줬지요?"

김환기가 대답하였다.

"네. 제가 다니는 일본 대학 예술학원 입구에 크게 합격방을 써 붙였더군요."

권순옥이 또 물었다.

"고향이 어디시라고요?"

"네, 목포에서 빤히 내려다보이는 섬입니다. 신안군 기좌도(현재의 안좌도)입니다. 섬이 크지 않아서 축구장 하나도 없습니다. 선대부터 그 섬에서 고기잡이는 하지 않고 농사를 지어 왔습니다."

김환기의 대해선 이미 알고 있었던 듯 정인택이 말했다.

"천석군이 넘는 부농이지요. 딸만 넷이 있는 집에서 외아들로 태어났습니다. 천석군집 외아들... 그림이 보이지 않습니까?"

박태원이 끼어들었다.

"우리 매일신보에서도 신안군 기좌도를 다녀와 르뽀기사를 써야겠구만. 고현학(考現學: 명사들과 사회의 변천사를 연구하는 학문)의 대가인 본인이 취재를 하고 김환기 화백에 대한 대담 기사를 썼지.... 그런 의미에서 오늘 술값은 김환기 화백이 내시오."

앉은 키도 큰 김환기가 허리를 구부리며 말했다.

"기꺼이 내지요. 그 동안 여러 군데서 축하 턱을 냈는데 서산 화백님 같은 선배님도 계시고 기자님들이 계시니까 제가 기꺼이 내겠습니다."

구본웅이 일갈하였다.

"무슨 말씀을. 오늘은 내가 내는 축하 턱이요. 자, 이상 시인 압생트가 있지요? 발표가 나던 9월 2일 저녁에도 김환기 화백이 압생트를 시켜 마셨다고 하던데."

그 때 김환기가 이상을 바라보며 말했다.

"이상 시인에 대해선 동경에서도 우리 유학생들이 다 알고 있습니다. 조선에서 가장 아방가르드(전위)한 시를 쓰는 시인으로 이미 정평이 나있습니다. 그동안 조선 시단에는 김소월(金素月,1902년~1934년, 평북정주 출신의 서정시인,32세로 요절하였다) 시인이 제일 아름다운 시를 쓴다고 소문이 나있었지요. 그리고 남쪽에서는 정지용(鄭芝溶,1902년~1950년, 소월과 쌍벽을 이루며 조선시단을 키웠던 시인, 옥천출신, 한국전 때 납북 중 서울북한산 쪽에서 행방불명 됨) 시인이 제일 유명하고요. 동경 유학생들은 그래서 북소월(北素月), 남지용(南芝溶) 뭐 이렇게 불렀습니다. 그런데 이상 시인이 지난 해 7월 〈조선중앙일보〉에 「오감도」를 발표하시고 나서는 이상 시인이야말로 '조선 제일의 아방가르드 시인'으로 회자되고 있습니다."

이상이 벌떡 일어나며 큰 소리로 말했다.

"뭘 이상이가 조선 제일의 아방가르드 시인씩이나 되겠습니까. 하, 이거 오늘 술값은 제가 내야 되는 것 아닌가 싶네요."

김환기가 말했다.

"우리 동경 유학생 중에서 전위미술을 하는 그룹이 지난해부터 아방가르드양화연구소의 소식지를 펴내고 있는데요. 작년 12월에 나온 창간호에는 이런 시가 실렸습니다. '모딜리아니의 셔츠는 빨갛다/무역풍의 정열도 빨갛다/루오의 아르르칸 코도 또 빨갛다/빨강/빨강/모든 것이 빨갛다/불타라 빨갛게'… 어떻습니까? 이상 시인님의 오감도하고 리듬을 반복한다는 의미에서 아주 비슷하지 않습니까? 이리듬 있는 반복의 시가 지금 동경에서 유행하는 아방가르드 시의 유형입니다."

이상이 쑥스럽게 머리를 긁으며 말했다.

"아, 이거 누가 누구를 베꼈다는 건지… 내가 미구에 동경으로 건너가 심판을 받아야겠습니다… 아무튼 요즘 동경에서 일고 있는 문화의 아방가르드는 어디쯤 가있습니까?"

구본웅이 압생트를 조금씩 홀짝이며 말했다.

"세월도 예술도 참 빨리 흐르는 것 같소. 내가 5년 전에 이과전에 작품을 낼 때까지만 해도 내가 휘두르던 야수파가 제일 앞장서있던 예술풍조였는데 이젠 큐비즘(입체파)을 넘어 아예 형태를 없애버리는 칸딘스키까지 나오고 있으니…"

김환기가 구본웅을 향해 겸손하게 말했다.

"선배님, 학생의 거리인 동경 간다에 지난해부터 '아방가르드양화연구소'라는 것이 들어섰습니다. 프랑스 건축가 르코르뷔지에의 기법을 흉내 내어 지은 3층짜리 콘크리트 건물 안에 있습니다. 지붕도 없이 기하학적 선을 충분히 살려서 지은 멋쟁이 건물이지요. 그 건물의 1층과 2층은 희한하게도 목욕탕입니다. 젊은 남녀들이 즐겨 찾는 목욕탕인데 그 꼭대기 3층에 아방가르드연구소라는 것이 있습니다. 아방가르드연구소에 전위적인 모든 젊은이들이 모여 그야말로 아방가르드한 그림들을 그리고 있습니다. 특히 그곳에 지난해부터 후지타 쓰구지(藤田嗣治 1886 - 1968)라는 교수가 파리에서 돌아와 연구생들을 가르치고 있는데…. 그분은 우리 조선화가 지망생들의 진짜 스승입니다. 파리에서 피카소와 20년의 교분을 나누고 돌아온 분이라 정말로 희한한 미술 이야기를 쉽고 정확하게 정리해주고 있습니다. 아방가르드 예술의 정수를 가르치고 있는 분이지요."

권순옥이 학생처럼 작은 수첩을 꺼내들고 김환기의 이야기를 메모하고 있었다.

"그분도 갑빠 머리를 하고 있나요?"

김환기가 정정해주었다.

"후지타 교수가 말하는 바에 의하면 지금 구보 선생이 하고 있는 저 머리는 '오캇파'머리라고 합니다. 원래 스페인 농부들의 헤어스타일이었다고 합니다. 그것이 파리에 와서 예술인들에게 전염병처럼 번졌는데요. 겉은 검고 속은 붉은 투사 스타일의 망토를 입어야 제격이라고 합니다. 그래서 후지타 교수는 이 오캇파 머리에 붉고 검은 망토까지 입고 뿔테 안경을 쓰고 다니지요."

권순옥이 또 졸랐다.

"20세기의 전위미술은 어떤 거예요?"

김환기가 설명을 해주었다.

"20세기의 가장 큰 지성적 발견은 심리학자 지그문트 프로이트(1856-1939 오스트리아의 심리학자)의 '무의식의 세계'의 발견입니다. 19세기까지는 모든 인류들이 우리 인류의 의식 세계는 깨어있는 의식만을 다뤄왔습니다. 그런데 그 프로이트가 바다보다도 더 넓은 무의식의 세계를 발견해낸 거지요. 그리고 19세기가 끝날 때까지 그러니까 인상파가 자리잡고 있을 때까지 19세기 화가들은 정면이든 측면이든 한 면만 바라보고 그림을 그려왔습니다. 그런데 그 평면의 그림을 입체적으로 보기 시작한 것이 피카소였습니다. 피카소의 그림 중에서 「아비뇽의 처녀들(1907)」이 나오고 나자 화가들은 사물을 여러 각도에서 보고 그것을 화폭에 옮길 수 있다는 것을 알게 된 것이지요. 피카소는 그래서 위대하다고 하는 것입니다. 수천 년 동안 인간들이 한쪽 면에서만 사물을 보고 평면으로만 그리던 그림을 한 화폭에서 다각도로 표현하고 한 곳에 모아놨기 때문에 파격이라는 것입니다. 콜롬버스가 신대륙을 발견한 것만큼 위대한 일이지요!"

카페안에 있는 모든 예술인들은 김환기의 피카소론에 귀를 기우리고 있었다.

"그 피카소는 지금도 계속 신기한 세계를 발견해 나가고 있습니다. 다만 그는 형태를 유지하면서 전진하고 있습니다. 그런데 최근에는 형태마저 거부하는 새로운 그림이 나오기 시작했지요."

권순옥이 손을 들고 말했다.

"아, 나 알아요. 러시아 출신 바실리 칸딘스키(1866-1944)죠?"

"맞습니다. 그 사람은 아예 형태를 무시하고 화가의 정신세계만을 물감으로 그려나가고 있습니다."

구본웅이 말했다.

"화가가 자신만의 정신세계를 일방적으로 그려나가면 그것을 보는 관람객들이 그 화가를 인정할 수 있을까?"

이번에도 권순옥이 말했다.

"칸딘스키가 50이 넘어 형태 없는 그림을 과감히 선보이기 시작하자, 그것을 천재의 그림으로 단박에 알아본 여인이 있었지요.... 열아홉 살짜리 모스크바 대학생 이었는데, 나중에 그 당돌한 아가씨는 아버지 같은 칸딘스키와 결혼했지요 아마, 칸딘스키와 결혼해서 자신의 이름까지 니나 칸딘스키로 개명한 귀족 집안의 딸이었어요. 화가보다 더 위대한 여인이었지요."

정인택이 감탄하였다. 그러면서 물었다.

"권 마담, 그것도 책으로 봤습니까?"

"그럼요, 도쿄 간다의 야시장에는 밤에 헌 책도 꺼내놓고 파는데요. 내가 낙원 카페에 있을 때 그 야시장에서 샀다고 하면서 책을 건네주던 손님이 있었어요."

정인택이 술 취한 목소리로 퉁명스럽게 말했다.

"좋겠수다. 행복했겠수다. 책을 사다 바치는 사람도 있고. 지금은 그대를 여왕으로 모시는 시인도 있고."

구본웅이 방향을 잡아주었다.

"이번에 김환기 화백이 이과전에 내서 입상을 한 작품「종달새 노래할 때(캔버스에 유채, 178x127cm, 원작은 소재 불명, 엽서로만 남아있음, 1935)」도 입체파 경향이 있다고 하던데 처녀가 이고 있는 물동이 안에는 새알의 그림도 보인다고 했지?"

김환기가 겸손하게 말했다.

"아... 네.... 그 그림은 제 첫 작품인데요. 고향에 있는 누이동생을 모델로 그렸습니다. 조선적인 향토미를 내보려고 했죠. 하지만 기법은 추상 기법이었습니다. 완벽하지는 않지만 머리에 물동이와 새알이 그려진 모양으로 초 현실 미술의 멋을 부려보았습니다."

그 때쯤 만취가 된 박태원이 중얼거렸다.

"김환기 화백, 아무튼 이것은 하나의 사건입니다. 조선 시단에서 가장 전위적인 시를 쓴 이상과 동경에서 조선인 화가로서 가장 전위적인 미술을 하고 있는 김환기가 만났다는 사실은!"

김환기는 이상을 향해 결론처럼 말했다.

"이상 시인께서는 동경에 가시면 반드시 〈세르팡〉의 편집자인 하루야마 유키오(春山行夫) 선생을 만나보세요. 그분은 파리에서 피카소를 후원하는 미국 여성 거트루드 스타인을 흉내 내어 '흰 소녀, 흰 소녀, 흰 소녀…' 같은 동어반복의 시를 써왔으니까요. 만나보시면 서로 통하실 거예요."

그 때 정인택이 끼어들었다.

"뭐하러 만나보노. 만나고 나면 면구스러울 텐데. 이상은 하루야마를 베끼고 하루야마는 거트루드 스타인을 베꼈는데…."

김환기는 겸손하게 말하였다.

"제가 여기서 연배로는 가장 어릴 것 같습니다. 1913년생이니까요. 이상 시인님보다도 세 살이 어리지요. 하지만 감히 말씀드릴 수 있습니다. 예술의 세계에서도 위대한 창조는 단숨에 이루어질 수 없을 겁니다. 서로 주고받고 충분히 교류한 후에 궁극적인 창조물이 나올 것입니다. 저도 언젠가는 파리에 갈 것입니다. 파리와 동경과 조선의 경성이 지금은 아득하게 떨어져 있지만 언젠가는 가까워질 날이 있을 것입니다. 가고 오고 하다 보면 각자의 정체성을 지키면서 새롭고 위대한 예술 세계를 창조해낼 수 있는 제3의 공간을 찾아낼 수 있을 것입니다."

구본웅이 폐회를 선언하였다.

"참으로 귀한 말씀이요 김환기 화백. 우리 제3의 공간을 찾아 떠납시다."

9. 또 다른 파산

　1935년 가을, 일본 동경에서 이과전에 당당히 입선하고 화가가 되어 돌아온 전라도 사람 김환기는 자신의 기사를 신문에 내준 동아일보 기자들을 만나고 자신에게 좋은 평을 써준 선배 화가 김용준을 만난 후 소설가 정인택과 선배 화가 구본웅의 안내로 카페 쓰루에 들렀다. 쓰루는 시인 이상이 운영하던 카페였다. 그날 밤 그 카페에서 1930년대 조선 땅에서 가장 전위적인 시를 발표하여 돌풍을 일으켰던 이상과 조선 화가 유학생으로서는 최초로 아방가르드 미술을 선도하던 김환기가 만났다는 사실은 의미심장한 사건이었다.

　바로 그런 밤에 손님들을 다 보내고 가게에서 호젓하게 2차를 하고 있던 이상과 권순옥은 하던 대로 기분 좋게 술상을 치우고 몸을 섞을 수가 없었다. 로트레크와 정인택에 이끌려 가게에 찾아왔던 키 큰 화가 김환기가 남기고 간 예술적 열기 때문이었다. 이상이 말했다.
　"내가 그동안에는 종로 바닥에서 꽤 큰 키에 속했는데 그 친구는 나보다 5cm는 더 커 보이던데 노쿠샤쿠 180cm는 족히 되겠어."
　권순옥이 말했다.

"글쎄 말이에요. 농구 선수 같지요? 목도 길고 손도 길었어요. 키 큰 사람들은 싱겁기 마련인데 그 분은 아주 낭만적인 분위기를 풍기면서 속도 꽉 찬 것 같던데요."

이상이 날이 선 목소리로 말했다.

"그 노쿠샤쿠한테 반했나? 첫 눈에?"

권순옥은 가볍게 눈을 흘겼다.

"웬일이세요? 질투를 다 하시고. 당신은 그런 내색 안 하는 사람이었잖아요."

"당신이 그 노쿠샤쿠의 말을 천황폐하의 옥음(玉音:왕이나 황제의 말씀)처럼 받아 적기까지 하니까 슬그머니 화가 났었지. 그나저나 정인택이 이상하게 풀이 죽어있더군."

"글쎄 말이에요. 저도 그렇게 느꼈어요. 아까 문을 나서는 뒷모습이 이상하게 섬뜩하더라고요."

"섬뜩하다니? 무슨 의미야?"

"여자에게는 촉이라는 게 있잖아요. 그 이가 오늘밤에는 무슨 일을 저지를 것만 같았어요."

이상도 목소리를 낮추며 맞장구를 쳤다.

"거 이상하네, 나도 그런 느낌을 받았는데...."

권순옥이 심각한 표정으로 말했다.

"우리 생각난 김에 그 분 하숙으로 찾아가볼까요?"

"정인택의 하숙으로? 난 그 친구가 어디 사는지 모르는데?"

"여기서 아주 가까워요."

이상이 눈썹을 치켜세우며 물었다.

"그걸 당신이 어떻게 알아? 그 친구 하숙집을?"

권순옥이 빙긋 웃으며 말했다.

"딴 생각 마세요. 얼마 전에 하숙을 옮겨야 하겠다고 해서 내가 아는 사람 집을 소개해줬다고요. 여기서 아주 가까워요."

두 사람은 바바리를 걸치고 종로 뒷골목을 빠른 걸음으로 내달았다. 두 사람의 예감은 희한하게 적중하였다. YMCA 뒷골목에서 아주 가까운 그의 하숙에 들어가 문을 열었을 때 그는 축 늘어진 채 입에 거품을 물고 있었다. 이상이 정인택의 머리맡에서 뒹구는 약병을 들고 말했다.

"독일제 수면제 아로나르군. 나도 가끔씩 먹는 건데. 얼마나 먹었길래…."

그는 권순옥을 다그쳤다.

"인력거를 불러. 인력거를!"

술집과 권번이 많은 종로통에서 대기하고 있던 인력거는 많았다. 권순옥이 하숙집 안집의 전화통을 붙잡은 지 10분이 조금 지나 인력거가 달려왔다. 이상이 정인택을 안고 앞에 타고 뒤에 따라온 인력거에 권순옥이 탔다. 두 대의 인력거가 서둘러 의전부속병원의 응급실로 달려갔다. 당직 의사가 서둘러 위세척을 끝내고 링거를 꽂은 지 3시간이 지나자 정인택은 눈을 떴다. 병실에 새벽 햇살이 비칠 때였다. 그의 첫 마디는 이런 것이었다.

"뭣하러 살려놨어…. 난 희망도 없는 놈인데."

권순옥이 눈물을 닦으며 말했다.

"선생님, 왜 이러세요. 스물여섯 창창한 나이에…"

정인택은 스르륵 눈을 감으며 더듬더듬 말했다.

"젊음이 거추장스럽기만 합니다. 희망 없는 젊음으로 무얼 합니까. 내가 상이처럼 글재주가 뛰어납니까, 노쿠샤쿠처럼 그림 그리는 재주가 있습니까? 구보처럼 문명이 나있습니까? 아무짝에도 쓸모없는 청춘입니다. 허울뿐인 청춘입니다."

이상이 나섰다.

"자네 왜 이러나? 무슨 생각으로 이런 일을 저질렀어?"

그러자 정인택은 몸을 일으키며 말했다.

"이상이, 아니 김해경이지. 야, 김해경. 너 권순옥이 나한테 양보할 수 있어? …난 권순옥이가 있으면 살아나갈 힘이 생길 것 같은데."

이상은 사태의 진상을 알 수 있었다. 그는 권순옥과 정인택을 병원에 남긴 채 혼자서 가게로 돌아왔다.

그 해 가을, 동소문 밖 돈암동 신흥사(현재의 흥천사)에서는 주지인 대처승의 주례로 결혼식이 열렸다. 그 결혼식의 사회자는 뜻밖에도 이상이었다. 이상은 제가 장가를 가는 것처럼 싱글거리며 신랑 정인택, 신부 권순옥의 결혼식 사회를 보았다. 축사는 이광수에 이어 문단을 주름잡고 있던 김동인이 해주었다. 구인회의 멤버들이 다 오고 매일신보 기자들과 잡지 〈문장〉의 기자들도 싱글거리며 참여해주었다. 매일신보가 주선을 해주었던지 잘 나가는 명창 박녹주(1906-1979)가 고수와 함께 나타나 춘향전의 사랑가를 멋들어지게 불러주었다. 모두는 울긋불긋 단풍이 들기 시작하는 계곡을 바라보며 단풍놀이 하듯 그렇게 두 사람의 결혼을 축하해주었다. 그들은 모두 작심한 듯 토요일 하루를 그 돈암동 계곡에서 보냈다.

새침하고 재치 있고 문학적 소양이 있던 권순옥이 떠나고 나자 카페 쓰루는 황폐해지기 시작하였다. 손님들의 발길은 끊어지고 천장의 불빛만 요란해서 결국 1935년 초겨울에 문을 닫고 말았다. 이상은 미친 사람처럼 허둥대며 광교 못미처에다가 '식스나인'이라는 다방을 냈다.

흰 바탕에 검은 글씨로 6자와 9자를 얽어서 알쏭달쏭한 간판을 내걸었다. 영업 허가를 내준 종로 경찰서의 나까노 형사가 두 달 만에 이상을 불렀다. 이상이 고개를 갸우뚱하며 형사계 사무실로 들어서자 일본인 형사들은 낄낄거리며 웃고 있었다.

"어이, 위대한 시인 어서 오시게. 자네 우리들을 가지고 놀았어. 뭐? 식스나인이라고? 여자하고 남자가 그렇게 거꾸로 얽혔다 이거지? 나까노 형사는 그 뜻도 모르고 정중하게 허가를 내줬다 이거야. 허허허."

콧수염을 기른 나까노가 벌떡 일어나 성큼성큼 걸어 나왔다. 이상에게 다가와 다짜고짜 따귀부터 후려쳤다.

"빠가야로(바보자식)! 네가 우리 대일본 경찰들을 우롱했어? 빠가야로!"

한 대 더 갈기고 침을 뱉듯 말했다.

"허가 취소야 임마. 당장 간판 떼."

이렇게 해서 이상의 만용은 좌절되었다.

10. 세 번째 만난 운명의 여인

1935년 10월이 되었다.

그 무렵 정지용 시인은 〈정지용 시집〉을 펴내고 가까운 중국집 '아서원'에서 출판 기념회를 하였다. 그 무렵 함께 〈노산시조집〉을 펴낸 이은상(李殷相, 1903-1982 시조시인, 이화전문교수역임) 시인도 한복 두루마기를 입고 단정히 앉아 있었다. 그 옆에 정지용 시인이 나란히 앉았다. 두 사람의 시인을 축하하는 하객들이 다방 〈낙랑〉에 가득 찼다. 이은상이 말했다.

"이제 사실상 정지용 시인이 조선 시단의 최고 지도자가 되었어요."

정지용이 머리를 조아리며 손사래를 쳤다.

"선생님, 무슨 말씀이세요. 저 같은 사람이 무슨…."

이은상은 조용히 말했다.

"김소월(金素月)이 살아있다면야 이런 소리를 할 수 없겠지요. 하지만 그 시인이 안타깝게 세상을 버렸지 않습니까. 참 훌륭한 시인이었는데… 그 시인이 아마도 경성에서 자리를 잡았더라면 그렇게 일찍 세상을 버리지는 않았을 거요. 궁벽진 평안북도 구성에 살다 보니 자신의 시를 알아주는 사람들이 없다고 생각했을 것이요. 시를 써서 먹고 살 수도 없으니까 절망감에 빠져 읍내 장터에 나온 아편을 사다가 술에 타서 마시고 이승을 떠났다고 합디다."

정지용 시인도 동의를 하였다.

"그렇습니다. 그 시인이 경성에서 교편을 잡든지 잡지사에 취직을 해서 봉급 받는 생활을 하고 문단의 친구들과 어울렸더라면 스스로 목숨을 버리는 일은 없었을 것입니다. 참으로 아까운 천재입니다."

그때 몸집이 통통하고 얼굴이 둥근 여류 소설가 김말봉(1901-1962 부산 출신의 소설가)이 박화성(1904-1988 전남 목포 출신의 여류소설가)과 함께 들어서며 정지용과 이은상을 향해 말했다.

"죄송합니다. 죄송합니다. 하는 일 없이 바빠 출판 기념회도 못 들르고 이렇게 뒤늦게 왔습니다."

그네들은 뒤에 숨기고 온 꽃다발을 정지용에게 내밀었다. 지용이 고개를 숙이며 꽃다발을 받았다.

"아이고 끝뫼(김말봉의 호) 선생님이야 말로 얼마나 바쁘신 몸입니까. 지난해에는 동아일보에 장편소설「밀림」을 연재하셨지요? 낙양의 지가를 올려놓으셨으며 얼마나 큰 반향을 불러 일으켰습니까?"

이은상이 말했다.

"가만 있자, 그러고 보니 정지용 시인하고 김말봉 작가는 교토의 도시샤대학을 비슷한 시기에 나오지 않으셨나?"

정지용이 얼굴을 붉히며 말했다.

"그럼요, 함께 공부를 했지요. 그 유명한 교토의 압천(鴨川) 가모가와를 함께 거닐기도 했지요."

김말봉도 회상하는 어투로 거들었다.

"그 때가 좋았는데.... 지용 시인, 가모가와에 비가 내리면 정말 운치가 있었지요?"

그녀는 정지용을 그윽한 눈으로 바라보며 계속했다.

"그 오뎅집이 남아있을까? 빗소리를 들으며 마시던 따끈한 정종 맛과 오뎅이 퍽 잘 어울렸었는데…. 그 과부 이름이 뭐였더라? 음, 가요코라고 했었지. 그 여자가 정 시인을 좋아하지 않았던가요?"

정지용은 손사래를 치며 말했다.

"아이, 난 그 때도 성당을 열심히 나갔잖아요. 그런 소리 하지 마요."

김말봉은 껄껄 웃으며 이야기의 방향을 바꾸었다.

"독자들은 제 소설을 재미있다고 잘 읽어주는데 문학평론을 한다는 사람들은 나를 대중작가라고 질타를 하더군요. 신문에 연재를 하면 대중작가고 자기들처럼 문학지에만 글을 올려야 순수예술가라고 평하는 세상이니…. 이거야 원!"

함께 온 박화성도 거들었다.

"나도 얼마 전에「논 갈 때」,「홍수 전후」,「한귀」같은 소설을 잡지에 올렸는데 느닷없이 대중작가라고 질타하더군요. 난 지금까지도 모르겠어요. 무엇이 순수문학이고 무엇이 대중문학인지…."

시인 이은상이 말했다.

"나도 몇 년 전에 내 고향 마산을 읊은「가고파」라는 시를 썼는데 그 시를 김동진이 작곡을 해서 널리 퍼트리니까 느닷없이 나보고 대중시인이라고 몰아붙입디다. 허허…. 다 시샘에서 나오는 말일 거요! 자기들은 유명하지 못하니까!"

그 때 걸걸한 서북 사투리로 끼어드는 사람이 있었다.

"그렇디요. 다 시샘에서 나오는 말들이야요. 대중이 사랑해주고 널리 퍼져 인기가 오르면 대중시요 대중소설이고 인기가 없이 자기들끼리 보고 즐기면 순수가 아니겠습네까. 거저 한귀로 듣고 한귀로 흘리

시라요."

정지용 시인이 자리에서 일어나 정중히 말했다.

"이 분은 이번에 나온 제 시집을 장정(裝幀)해주신 길진섭(吉鎭燮 1907-1975) 화백이십니다. 그 유명하신 평양의 길선주(吉善宙 1869-1935) 목사님의 아드님이시기도 하지요."

김말봉 작가가 말했다.

"아이고, 영광입니다. 길진섭 화백님, 여기서 뵙다니요. 길선주 목사님은 제가 존경하는 부흥목사님이시지요. 저도 예수쟁이에요."

박화성도 거들었다.

"길선주 목사님은 3·1만세 때 우리 민족 대표 33인으로 서명하신 어른이시지요? 아유 그런 분의 아드님이 화가시라니... 참 미남이시기도 하네요. 여자들 깨나 울리시겠어요."

길진섭이 뒷머리를 긁으며 앉았다. 마담이자 다방 주인인 김연실이 예의 핑크빛 원피스를 입고 나타났다. 입술 색깔도 핑크빛이었고 손톱에도 핑크빛 매니큐어를 한 채였다. 김말봉이 말했다.

"참말로 곱다.... 같은 여자가 봐도 정신이 아찔할 만큼 아름답고만. 난 김연실양의 팬입니다. 그대가 주연하신 영화 「임자 없는 나룻배」, 「종로」, 「청춘의 십자로」를 다 봤어요. 어쩌면 연기가 그렇게 좋아요?"

김연실은 기분이 좋아져 갑자기 손바닥을 쳤다. 마담과 비슷하게 몸에 달라붙는 원피스를 입은 레지 둘이 달려왔다. 김연실이 계속 웃으며 말했다.

"오늘은 내가 좋아하는 정지용 시인님, 길진섭 화백님, 존경하는 이은상 선생님, 또 내가 신나게 읽은 「밀림」의 작가 김말봉 선생님이 오셨으니까 제가 술을 내지요. 우양아, 신양아 주방에 숨겨둔 보드카를 내 오너라."

레지들이 달려가 보드카를 내왔다. 모두 환호성을 올리며 술잔을 잡았다. 그 때 다방 문이 열리며 이상과 구본웅이 들어왔다. 이상이 큰 소리로 말했다.

"아, 안 되지요. 우리들을 빼놓고 축배를 드시면 안 되지요."

구본웅도 지지 않았다.

"이 로트레크를 빼놓으면 흥이 깨질 겁니다. 몽마르트의 축제에 로트레크가 빠지면 안되듯이요."

길진섭이 걸걸한 목소리로 받았다.

"거럼 거럼, 안 되디요. 이과전의 선두주자 우리 로트레크가 빠지면 안 되디요. 어서 오시라요. 우리 로트레크. 그리고 샛별처럼 떠오른 시인 이상선생!"

이렇게 해서 모두 근사하게 취하기 시작하였다. 그 때 음악이 바뀌었다. 박진감 나는 지고이네르바이젠이 울려 퍼졌다. 이상이 큰소리로 말했다.

"암, 이렇게 신나는 밤에는 사라사데의 지고이네르바이젠이 최고지!"

이상이 턴테이블이 도는 뮤직박스를 향해 소리쳤다.

"이봐, 변 지배인, 당신도 어서와. 함께 마시자고."

마담 김연실도 거들었다.

"변 지배인, 이리 오세요."

변동욱이 성큼성큼 걸어왔다. 김연실이 술잔을 건네주며 말했다.

"우리 낙랑의 창립 멤버에요. 제가 이 다방을 인수할 때 전 주인 이순석 화백에게 꼭 조건을 달은 한 가지가 있었지요. 음악을 잘 아는 변동욱 지배인을 꼭 함께 넘겨달라고."

그 때 변동욱이 다방 구석을 향해 손짓을 하며 말했다.

"동림아, 너도 이리 오너라. 오늘은 기쁜 날이다. 너도 와서 축배를 들어라."

동림이라고 불린 아가씨 하나가 구석에 있다가 다가왔다. 단발머리에 회색 바바리를 입은 단정한 아가씨였다. 검은 단화에 흰 양말을 신고 있었다. 안경을 끼고 침착하게 생긴 그 아가씨는 이은상 시인 앞에 다가가 허리를 굽히며 말했다.

"선생님, 학생이 이런 데 와서 죄송합니다. 문과에 재학 중인 변동림(卞東琳 1916-2004)입니다."

이은상 선생이 환하게 웃으면서 말했다.

"알지, 알지. 내가 변동림을 모르겠나? 자네도 머지않아 우리 조선 문단에 이름을 올릴 재원인데…. 시도 잘 쓰고 수필도 잘 쓰지. 암암, 작가 준비생은 이런 멋진 다방에도 드나들어야 해. 여기는 일반 술집이 아니고 음악이 있고 문학이 있고 미술이 있는 종합 예술관이 아닌가."

변동욱이 소개를 하였다.

"이화여전에 다니는 제 여동생 변동림입니다. 여기 와서 술 마신 일은 없고요 커피만 마시고 음악만 듣다 갑니다. 제가 사랑하는 여동생입니다."

변동림은 모두를 향해 허리를 숙였다. 그리고 말했다.

"저는 여기 낙랑의 MJB 커피가 제일 좋았고요, 모차르트를 함께 좋아했습니다."

이상이 자신의 옆자리를 내주었다. 정지용 시인이 빙긋 웃으며 말했다.

"아 그렇게 앉고 보니 두 사람이 썩 잘 어울리는구먼!"

길진섭 화백도 말했다.

"회색 바바리와 밤색 두루마기라 아주 잘 어울리는 앙상블입네다."

이상은 어쩔 줄을 몰라 했다. 정지용 시인이 건네주는 보드카를 조금 마신 후에 그는 씻지 않은 손으로 곽에 든 각설탕을 부수기 시작했다. 지나가던 레지가 각설탕을 치우며 그 자리에 땅콩을 놓아주었다. 이상은 안경을 끼고 차분하게 앉아있는 그 변동림을 힐끗거리며 땅콩을 만지작거리면서 혼자서 얼굴을 붉혔다. 이상의 마음을 누구보다도 빨리 읽는 구본웅이 이상에게 속삭였다.

"이 사람아! 마음 접어. 이 아가씨는 안 될 거야. 금홍이나 권순옥이하고는 급이 다른 아가씨야. 아 이화여전을 다니는 규수가 아닌가. 더 깊은 얘기를 해줄까? 이 아가씨는 내 이모뻘이 되는 아가씨야."

이상이 구본웅에게 낮은 목소리로 물었다.

"뭐? 어떻게 되는 이모인데?"

구본웅이 이상의 귓가에 대고 속삭였다.

"우리 아버지가 나 어렸을 적 계모를 얻었는데 그 분은 불구인 나를 정성스럽게 키워준 분이야. 변동숙(卞東淑)이라고… 자네 옆에 앉아 있는 변동림이 바로 내 계모 변동숙의 이복동생이야. 그러니 나한테는 이모뻘이 되지."

그 때 눈치를 챈 변동욱이 이상을 향해 말했다.

"이상, 자네가 내 여동생을 좋게 본 모양인데… 이 아이는 아직 학생이야. 이화여전 학생이라고. 그리고 무엇보다 자네는 아직 이름이 나지 않은 풋내기 시인일세. 나도 문학을 어지간히 좋아하는데… 나는 소설가를 좋아하지. 자네가 타케다 린타로(武田麟太郎 1904-1946, 대표작 「일본 서푼짜리 오페라」, 「이하라西鶴」) 정도의 작가가 된다면 내가 내 여동생을 선선히 소개해주지."

이상은 대답을 하지 않고 손에 든 땅콩만 주물럭거렸다. 레지가 다가와 이상이 어질러 놓은 땅콩 껍질들을 또 치웠다. 그 단발머리에 안경을 낀 아가씨 변동림이 오빠를 향해 말했다.

"오빠, 일방적으로 무안 주시지 마세요. 이상 시인이 절 좋아한다고 말하지도 않았잖아요. 전 이상 시인의 작품을 읽어봤어요."

이상이 붉어진 얼굴로 말했다.

"아니. 제 작품을 읽어보셨습니까?"

변동림이 말했다.

"신문에 난「오감도」를 한 회도 빠지지 않고 읽었어요. 사람들은 그 시를 이상한 시라고 야단들인데요, 전 시인님께서 왜 그런 시를 쓰셨는지 어렴풋이 알 수 있었어요. 13명의 아이는 불길한 숫자로 구성된 하나의 장치였고요, 아이라는 단어가 반복되는 것은 유럽이나 일본에서 유행하는 현대시의 단어반복에서 나오는 리듬 효과를 노렸다고 볼 수 있을 거예요. 저는 선생님의 시에서 모리스 라벨(1875-1937 프랑스 작곡가)의 '볼레로'를 듣는 듯 했어요. 처음엔 작고 미미한 소리로 시작하다가 점점 큰 소리로 변하면서 반복적 효과를 극대화하는 연속화음… 그 소리를 이상시인의 시 속에서 들을 수 있었어요. 왜 시속에 음악적 리듬이 들어가면 안 되는 건가요?"

이은상 선생과 정지용 시인도 고개를 끄덕였다. 이상은 얼굴을 붉히며 고개를 숙였다. 정지용 시인이 말했다.

"아이고. 변동림 학생이 이상 시인보다 한 수 위구만 그래. 변동림 학생도 앞으로 문학을 하시오. 대성하겠소이다."

변동림이 정지용시인을 향해 고개를 숙이며 말했다.

"과찬의 말씀이십니다. 감사합니다."

그 때 마이크를 잡은 변동욱이 말했다.

"이제 오늘 저녁의 하이라이트 정지용 시인의 시 낭송을 감상하시겠습니다. 정지용 시인은 일본 교토의 도시샤대학 영문과에 다니실 때 시 잡지 〈근대풍경〉에 「가모가와(鴨川)」를 독자 투고 하셨습니다. 그 시를 본 일본 시단의 제 1인자 기다하라 하쿠슈([北原白秋, 1888-1942) 선생이 탄복하여 대학생 정지용의 시를 〈근대풍경〉에 게재하고 일약 시인으로 발탁하였죠. 정지용 시인이 자신의 젊음을 묘사한 「가모가와(鴨川)」는 교토시를 휘감아 흐르는 정감 있는 강물입니다."

 키가 약간 작지만 당당한 풍채의 정지용 시인이 뚜벅뚜벅 걸어 나가 마이크를 잡고 시를 낭송하기 시작하였다.

 압천(鴨川) 십리(十里)ㅅ벌에/해는 저믈어…… 저믈어……//날이 날마다 님 보내기/목이 자졌다…… 여울 물소리……//찬 모래알 쥐여 짜는 찬 사람의 마음,/쥐여 짜라. 바시여라. 시언치도 않어라.//역구풀 욱어진 보금자리/뜸북이 흘어멈 울음 울고,//비 한쌍 떠스다,/비마지 춤을 추어.//수박 냄새 품어오는 저녁 물바람./오랑쥬 껍질 씹는 젊은 나그네의 시름.//압천(鴨川) 십리(十里)ㅅ벌에/해가 저믈어…… 저믈어……

 낙랑에서 나온 정지용, 구본웅 그리고 이상과 변동림은 길진섭의 안내로 명치정(명동)으로 향하였다. 조선 호텔을 끼고 명치정으로 향할 때, 길진섭이 혼잣말처럼 뇌었다.

 "이 시대 조선 젊은이들의 로망은 무엇인지 아십네까?"

 무심히 따라오던 정지용 시인이 말했다.

 "그게 무엇입니까?"

 길진섭이 웃으며 말했다.

 "집은 양옥으로 지어 편하게 살고요, 음식은 중국 음식을 풀코스로 먹고요, 아내는 일본 여인을 얻는 것입네다. 허헛!"

정지용 시인이 말했다.

"길 화백은 그걸 실천할 자신이 있습니까?"

길진섭이 씩 웃으며 받았다.

"아직 내 그림을 팔아 양옥을 살 만한 형편은 못 되고요, 또 집에서 중국 요리를 해먹을 형편은 못 됩네다. 하지만 앞으로 일본 여인을 아내로 맞아볼 생각은 하고 있습네다."

정지용 시인이 정색하며 말했다.

"부친께서 그렇게 유명하신 목회자에다가 민족대표이신데 일본 여인을 좋아하셔야 되겠습니까?"

길진섭은 명치정으로 들어서는 입구에 우뚝 서서 호탕하게 웃었다. 그러면서 말했다.

"정지용 시인님은 10대 초반에 고향에서 순박한 조선 여인을 부인으로 맞으신 걸로 알고 있습네다. 그래서 시「향수」에서 이렇게 읊으셨디요. '아무렇지도 않고 예쁠 것도 없는 사철 발 벗은 아내가 따가운 햇살을 등에 지고 이삭 줍던 곳' 이라고요. 하핫. 하지만 일본 여자들은 죽여줍네다. 입에서 살살 녹는 사탕처럼 달콤하기가 그지 없디요. 시인님은 교토에서 대학에 다닐 때 일본 여자와 술 마셔보지 않았습네까?"

지용 시인이 얼굴을 붉히며 말했다.

"교토에서 공부할 때는 감히 그런 엄두를 못 냈습니다."

길진섭이 허공을 향해 다시 한 번 웃음을 날리고 말했다.

"시인님, 나는 개신교 신자입네다. 우리 개신교에선 죄를 짓고 그냥 혼자서 참회 기도하면 되거든요. 그래서 저는 재미 좀 봅네다. 쏠쏠하게. 지금 제가 가는 다방의 마담은 내지 동북 지방에서 온 여인인데 전문학교 물은 먹었디요. 꽤 참한 일본 아가씨입네다. 하타노라고 부르는

디요, 다방에서도 꼭 기모노를 입고 있습네다. 전 경성에 오면 하타노와 함께 살고 있는 안암동 집으로 갑네다. 참 살뜰한 여인이디요."

다방 앞에는 전원(田園)이라는 간판이 붙어 있고 정감 있는 외등이 켜 있었다. 일행이 들어서자 기모노를 입은 마담이 달려 나오며 '이랏샤이마세'를 외쳤다. 한눈에 봐도 참한 아가씨였다. 길진섭은 호기롭게 외쳤다.

"하타노, 귀한 손님들이야. 따끈한 정종으로! 오뎅 국물도 내놓고!"

그 때까지 이상과 변동림은 한 마디도 대화를 나누지 않았다. 밤의 정적이 좋았고 앞으로 전개될 두 사람의 운명에 대한 의구심 때문에 가슴이 뛰었기 때문이었다. 정종이 나오자 마담 하타노가 속삭이듯 이상과 변동림을 향해 물었다.

"두 사람은 애인 사이?"

이상은 더듬거리며 말했다.

"오늘 밤 처음 만났습니다. 그냥 가슴만 두근거릴 뿐입니다."

하타노는 그윽한 눈길로 변동림을 바라보다가 말했다.

"아가씨가 아주 지성적이에요. 무얼 전공하세요?"

변동림이 조용히 말했다.

"영문학을 시작했는데 좀 어렵습니다."

마담은 어깨를 들썩하며 말했다.

"오우, 영문학. 참 어려운 학문이에요. 난 영어가 너무 어려워요. 나는 전문학교에서 화훼학(花卉學)을 조금 하다 말았어요. 아름다운 정원 가꾸기를 해봤으면 했는데…"

아무튼 그 날 밤, 낙랑에서 보드카를 마신 후 전원에서 정종까지 겹치게 되자 바른 자세로 앉아 있던 정지용 시인도 자세가 흐트러지고 길진섭도 취기를 이기지 못하는 모습이었다. 시종일관 중심을 잘 잡고 있는 사람은 로트레크 구본웅 뿐이었다. 이날따라 이상은 술을 마시는 척만 했고 신경을 온통 변동림에게만 쏟고 있었다. 변동림은 절주를 하면서 체면을 잘 지키고 있었다. 그런데 시간이 조금 지나고 나자 마담 하타노가 뜻밖의 말을 하였다.

"정지용 시인님, 이 사람 좀 혼내주세요. 이 사람 너무 세상을 편하게 살아요. 우리 일본 여인의 가슴을 너무 아프게 하고 있답니다."

길진섭이 끼어들며 그녀의 말을 막으려 했다.

"하타노, 무슨 얘기를 하려고 이러는 거야? 내가 뭘?"

그녀는 정종 잔을 들고 정지용에게 하소연하였다.

"이 사람 정말 나쁜 사람… 일본 도쿄에는 함께 그림 그리던 애인 있어요. 간노 유이코(管能由爲子)… 유명한 의사의 따님이에요. 멋진 여자지요. 도쿄에 가면 간노 유이코와 즐기고, 경성에 오면 이 불쌍한 하타노를 괴롭힙니다. 조선 남자 하나에 일본 여자 둘… 이거 너무 불공평하지 않아요? 시인님, 안 그래요?"

길진섭이 그녀의 술잔을 빼앗으며 큰소리로 말했다.

"너 많이 취했지? 왜 이래 오늘밤… 자, 문 닫고 들어가자."

일이 이렇게 돌아가자 지금까지 한 마디도 않고 따라오기만 했던 구본웅이 큰소리로 말했다.

"자, 오늘 밤은 여기에서 헤어지는 게 좋겠습니다."

길진섭을 남겨놓고 모두 명치정을 빠져나왔다. 종로 쪽으로 나와서 정지용 시인과 구본웅은 수표동 쪽으로 향하고 이상과 변동림은 종로 쪽으로 계속 걸었다. 이상이 종로 입구에서 물었다.

"댁이 어딥니까?"

"삼청동이에요."

"제가 삼청동 입구까지만 바래다 드리지요."

두 사람은 말없이 걸었다. 보름달이 훤하게 두 사람을 비춰주고 있었다. 변동림이 두 사람의 그림자를 바라보며 말했다.

"아유. 시인님의 키가 크시군요. 달빛에 비친 그림자도 멋져요.... 난 키 큰 남자가 좋더라."

두 사람은 달빛 아래로 행복하게 걸었다.

11. 뜨거운 청춘의 고개

　자색 두루마기를 입은 이상이 아현동 고갯마루에 서있었다.
　봄이 오고 있었지만 가끔씩 부는 바람이 아직은 차기 때문에 그는 목에 흰 목도리를 두르고 있었다. 감리교회 담벼락에는 목련이 피기 시작했고 멀리 보이는 야산 골짜기엔 철쭉이 요란하게 피어 있었다. 여전학생들은 납짝구두에 검은 양말을 받쳐 신고 검은 통치마 위에 털실로 짠 스웨터나 회색 두루마기를 걸치고 있었다. 모두 흰 이를 드러내며 까르르 까르르 웃었다. 그녀들은 팔짱을 끼고 봄 햇살을 만끽하고 있었다. 이상은 담배를 물었지만 피우지는 않고 있었다. 초조해서 담배 끝을 이빨로 잘근잘근 씹고 있었다. 팔짱을 서로 낀 한 떼의 여전학생들이 밀려가고 난 뒤 키 작은 아가씨 하나가 땅을 보면서 오고 있었다. 단발머리에 안경을 낀 여학생이었다.
　이상은 입에 물었던 담배를 교회 쪽으로 휙 날렸다. 그리고 성큼성큼 걸어 나갔다.
　"저… 접니다."
　여학생이 고개를 들었다.
　"어머, 선생님 아니세요? 이상 선생님."

이상이 말했다.
"저는 선생이 아닙니다. 그냥 이상입니다."
여학생이 말했다.
"네 이상 시인님."
그제야 이상은 웃었다. 그리고 말했다.
"사흘째에야 만나게 되네요."
그녀는 웃으며 말했다.
"아니 사흘씩이나 이곳에 서 계셨단 말이에요?"
이상이 얼굴을 붉혔다.
"첫 날에는 캠퍼스로 들어가는 개울가에 서 있었고요 둘째 날에는 골목 입구에 서 있었고요, 오늘은 이렇게 고갯마루에 서 있었습니다. 봄 구경도 할 겸… 이 아현 고갯마루의 봄이 장히 좋습니다. 아가씨들의 웃음소리도 듣기 좋고요."
여학생이 안경을 고쳐 쓰며 말했다.
"사실 어제 그저께는 결강을 했고요 오늘은 영문학 단편 강독이 있었기 때문에 빠질 수가 없었어요."
두 사람이 나란히 걷게 되었을 때 여학생이 말했다.
"이상 시인은 키가 크시네요. 1미터 70센티미터는 넘으시겠어요."
이상이 말했다.
"네, 1미터 73센티 이쪽저쪽일 겁니다. 고공에 입학할 때 한 번 재보고는 재본 일이 없습니다."
여학생이 부지런히 따라오며 말했다.
"전 키 큰 사람이 좋아요. 제가 좀 작은 편이니까요."
이상이 단호하게 말했다.
"전 키 큰 여자를 별로 좋아하지 않습니다. 변동림씨처럼 아담한 여인이 좋습니다. 키가 크면 싱겁지 않습니까. 오라버니께 들으셨을지 모르겠습니다만 제 첫 여자 다방 제비를 지켰던 기생 출신 그 여자도 키가 작았고 카페 쓰루의 마담도 딱 변동림씨만 했습니다. 키 작은 여자들이 실속도 있고 내실이 있습니다."

두 사람은 별 의미 없는 이야기를 나누다가 아현동 고개를 넘고 염천교를 건넜다. 염천교 밑으로 물이 흐르고 있었다. 별로 깨끗하지 못한 물이었다. 물가엔 걸인 복장을 한 아이들이 철 이른 물장난을 하고 있었다. 추워 보였다. 두 사람은 딱히 정한 바도 없었지만 어느 새 남대문역 앞에 있는 돌체 다방에 들어서고 있었다. 이상이 계단을 올라가며 말했다.

"몇 달 전이던가요. 이 돌체에서 레코드 십여 장이 도난당했었지요."
변동림이 따라올라가며 말했다.
"저도 신문에서 봤어요. 도둑은 그걸 취인점(전당포)에 맡기고 돈을 찾아갔다지요? 레코드 도둑은 아름다운 도둑일까요?"
이상이 돌아보며 말했다.
"그 도둑이 잡혔는데요, 뭐 기생 돈도 훔치고 반지와 비녀도 훔친 좀도둑이라고 합디다."
그 날 두 사람이 똑같이 주문한 것은 MJB 커피였다. 그때 변동림이 말했다.
"역시 MJB 커피 맛은 낙랑이 제일 이예요."
이상은 커피를 마시고 나자 말했다.
"맛없는 커피를 마셨으니 음악으로라도 본전을 뽑읍시다. 동림씨, 음악을 청하세요."
변동림은 레지가 전해주는 종이에다 'Beethoven, Violin Sonata

no. 5 In Major Op.24 'Spring'라고 적었다. 얼마 후에 그 경쾌한 음악이 흘러나왔다. 이상은 아주 흡족한 표정을 짓고 눈을 지그시 감은 채 그 음악을 감상하였다. 음악이 다 끝났을 때 이상은 일어섰다. 변동림이 물었다.

"어딜 가시게요?"

이상이 앞장서며 말했다.

"청량리로 갑시다. 오후에 타는 청량리행 기차가 운치가 있습니다."

청량리행 기차는 아주 느리게 달렸다. 오후 4시가 넘어서야 청량리역에 닿았다. 두 사람은 역을 빠져나와 중랑천 쪽으로 걷기 시작했다. 논밭이 다 끝나는 벌판 끝에 미루나무가 일렬로 서있었다. 변동림이 소리쳤다.

"아! … 방풍림(防風林: 바람을 막아주는 나무)이다!"

방풍림 가까이에는 갈대가 일렁이고 있었다. 이상이 입고 있던 두루마기를 갈대 숲 위에 깔았다. 일찍 나온 개구리가 깜짝 놀라 멀리 뛰었다. 변동림은 목에 둘렀던 노란색 털실 머플러를 풀어서 밑에다 깔았다. 이상이 변동림의 손을 잡고 자신이 깔아놓은 두루마기 위에 앉혀주었다. 변동림은 머플러를 베고 편안한 자세로 누웠다. 이상도 옆에 나란히 누웠다. 변동림이 말했다.

"가까이 와서 누우세요. 이거 시인님 두루마기잖아요."

두 사람은 나란히 누워 하늘을 바라보았다. 흘러가는 구름 위 연분홍색 노을빛에 물들기 시작했다. 이상이 누운 채 말했다.

"동림씨는 우리 말 조어 능력이 아주 훌륭합니다. 나는 저 둑 위에 일렬로 서있는 미루나무가 그냥 미루나무들이려니 했는데 동림씨는 보자마자 '방풍림'이라고 멋지게 표현하시네요. 그렇죠! 저 둑가에 일렬로 서있는 저 미루나무는 그냥 뜻 없이 서 있는 게 아닐 거예요. 우리 가난한 연인들을 바람으로부터 막아주기 위한 방풍림, 네. 보호림이죠."

이상은 팔을 뻗었다. 변동림의 머리를 가볍게 감싸 왼쪽 팔위에 뉘었다. 변동림은 눈을 감은 채 이상의 왼팔 끝에 있는 그의 손을 잡았다. 그리고 말했다.

"손이 참 곱고 기네요. 이 긴 손가락으로 피아노를 쳤으면 얼마나 좋겠어요. 하지만 뭐 괜찮아요. 이 손가락으로 시를 쓰시잖아요. 저는 언젠가 이상 시인님께서 기욤 아폴리네르(Guillaume Apollinaire, 1880~1918) 같은 멋진 서정시인이 돼 주실 거라 믿어요. 비록 제가 마리 로랑생(Marie Laurencin,1883년~1956년) 같은 위대한 여류 화가는 못 되지만요. 시인님의 붓 끝에서 「미라보 다리」 같은 만인을 울리는 시가 나오고 그 시가 수록된 〈알코올〉 같은 위대한 시집을 펴내게 되리라 믿어요."

이상은 팔이 저린 듯 변동림을 가볍게 끌어안으며 떨리는 목소리로 말했다.

"나는 그렇게 아름다운 시를 지을 재주는 없을 것 같소. 내가 좋아해 온 시인은 「악의 꽃(Les Fleurs du mal)」,「술」,「죽음」을 노래한 보들레르(Baudelaire,1821~1867)요. 이미 반세기 전에 세상을 떠난 프랑스 시인이지만 이상하게도 그는 처음부터 나를 잡고 놓아주지 않았소. 그는 술을 좋아했고 죽음을 예감했으며 끝내 악의 꽃에 파묻혀 죽었소."

이상은 변동림을 세차게 끌어안았다. 그리고 그녀의 입술을 찾았다. 둑 위에 서있는 방풍림들이 일시에 소리치는 것 같았다.

'그래, 저질러라. 일을 저질러라!'

그때 갑자기 이상은 숨 가쁘게 말했다.

"변동림씨. 우리 함께 죽을까?"

변동림도 지지 않고 말했다.

"저도 행복할 때는 이상하게 죽고 싶더라구요. 좋아요. 함께 죽어요."

그들은 그날 함께 죽는 대신 꼭 껴안기만 하였다. 그리고 첫 키스를 하였다. 아주 뜨겁게!

그날 두 사람이 청량리를 떠나려고 할 때 이상이 결연히 말했다.

"내일 짐 챙겨가지고 동소문 밖으로 나오시오! 낮 열두 시까지. 동소문 밖으로 나가면 고갯마루에 국밥집이 있을 거요. 그리 오시오. 고갯마루 국밥집으로!"

1936년 6월 초였다.

12. 탈출

　동소문(혜화문) 밖의 그 국밥집 앞에서 이상은 서 있었다.
　택시가 멈춰서고 회색 바바리를 입은 변동림이 내리자 그는 펄쩍 뛸 듯이 기뻐하며 그녀가 트렁크에 싣고 온 짐들을 챙겼다.
　"뭘 이렇게 많이 싣고 왔어?"
　"별 거 아니에요. 보던 책들 하고요 사전들이에요. 그 스탠드는 제가 여중학교 들어갈 때 아버지가 사주신 거라 버릴 수 없어서 가져왔어요."
　이상은 부지런히 짐들을 국밥집 앞에 쌓아놓고 땀을 닦으며 돌아섰다.
　"난 동림이가 안 오는 줄 알았어. 어머님이나 오빠 때문에 짐을 뺏기고 꼭 못 올 것만 같았어."
　변동림이 생글거리며 말했다.
　"저는 거짓말에도 선수에요. 어머니가 짐을 챙겨가지고 나오는 나를 보고 어디 가느냐고 다그치시더라고요. 전 눈 하나 깜짝하지 않고 말했어요. '친구네 집 갔다 올게요' 순진한 우리 어머니가 이 죄 많은 딸년에게 깜빡 속으셨지요."
　"이 다음에 우리가 잘 살게 되면 어머님을 우리가 모시면 되지 뭐."
　"뭐 그런 날이 올까요? 아무튼 나 배고파요. 설렁탕이라도 먹자고요."

이상은 자리에 앉으며 주모에게 남대문 신선소주를 달라고 했다. 주모는 동작 빠르게 그 유명한 신선소주를 내오고 이상은 깍두기와 함께 시원하게 들이켰다. 술잔을 내려놓으며 말했다.
　"동림, 사실은 나 어젯밤에 한숨도 못 잤어."
　"왜요?"
　"동림이 안 올까봐. 우리의 탈출이 저지될까봐."
　변동림이 생글거리며 말했다.
　"이렇게 성공했잖아요. 자, 저도 한 잔 줘 보세요."
　두 사람이 쨍하고 잔을 부딪치고 났을 때 김이 오르는 국밥도 상 위에 올라왔다. 이상이 먹는 국밥은 내장이 많이 들어간 내장탕이었고 동림이가 시킨 것은 살코기가 들어간 보통 설렁탕이었다. 긴장이 풀린 탓인지 이상은 금방 취기를 느끼는 듯하였다. 눈자위가 발그레해지면서 말했다.
　"아, 이렇게 빨리 취하면 안 되는데. 결혼식 할 때 졸면 곤란하잖아."
　변동림이 깜짝 놀라며 말했다.
　"뭐예요? 결혼식을요? 오늘 말이에요?"
　이상은 내장탕을 신나게 들며 말했다.
　"그럼, 쇠뿔도 단김에 뽑아야지."

　둘이서 탕 그릇을 비우고 남은 소주를 깨끗이 비웠을 때 그 국밥집 앞에 까만 택시가 멈춰섰다. 이상이 나갔다 오더니 서둘러 계산을 끝내고 재촉했다.
　"내가 부른 가시끼리(대절택시)야. 눈처럼 흰 웨딩드레스는 못 입히지만 먼 길을 터벅터벅 걸어서 갈 수야 없지. 서양에서는 준 브라이드(6월의 신부)를 제일 행복한 신부라고 한다는데… 동림이, 행복하기를 빌겠어."

변동림은 당황한 듯 말했다.

"준비도 없이 어떻게?…. 정말 오늘 결혼식을 하는 거예요?"

이상은 싱긋 웃기만 하였다. 검은색 택시는 흙먼지를 날리며 초록이 물들어 오는 6월 속을 달렸다. 성북동으로 들어가는 삼거리를 지나고 플라타너스가 쭉 서있는 돈암동을 가로질러 미아리로 빠지는 경사진 길을 타고 올라가다가 택시는 좌측으로 꺾어졌다. 좁은 일차선 도로가 나오고 택시는 플라타너스와 잡목이 우거진 능선을 따라 달렸다. 멀리 성북천이 물소리를 내며 흐르고 있었다. 택시가 신흥사로 들어가는 외길로 들어섰을 때 이상은 개구쟁이처럼 눈을 가늘게 하며 독백하듯 말했다.

"다들 놀라봐라. 구인회 놈들, 지겹게도 따라다니던 박태원, 내가 애를 먹이던 이태준, 나를 시인으로 만들어준 정지용 시인, 애인처럼 언제나 편지를 하고 싶은 김기림… 이 의리 없는 이상을 용서해주시오. 어려울 때마다 SOS를 쳤던 나의 영원한 스폰서 서산 구본웅 당신에게도 알리지 못해 미안해…나에게 늘 향긋한 MJB 커피와 달콤한 음악을 선사해주던 변동욱씨, 정말 당신에게는 미안해. 당신의 자랑이자 꿈의 전부인 동생 동림이를 내가 오늘 이렇게 도둑질 해가오. 당신은 나를 죽이고 싶겠지. 용서해주시오. 제발."

변동림도 보탰다.

"어머니, 이 불효막심한 소녀를 용서해주세요. 저도 이제 날개를 달고 둥지를 떠날 날이 왔답니다. 동욱 오라버니, 제가 경성사범부속학교를 들어갔을 때도 손을 잡고 가주셨고, 경성제일여고보를 들어갔을 때는 가불을 해서 내 교복을 맞춰주셨죠. 제 이름이 이화여전 문과 합격생 명단에 오르고 그것이 신문에 났을 때 신문을 들고 한 달 동안이

나 직장인 백화점으로 나갔던 오빠…. 낙랑파라가 문을 열었을 때 제일 먼저 저를 불러 MJB 커피를 맛보게 해주고 모차르트를 들려주셨던 오빠…. 정말 미안해. 정말 죄송해요!…. 그렇게 애지중지했던 여동생이 하필이면 남들이 오입쟁이라고 손가락질하고 온천에서 만난 기생을 다방 마담에 앉히고, 카페에서 몸을 굴리던 또 다른 여자를 자신의 카페로 스카우트하고 그런 여자들과 몸을 섞고 이름을 섞고 명예를 섞으면서 건강까지도 좀먹어야 했던 이름조차 이상한 이상!…… 작품마저도 이상하고 기이해서 만인의 조롱을 받아가며 신문지상에서 내려와야 했던 그로테스크한 시인 이상…. 언제나 빈털터리로 종로 바닥을 누비고, 꼽추 시인을 로트레크라고 추켜세우며 꼬드겨 돈을 뜯어내는 파렴치한 청년…. 그림을 그리다가 시를 쓰다가 소설을 쓰다가 수필을 쓰다가 이제는 완벽하게 빈털터리가 되어 나를 납치해가는 남자! 정말 나쁜 남자!"

이상이 웃으며 물었다.

"그런데 왜 그런 놈에게 홀려 짐을 싸들고 나왔노?"

변동림이 웃으며 받았다.

"나무 잘 타는 원숭이가 제 꾀에 빠져 나무에서 제일 먼저 떨어진다고 하잖아요…. 모르겠어요. 왜 이 앙큼하고 이기적이고 비밀 많은 변동림이 새침을 떨다가 이상이라는 가장 어리석은 사내에게 낚여 가는지…. 운명의 밧줄이 내 사지를 묶어 마냥 끌고 가는 거겠죠. 그럼에도 불구하고 저항하지 못하는 이 여자는 어떤 여자인지를 저도 모른답니다!"

이상도 말을 이었다.

"나도 지금까지 한 번도 여자 앞에서 진지해본 일이 없었었지. 금홍이는 이놈저놈에게 잘 안기는 노류장화이면서도 이상하게 나를 옭아

맺었고 권순옥은 족보를 알 수 없는 여자지만 도스토예프스키 전집을 읽고 트루게네프 전집을 읽은 것이 신기해서 그냥 좋아했었고…. 헐렁한 옷을 서로 번갈아가며 입듯이 그렇게 시간을 공유하며 세월 속을 헤맸 던거 같아…. 그런데 당신은 달랐지! 키 작은 여자, 도수 높은 안경을 끼고 미간을 찌푸리는 당신, 그런 당신을 보는 순간 꼭 고압전류에 감전된 것처럼 꼼짝할 수가 없었어. 갑자기 당신이 거인처럼 커지고 왕비처럼 당당해지면서 나를 압도하였지. 당신을 맨 처음 만난 낙랑파라의 그 밤, 당신 오빠가 '이화여전에 다니는 내 여동생이야'라고 말하는 그 순간 '이상, 너는 이 여신이 던져주는 운명의 밧줄을 잡거라.'…. 나는 바로 그 운명의 명령을 따른 거였지!"

택시를 몰던 운전사가 어리둥절한 표정으로 뒤돌아보며 물었다.

"두 분은 연극을 하는 배우들이세요? 지금 연극 연습하시는 거예요?"

이상이 대답했다.

"아, 네. 그렇습니다. 우리는 지금 엄청난 연극의 대사를 외우는 중이랍니다. 허허!"

차가 신흥사에 멈춰 서자 머리털을 조금 기른 주지승 구산 스님이 다가왔다.

"시간을 잘 맞추셨소. 준비는 완료되었소이다."

보살들이 부산하게 채비를 하고 있었다. 불상 앞에 상투적인 혼례상이 차려져 있고 대처승인 구산은 영업을 시작하는 점포의 주인 같이 민첩하게 움직였다. 구산이 물었다.

"따로 준비한 예복은 없습니까?"

이상이 대답했다.

"없습니다. 지금 차림대로 식순에 맞추겠습니다."

구산은 또 물었다.

"두 분은 불자시던가?"

이상이 짜증스럽게 받았다.

"아닙니다. 너무 전문용어를 쓰시지 말고 쉽게쉽게 해주세요."

헛기침을 두어 번 한 구산 스님이 두 사람을 바라보며 말했다.

"먼저 삼귀의(三歸依)로 시작합니다. 소승이 선창하면 그저 나무관세음보살로 대답해주세요. 자, 그럼…."

두 사람은 연신 몸을 구부리며 '나무관세음보살'을 외웠다.

구산 스님은 상여 앞소리꾼처럼 신나게 선창을 하였다. 그러다가 낭랑한 목소리로 '반야심경(般若心經)'도 읊었다. 그러면서 이상에게 말했다.

"경건한 마음으로 '헌다(獻茶: 차를 올리는 일)' 하시오."

이상은 보살이 건네주는 차를 부처님 앞에 정성껏 따르고 가슴에서 봉투를 꺼내 부처상 앞에 조심스럽게 올려놓았다. 스님은 봉투의 두께를 재빨리 훔쳐보았다. 스님은 두 사람을 돌아보며 말했다. 그리고 이상이 건넨 메모지를 한 손으로 들고 요령껏 메모지 내용을 참고했다.

"자, 이제 고불식(告佛式)을 올립시다. 에… 대한제국(大韓帝國) 순종(純宗) 3년(1910년) 경술생, 경성부 사직동, 김연창의 장남으로 태어난 본명 김해경이… 다이쇼(大正) 5년(1916년) 병진생, 경성부 종로구, 변국선의 딸로 태어난 변동림과 백년가약을 올립니다. 부처님의 바다 같은 홍덕으로 아들 셋 딸 둘만 낳게 하여 주십시오. 쇼와(昭和) 11년(1936년) 병자년 6월, 이 가절에 두 사람이 하나 됨을 고하오니 가납(嘉納)하여 주옵시고, 홍복을 내려주옵소서."

스님은 두 사람을 돌아보며 엄숙히 말하였다.

"자, 이제 두 사람, 부처님 앞에서 한 몸이 되었으니 이 시간 이후로는 부처님을 의지하고 아름다운 가정을 이루며 아들 딸 많이 낳으시오."

변동림이 스님에게 반 농조로 말했다.

"스님, 전 몸이 약해서 아들 셋 딸 둘은 불가하옵니다. 그저 저에게 아들 하나만을 점지해주십시오."

이상이 키득거리며 말했다.

"난 딸 하나가 더 있으면 좋겠는데."

두 사람의 아웅다웅은 스님의 천수경 속에 묻혀 버리고 말았다. 스님은 의식이 다 끝나간다는 것을 눈치껏 알릴 때 어디선가 사람소리가 들리고 요란한 발소리가 들려왔다. 그리고 절간 문이 활짝 열리면서 얼굴들이 드러났다.

"에이. 요놈들! 우리들이 모르는 줄 알았지?"

제일 먼저 나타난 사람은 키 작은 구본웅이었고, 시인 정지용도 웃으며 다가왔다. 그리고 제일 늦게 오빠 변동욱이 나타났다. 그는 나무라 듯 말했다.

"애들이 이런 짓 하면 못 쓰는 거여…. 허지만 이미 엎질러진 물이니 어쩌겠나…."

오빠 변동욱의 눈 주위는 눈물로 얼룩이 져있었다. 그는 한 마디를 더 했다.

"이왕 일이 이리됐으니 잘 살아야 한다."

서산 구본웅이 꽃다발을 건네주었다. 시인 정지용이 봉투 하나를 쥐어주었다. 오빠 변동욱도 긴한 선물과 축하금이 들어있는 보퉁이를 전해주었다.

13. 소꿉장난

　북악산 동쪽에서 발원하여 서울 북동쪽을 휘감고 청계천 쪽으로 향하는 북한산물이 하루 종일 평화롭게 흐르고 있었다. 주변은 온통 복숭아밭이었다. 사이사이 살구밭도 볼 만 하였다. 그 조그마한 오막살이는 두 사람의 꿈과 땀 내음을 담아내기에는 참으로 안성맞춤인 공간이었다. 방 하나에 부엌 하나, 그리고 생기다 만 쪽마루 한 폭...

　새댁 변동림은 분홍치마를 걸치고 신랑 이상은 러닝셔츠 바람이었다. 두 사람은 하루에 한 끼도 챙겨 먹기가 쉽지 않았다. 하늘 넓이가 돈짝만하고 밤인지 낮인지 구분하기가 어려웠다. 배고프면 윗목에 밀어두었던 밥상을 끌어다가 먹는 시늉만 하고, 벌컥벌컥 물을 마시다가 동네에서 사온 밀주를 들이켰다.

　방 한 켠에는 앉은뱅이책상이 있었고 그 책상 위에 변동림이 싸가지고 온 일본어판 문고 몇 권과 그녀가 여전에서 보던 영어사전 그리고 불어사전등이 있었다. 이상이 번듯이 누워서 물었다.

　"저 프랑스말 사전은 언제 산거야?"

　변동림이 대답했다.

　"여전에 들어오기 전에 도쿄에 잠시 갔었어요. 처음에는 영어를 전공하고 싶어 쓰다영학숙(일본의 명문 여자 사립대학 쓰다주쿠대학의 전신, 영문학과 국제관계학 분야의 명문대학)에 들어가려고 했는데 입학 시기를 놓쳤어요. 할 수 없이 간다 근처에 있는 프랑스어학원 '아테네 프랑세'에 들어갔지요. 하숙에서 가깝기도 했고요. 어쨌든 그 프랑스어학원에서는 대환영이었어요. 조선 여자가 등록한 것은 제가 처음이라고 하면서요. 그 철없던 때에 간다 거리로 나가 야시장에서 헐값에 산 것이 그 프랑스어사전이에요. 아마 그 학원에 다니던 사람이 내다 판 걸 거예요."

"프랑스 말은 할 줄 아나?"

"겨우 넉 달 배운 솜씨에요. '쥬 뗌므'가 '아이 러브 유'고요. '깨스 꺼쎄'는 '이것은 무엇입니까' '쎄 떰 리브르'는 '이것은 책입니다'… 이게 제가 도쿄에 넉 달 있으면서 배운 불어 실력의 전부에요. 호호"

"아따 그 불어 실력 한 번 비싸다. 경성에서부터 기차 타고 가 현해탄 건너고 다시 하루 종일 달려가 도쿄 땅에서 배운 것이 그 세 마디뿐이구만. 아무튼 그 세 마디 중에서는 쥬 뗌므가 제일 마음에 들어. 쥬 뗌므, 쥬 뗌므."

신랑은 신부를 쓰러트렸다.

시냇물 소리가 요란하였다. 밤과 낮이 없는 세월이었다. 스물여섯의 사내와 갓 스물이 된 앳된 여인이 그 한적한 서울 변두리에서 밀월을 즐기고 있었던 것이다.

복숭아밭, 살구밭에서 불어오는 바람이 향기로웠다. 그 시절 이상은 결코 기침을 하지 않았다. 폐병 3기는 어디로 갔는지 그는 줄기차게 물과 막걸리로 기운 보충을 하면서 기관차처럼 달렸다. 어쩌면 폐병을 앓는 사람은 유난히 밝힌다는 속설이 맞는 것인지도 모를 일이었다.

스무 살의 신부 역시 만만치 않았다. 암팡진 몸매로 흐느적거리는 신랑을 떠받치면서 차분하고 옹골차게 달렸다. 마치 달리기 선수의 코치처럼 속도까지 조절해주었다. 평지를 달릴 때는 침착하게 힘을 아끼도록 해주었고 가파른 언덕 부분에서는 페이스를 적당히 조정하면서 속도를 조절하게 했다. 그리고 마지막 정상 부분에 이를 즈음에는 호흡을 충분히 조정하게 하여 클라이맥스의 환희를 함께 한껏 누릴 수 있도록 해주었다.

한 달을 넘긴 후, 이상은 주섬주섬 옷을 챙겨 입고 외출 채비를 하였다.
"나 시내 좀 다녀오겠소."
"왜요?"
"사올 게 있소."
한나절이 지나 이상은 육류와 채소를 한 아름 안고 들어왔다. 그가 챙겨 온 육류는 자신이 좋아하는 소 내장들이었다. 간, 허파 같은 것들로부터 검은 색상의 천엽 그리고 구불구불한 곱창들이었다. 살코기도 신부용으로 적당히 사왔다. 분홍치마 입은 신부가 개울에 나가 정성스럽게 내장들을 씻고 파와 마늘 그리고 고추장을 듬뿍 넣어 끓였다. 이상은 고추장이 많이 들어간 내장탕을 땀을 뻘뻘 흘려가며 신나게 먹었다. 그러면서 신부에게도 권했다. 신부는 쫀득쫀득한 살코기를 아껴 먹으며 환하게 웃었다.
"맛있어요. 정말로 맛있어요."
두 사람은 몸보신을 한 후 다시 달리기를 시작하였다.

3개월로 접어들 쯤에는 함께 팔베개를 하고 시냇물 소리를 들으며 도란도란 이야기를 나누는 시간이 길어지기 시작하였다.

"동림이는 영화 좋아하나? 난 보성 다닐 때부터 친구들하고 영화관에 가는 것이 취미였는데 하긴 그 시절에 영화관에 제일 뻔질나게 다닌 친구는 임화(1908~1953/카프시인,월북)였지. 그 녀석은 그냥 저만 간 것이 아니라 꼭 숙명여고보에 다니는 아이를 끌고 다녔어. 여자 후리기와 영화 보기에는 명수였지. 그런 끼 때문이었을까, 그치는 지금 명사가 되어 있잖아. 유명 시인에 카프문학의 선두가 아닌가."

신부가 아는 체를 하였다.

"임화씨는 일경에게 잡혀갔다는 말도 있고 지하로 숨어들어갔다는 이야기도 떠돌던데요... 아무튼 오빠는 그 때 무슨 영화를 그렇게 봤는데요?"

"글쎄, 우리 집에 하숙하던 문종혁이 하고 가까운 명치좌(명동의 중심에 있던 영화관, 후에 시공관)에 제일 많이 갔었지. 거기서 본 르네 클레르(1898-1981, 프랑스 영화감독)의 '파리의 지붕 밑', '백만장자', '자유를 우리에게', '최후의 억만장자'같은 영화들을 봤지. 참 좋은 영화였어. 암. 명화들 이었지."

신부는 좀 다르게 말했다.

"난 좀 애상적이면서도 예술적인 영화를 좋아했어요. 일테면 쥘리앙 뒤비비에(1896-1967, 프랑스 영화감독)의 '당근', '몽파르나스의 밤', '상선 테나시티', '하얀 처녀지' 같은 거 말이예요."

이상도 지지 않았다.

"그레타 가르보와 쌍벽을 이루는 독일 출신의 미를레네 디트리히(1901-1992)도 있잖아. 아름다운 각선미, 허스키한 목소리, 뚜렷한 윤곽의 얼굴... 영화 '모로코', '상하이 특급', '블론드 비너스' 정말 죽여줬잖아."

"그래요. 그 여자도 헐리우드의 여왕이죠. 우리 모두를 몽환의 세계로 끌고 가는 마녀들이에요. 난 마녀들이 좋아요."

"나도… 그러고 보니 동림이도 마녀 아니야?"

신부는 신랑의 손등을 살짝 꼬집었다.

그런 밤에는 그 가난한 오막살이에 달빛이 유난히도 풍성하게 쏟아졌다. 어느 날인가 달빛이 엄청나게 쏟아지고 가까운 과수원의 복숭아 향기와 살구 향기가 두 부부를 잠 못 들게 하자 이상은 그 오막살이에 들어올 때 유일하게 챙겨 들어온 포터블 유성기를 손 봤다. 생각하기도 지겨운 다방 제비의 개업식 날 소설가 박태원이 가져다 준 보물이었다. 그 보물은 잡음 소리를 몇 번 낸 후 베토벤의 월광을 천천히 연주해주었다. 이상은 감격스럽게 말했다.

"저 유성기판(레코드판) 누가 갖다 준 줄 알아?"

"누군데요?"

"내가 제일 그리워하는 김기림(金起林, 1908-한국전쟁 때 납북)이가 도쿄에서 갖다 준 거야. 동림이도 알고 있지?"

"알지요. 오빠보다 나이는 두 살 위지만 보성에서 학년은 오빠보다 1년 아래였지요? 아무튼 보성을 함께 다니다가 그 분은 훌쩍 일본으로 건너가 니혼대학 문학예술과를 나오고 조선일보 학예부 기자를 지내다가 고향 함경도로 낙향하여 과수원도 경영했지요. 그러다가 지난 해(1935년)에는 〈삼천리〉에 장시 「기상도(氣象圖)」를 발표했잖아요."

"아니, 나보다도 더 잘 알잖아."

"오빠가 제일 좋아하는 사람이잖아요. 그 동안 틈만 나면 그 사람한테 편지를 썼지요?"

"그럼, 많이 썼지. 그 함경도 사나이는 이상한 매력을 가지고 있어. 말수가 적지만 잔정이 많지. 난 항상 그 친구가 그리워. 그런데 지금은 먼 동북의 센다이(仙台市)에 가있어."

"센다이에 있는 토호쿠제대(東北帝大)에 다니고 있지요? 그 분 전공이 영문학이지요? … 사실 나하고 전공은 같은데 그 분은 공부가 높은 것 같아요. 나는 이제 겨우 서머싯 몸의 비(The Rain) 같은 단편을 읽었는데 그 분은 아주 어려운 영시를 공부하고 있는 것 같더군요."

"그 친구는 지금 T.S 엘리엇을 지나 I.A 리차즈의 과학의 시, 이미지즘에 입각한 신고전주의를 연구하고 있어."

동림이 말했다.

"어머, 너무 어려워요. 정말 대단한 분이군요."

그러자 이상이 키득거리고 웃었다.

"그「기상도」라는 장시 말이야. 〈삼천리〉에 실리자 사람들은 이해하지도 못하면서 어리둥절했는데… 무려 5부로 구성이 돼 있고 행수만 장장 400행이 넘는 엄청난 시였는데… 조선 문단에서는 그 누구도 토를 달지 못했지. 워낙 어려운 시였으니까. 하지만 난 그 비밀을 알고 있어. 다른 사람은 다 속여도 난 못 속이지. 낄낄."

동림이 물었다.

"무슨 내막이 숨어있는데요?"

이상이 묘한 표정을 지으며 말했다.

"그거 교묘한 표절이야. T.S 엘리엇의「황무지(The Waste Land, 1922)」를 교묘하게 차용한 거야. 쉽게 말해서 비틀어가지고 베낀 거지."

동림이 호흡을 가다듬으며 조심스럽게 말했다.

"사실 차용이라는 말이 나왔으니까 말인데요, 오빠도 남의 것을 슬쩍슬쩍 하지 않았나요? 오빠가 〈조선중앙일보〉에 발표해서 조선 문단을 흔들었던「오감도」도 고급 표절 아니에요?"

"고급 표절이라니?"

"조감도라는 건축 용어를 살짝 비틀어서 까마귀 오 자를 써가지고 오감도라고 했고요. 까마귀라는 불길한 느낌을 윤색했잖아요. 그리고 거기에 나오는 13이라는 숫자는 성서에 나오는 제자들의 숫자에 배반자 가롯 유다의 머리수를 얹어 13을 만들었고 사람들이 불길하게 생각하는 그 13이라는 숫자를 일부러 썼잖아요. 더 정확히 말씀드릴까요?"

"음, 재밌는데. 더 계속 해봐."

"사실 13이라는 숫자를 오빠보다 먼저 쓴 사람은 마키노 신이치(牧野信一, 1896-1936)였잖아요. 그 사람은 오빠처럼 살아생전에 불행한 문학만을 쓰다가 우리가 결혼식을 올리던 지난 6월보다 석 달 앞선 3월에 세상을 떠났어요. 고향 오다와라(小田原)에 있는 동생 에이지(英二)의 집에서 목을 매 자살했어요. 그 사람이 생전에 뜻 맞는 문학친구들하고 함께 펴냈던 동인지가 〈13인(十三人)〉이었구요."

이상이 벌떡 일어나 앉았다.

"동림이가 그런 내용을 어떻게 알고 있어?"

동림도 일어나 앉으며 말했다.

"저도 도쿄에서 발행되는 신문과 잡지를 가능한 한 다 챙겨서 봤어요. 오빠가 저를 어떻게 봤는지는 모르지만 낙랑파라나 나가고 오빠 덕분에 커피나 얻어 마시고 음악이나 듣고 공짜 술이나 얻어먹는 날라리가 아니에요. 공부만은 착실히 했고 책도 열심히 읽었고 도쿄에서 발행되는 잡지와 신문을 빠지지 않고 봤어요."

좀처럼 담배를 피우지 않는 이상이 앉은뱅이책상 위에 숨겨놨던 담배를 꺼내 물었다. 동림이 계속하였다.

"오빠의 시「오감도」에 나오는 '막달은골목(막다른 골목)'은 유키즈마리(ゆきづまり: 막다른 골목)를 뜻하는 거지요? 일본 글쟁이들이 글 쓰다 막혀도 유키즈마리라고 하고 생활비가 떨어져 죽게 됐을 때도 유키즈마리라고 하잖아요."

이상은 담배 연기를 하염없이 내뿜으며 자백하기 시작하였다.

"동림이, 당신은 정말 대단한 여자야. 처음부터 나를 꿰뚫고 있었군.... 사실 나는 오래 전부터 유키즈마리(막다른 골목, 헤어날 수 없는 절망)를 느끼고 있었어. 아마 출생 때부터 나는 막다른 골목에 처해 있었는지도 몰라. 우리 아버지는 일하다가 손가락 세 개가 잘려진 장애자에다 얼굴까지도 박박 얽은 곰보였어. 직업은 이발사였지. 손가락도 없고 얽음뱅이였던 이발쟁이 아버지는 나를 반듯하게 키울 수가 없어 큰아버지 집에 보냈지. 내가 세 살 때였어. 그래서 나는 쭉 큰아버지 집에서 큰 거야. 내가 신명소학교를 다닐 때 꼽추 구본웅을 만났지. 나보다 나이는 많았지만 그는 늘 고독했어. 나는 꼽추 구본웅이의 가방을 들어주지는 않았지만 남들처럼 그를 놀리지 않았어. 어린 나이에도 그가 가엾어서 등굣길이나 하굣길에서 그의 말벗이 되어주었고 그의 집에도 자주 놀러갔지. 나는 외톨이였고 그도 외톨이였기 때문이었어. 내가 보성을 나와 고공에 입학했을 때 구본웅이 제일 먼저 입학 선물을 보내왔지. 그건 스케치북을 담는 사생상(寫生箱: 화구를 담는 상자)이었어. 그래서 난 나의 새로운 이름 이상에 상자 상(箱)자를 넣은 거야. 구본웅도 내 뜻을 알고 고마워서 늘 나를 도와줬지."

이상은 담배를 바꿔 물며 계속했다.

"내 생애 최고의 봄날은 아마도 내가 고공의 건축과를 수석으로 나오고 총독부 영선과(건축물 수선을 하는 부서)의 기수(젊은 기술자)가 된 걸 거야. 같은 직급에 발령을 받은 일본 아이들은 해외 수당이 붙어서 80원을 받았는데 나는 조선인이기 때문에 봉급이 55원이었어. 하지만 나는 신이 났어. 당신이 다니던 이화여전이 신축 공사를 할 때 그곳에 가서 십장으로 공사 감독을 했고 서대문 전매청 공사장에서도 내가 현장 지휘를 했지. 양복에 이태리식 구두를 신고 한참 멋을 내며 낙랑파라를 들락거렸지. 바로 그 때 폐병이라는 놈이 나를 덮친거지. 운명은 내가 잘나가는 꼴을 못 보겠다고 선언을 하는 것만 같았어."

 동림이 물을 따라주면서 이상의 담배에 매달려 있는 재를 재떨이로 얼른 받아냈다.

 동림은 이상의 고백을 처연한 마음으로 받아 들였다. 동림의 눈자위가 붉어지기 시작했다.

 "그 뒷얘기는 동림이도 알다시피 카페 쓰루를 내고 권순옥이 들어오고 마음을 잡는가 싶었는데 권순옥은 정인택에게 보내고 다시 나는 외톨이가 됐어. 정지용 시인 덕분에 시단에 등단하고 주목을 받는가 싶었지만 난 결국 떠돌이였어. 그냥 떠돌이가 아니라 내 뒤에는 언제나 파산자라는 딱지가 붙어있었지. 하는 일마다 되는 일이 없었기 때문이야. 그래서 내 머릿속에는 '유키즈마리'라는 고정관념이 박히기 시작한 거야…. 그러면서도 두려웠어…. 그러면서 한편 내가 '유키즈마리'를 벗어나지 못하면 결국은 나도 아쿠타가와 류노스케(芥川龍之介, 1892-1927)처럼 자살하겠구나….하는 두려움도 느꼈지…. 일본 문학의 정점까지 올라갔던 아쿠타가와도 관동대지진 후의 혼란, 사회주의문학의 대두, 건강 악화, 가정불화가 겹치자 결국은 스스로 목 메달아 죽었잖아. 그 때부터 나는 아쿠타가와식 자살을 늘 의식했어. 그래서 정릉에서 앓고 있는 김유정을 찾아가서도 함께 죽자고 했고, 밝고 건강한 동림 당신을 처음 만났을 때도 나는 '함께 죽을까?'라는 제의를 했었잖아!"

 동림이 이상이 피우던 담배꽁초를 재떨이에 부벼 끄고 이번에는 자신이 담배를 피워 물었다. '콜록콜록' 몇 번을 콜록이고 나서 담배 연기를 뱉어내기 시작했다. 그러면서 말했다.

"그런데 얼마전에 마키노 신이치(牧野信一, 1896년 ~ 1939년)까지 자기 고향에서 자살 했다는 기사를 봤을테니 당신의 유키즈마리는 더욱 가중되었겠네요. 일본 신문에 난 기사를 보니까 마키노 신이치의 자살 동기도 아쿠타가와와 비슷하더군요. 생활 궁핍, 부부 간의 갈등, 모친과의 갈등, 신경쇠약과 불면증…"

이상은 한참 만에 담뱃불을 끄고 고개를 들며 말했다.

"사실 내가 마음속으로 가장 좋아했던 일본 시인이 바로 마키노 신이치였어. 내가 가장 좋아하던 시인이 유키즈마리를 이기지 못하고 세상을 버린 것을 보면서…. 내가 유키즈마리 콤플렉스에 빠진거지. 하지만 그 유키즈마리 콤플렉스를 벗어날 수도 있을 것 같아…."

"그게 뭔데요?"

"김기림이가 제안한 건데…. 우리의…. 이 시대의 공통질병인 유키즈마리 콤플렉스를 이기는 길은…. 프랑스 파리로 가는 거래! 거기에 가면 세계 최고의 미술과 문학이 어떤 것인가를 알게 된다는 거야. 그 예술의 최고경지를 알고 나면 해탈(解脫)하는 거지!"

동림이 말했다.

"파리로 가려면 프랑스어를 해야 되잖아요."

이상은 생기를 찾으면서 말했다.

"아, 프랑스말 뿐이겠어? 영어도 해야 되고, 독일어도 해야 되고, 러시아어도 해야 돼. 도스토예프스키를 원어로 읽어야 되니까. 아아, 무엇보다도 유럽의 고전을 읽으려면 라틴어를 해둬야 되지. 동양권에서 중국어를 해둬야 하듯이 그리고 모든 진보 지식인들이 열심히 익히는 에스페란토(Esperanto: 만국 공통어)도 배워야 해."

동림이가 제법 담배를 맵시 있게 피우며 결론을 내주었다.

"자, 조선어, 일본어, 영어, 프랑스어, 독일어, 라틴어, 에스페란토,

러시아어, 중국어 총 9개의 외국어에요."

이상은 배를 깔고 누우면서 말했다.

"음, 그렇지. 최소한 9개 국어는 해야 돼. 암, 해야 되고말고!"

"동림아, 동림아. 어디 있느냐."

모시 한복 차림으로 시내에 나갔다가 돌아온 이상이 토방 위에서 큰 소리로 찾고 있었다. 개울에 나가 해온 빨래를 뒷 모퉁이에 널고 있던 동림이 손을 닦으며 나왔다.

"빅 뉴스, 빅 뉴스!"

"뭐가요?"

이상은 쪽마루에 걸터앉으며 물부터 찾았다. 바가지로 떠다 준 물을 시원하게 마시고 난 다음 그는 떨리는 손으로 가방을 열고 잡지 하나를 꺼냈다.

"〈조광(朝光 : 일제강점기 때 조선일보 출판부에서 펴냈던 문학잡지)〉지 아니에요?"

"그렇지, 나도 꼭 내 글을 싣고 싶었던 그 대단한 잡지 조광이야. 우리가 결혼식을 올리기 직전, 지난 5월에 김유정이가 바로 이 잡지에 단편「동백꽃」을 실었었지. 김유정이가 유명해지는 것을 보면서 나도 발표하고 싶다고 했더니, 유정이가 비실비실 웃으며 말하더군. '이 사람아, 부러우면 자네도 응모해봐. 작품이 좋으면 실어줄 게 아니겠어?' 아 이러면서 은근히 약을 올리더라고. 그래서 내가 이를 악물고 써냈지. 그동안 동림이에게는 비밀로 하고 이 달에나 나올까, 저 달에나 나올까, 어지간히 마음고생을 했는데... 이번에 덜커덕 나왔네. 우리 동림이가 복덩이인 모양이지."

이상은 새댁 동림을 뜨겁게 안아주었다. 동림은 기뻐하며 말했다.

"축하해요. 진심으로…"

동림은 이상을 살짝 밀어내며 잡지를 받아들고 글을 찾았다. 이상이 이미 접혀져 있는 단편「날개」를 찾아 그녀의 눈앞에 펼쳐보였다.

"어때? 제목도 멋있지 않아? 날개… 날개라… 그래 이제는 내가 날개를 달고 훨훨 날아야 돼."

동림이 쪽마루에 다리를 꼬고 앉으며 말했다.

"이제 오빠를 뭐라고 불러야 되는 거예요? 시인이라고 불러요? 소설가라고 불러요?"

이상은 눈을 가늘게 뜨고 잠시 생각하였다. 그러더니 고개를 들며 말했다.

"그래도 난 시인이 좋아. 동림이, 계속 날 시인이라고 불러줘. 하지만 소설도 포기하지 않겠어. 내친김에 소설 몇 편을 계속 써보겠어."

그 다음날 두 사람은 여름 하복을 깨끗하게 갖춰 입고 광화문 근처의 조광 편집실을 찾았다. 잡지사 사람 모두가 웃으며 반겼다. 편집 책임자인 함대훈(1896년 ~ 1949년, 러시아문학 전공, 후에 연극운동가, 언론인 작가로 활동)이 성큼성큼 걸어 나오며 이상의 손을 잡았다.

"대호평입니다. 지난 번 이 시인님의「오감도」는 만인의 빈축이었는데 이번의 소설「날개」는 대히트입니다. 벌써 여기저기 신문에서 문의 전화가 오는 걸 보면 히트할 조짐이 보입니다."

이상을 따뜻하게 대해주던 편집기자 김내성(1909년 ~ 1957년, 후에 탐정소설가로 대성)도 이상 내외를 반기면서 일하는 소녀에게 커피를 주문하였다.

"이상 작가에게 따끈한 커피를 대접해드려라. 조선 문단을 크게 흔들 작가님이 오셨다."

이상과 변동림은 편집장 함대훈의 테이블 옆에서 커피를 마신 후 일어섰다. 그리고 이상이 두 사람에게 당부하였다.

"숨어 있는 저를 발굴해주시고 세상에 널리 알려주셔서 감사합니다. 그러나 저희들은 지금 은신 중에 있습니다. 집안에서 반대하는 결혼을 한 후 동소문 밖에서 숨어 지내고 있습니다. 당분간 신문사나 다른 잡지사에 저희들이 있는 거처를 알리시지 마십시오. 잘 부탁드립니다."

함대훈 편집장은 알았다고 하면서 두 사람을 가까운 중국집으로 데려가 일품요리 서너 가지를 곁들인 풍성한 점심상을 베풀어주었다. 그런데 그 날 두 사람이 귀가 길에 혜화동 로터리를 돌아갈 때 그곳 주재소(파출소) 일본인 순사(경찰)가 이상을 불렀다.

"어이, 당신은 왜 국민복을 입지 않고 조선 옷을 입고 다니는가?"

이상이 유창한 일본어로 대답하였다.

"조선 사람이 조선 옷 입고 다니는 것이 죄인가?"

순사는 당황하며 말했다.

"뭐 꼭 죄까지야 안 되지만 지금 당국에서는 간편한 국민복을 권하고 있지 않은가. 국민이라면 당연히 국민복을 입어야지."

곁에 서있던 변동림이 똑똑한 일본말로 대들었다.

"그럼 나도 죄를 진 거예요? 나도 조선 옷을 입었으니까요… 아무튼 순사 아저씨, 조선 옷 입은 사람이라고 무조건 무시하지 마세요. 이 분은 조선의 작가에요. 시인이며 소설가예요."

순사는 머쓱해지며 말했다.

"시인? 소설가? 그게 정말이오? 이름이 어떻게 되는 사람인데?"

변동림이 야무지게 말했다.

"당신 같은 말단 순사는 이 분의 이름을 들어도 잘 모를 거예요. 아무튼 앞으로는 조선 옷 입은 사람들을 괴롭히지 마세요. 이제 우리 가

봐도 되지요?"

 이상과 변동림이 주재소 문을 당당히 나서자 일본 순사는 뒷머리를 긁으며 혼잣말을 하였다.

 "엉성한 조선 옷을 입은 것들이 왜 그렇게 우리 일본말은 정확하고 유창하게 한단 말인가. 에이, 기분 나빠. 나보다도 유식하잖아. 유식한 조선인들은 골치 아파. 에이, 재수 없어."

14. 성북동을 떠나다

1936년 여름에 큰 사건이 터졌다.

조선 반도를 흔들 만큼 엄청난 사건이었다. 아득한 베를린, 히틀러라는 괴짜가 나타나 유럽 대륙을 흔들면서 올림픽을 개최하였다. 그 당시 독일과 유난히 친했던 일본은 156명의 대규모 선수단을 파견하였다. 그런데 그 세계인의 축제라고 할 수 있는 올림픽의 꽃은 마라톤이었다. 바로 그 마라톤에서 사단이 일었다. 올림픽을 마감하며 베를린의 메인스타디움에 전 세계인의 시선이 집중되어 있을 때 검붉은 얼굴의 동양계 사나이가 제일 먼저 나타났다. 키도 크지 않았다. 깡마른 체구에 신장은 160cm 정도였다. 그 사나이의 가슴에는 바로 일장기가 새겨져 있었다. 두 번째로 나타난 선수의 가슴에는 대영제국을 표시하는 유니언잭이 붙어 있었고 놀랍게도 세 번째로 들어온 선수도 동양계였는데 바로 일장기를 달고 있었다. 전 세계에서 모여든 라디오 아나운서들은 집행부로부터 선수 명단을 받아들고 승리자들의 이름을 알리기 시작하였다. 통신사와 신문사의 기자들도 정신없이 달려가며 마라톤 1, 2, 3위의 승리자들을 본사에 알렸다. 이윽고 스타디움의 스피커에서 최후 승리자의 영광스러운 명단이 울려 퍼졌다.

"마라톤 1등 기테이 손 재팬, 2등 어네스트 하퍼 브리티쉬 엠파이어, 3등 난 쇼류 재팬!"

스포츠 기자들은 숨이 넘어가는 목소리로 외쳐대기 시작했다.

"베를린 제11회 올림픽 마라톤 레이스 1등 기테이 손 재팬 2시간 29분 19초 2, 2등 어네스트 하퍼 2시간 31분 23초 2, 3등 난 쇼류 재팬 2시간 31분 42초."

일본 열도가 쩔쩔 끓었다.

"대화혼(大和魂 : 일본의 혼) 만세! 재패니즈 스피릿 만세! 우리 일본의 두 청년이 전 세계를 제패하다, 우리 일본 청년이 세계의 으뜸이다."

"우리 일본의 두 대학생, 메이지 대학의 기테이 손과 난 쇼류가 드디어 해내다, 백인과 유럽을 정복하고 마침내 세계의 정상에 우뚝 서다."

일본의 신문 방송은 연일 대서특필하고 귀청이 떨어져나갈 만큼 떠들어대기 시작하였다. 일제는 즉시 일본의 영웅 기테이 손이 20분 간이나 나오는 다큐멘터리를 제작하여 전 세계를 향해 홍보하기 시작하였다.

그런데 일이 묘하게 돌아갔다. 일본 열도가 쩔쩔 끓고 도쿄, 오사카, 교토의 중심가에 승전보가 울려 퍼지고 라디오 상회의 스피커들이 요란한 승전가와 함께 이 승전보를 전하면 전할수록 뒷골목에서 이상한 소문이 울려 퍼지기 시작했다.

"아니, 두 놈이 몽땅 반도 출신이래. 아 글쎄 냄새나는 그 조센징들이래."

"아니, 그게 사실이야? 그 놈들이 정말 조센징들이란 말이야? 그러면 안 되는데. 그 열등 민족이 우리 일본 민족을 앞질렀단 말이야? 이거 울어야 되는 거야 웃어야 되는 거야."

이 때쯤 경성의 동아일보, 조선일보, 조선중앙일보는 실상을 알리기 시작하였다.

'기테이 손의 본명은 손기정입니다. 어려서부터 압록강의 푸른 물결을 따라 매일 달렸던 신의주의 아들입니다. 경성의 양정고보 운동장을 바람처럼 가르고 현해탄을 건너 도쿄 메이지대에 건너가 전 일본 열도의 선수들을 제치고 대일본제국의 대표로 뽑혀 마침내 세계를 제패했습니다. 마의 2시간 30분 벽을 깨고 2시간 29분 19초 2로 세계 신기록을 세웠습니다. 3등을 한 난 쇼류 역시 우리 조선의 아들입니다. 본명은 남승룡 전남 순천의 넓은 벌을 바람처럼 달리던 호남의 아들입니다. 그 역시 명문 양정고보 출신이며 손기정과 같은 메이지 대학의 재학생입니다. 우리 조선 땅의 남과 북에서 두 아들이 태어났고, 그 두 아들들이 마침내 전 세계를 제패했습니다.'

더 이상 깊은 얘기는 쓸 수가 없었다. 총독부의 심기를 정면으로 거스르며 1억에 이르는 일본 내지인들의 자존심을 산산이 부술 수가 없었다. 그렇게 부수지 않아도 그들은 이미 알고 있고 전전긍긍하고 있었기 때문이었다. 독일의 독재자 히틀러 총통과 악수를 한 후 시상대에 오른 손기정은 우승 기념품으로 머리에 씌워준 월계관으로 눈을 가렸다. 손에 든 월계수로 일장기를 슬그머니 가리고 있었다. 1936년 8월 13일 자 조선중앙일보 4면과 동아일보 지방판 조간 2면, 8월 25일 자 동아일보 2면에서 이변이 생겼다. 시상대에 우뚝 선 손기정의 사진에서 일장기가 사라진 것이다. 손에 월계수를 들고 머리에 월계잎을 두른 손기정이 입을 꽉 다물고 서있는데 유니폼 앞가슴에 새겨진 일장기는 감쪽같이 사라졌다. 손기정은 일장기 없는 유니폼으로 처연히 서 있었다. 세계를 제패하고 활짝 웃어야 할 그 얼굴 대신 꽉 다문 입 부분이 돌출되었다. 이 사건으로 동아일보의 송진우 사장, 김준연 주필, 설의식 편집국장 등이 자리에서 물러났다. 현진건 사회부장과 이길용,

장용서 기자가 잡혀갔다. 사진부의 신낙균, 백운선, 서영호 기자가 경찰서 지하실로 끌려갔다. 삽화를 그리는 청전 이상범 화백(1897년~1972년, 충남 공주 출신)도 잡혀가 곤욕을 치렀다. 끌려간 기자들은 40여 일간을 지옥 속에서 살다 겨우 기어서 나왔다. 그 기자들은 그 후 신문사에 발을 들여놓을 수가 없었다. 조선중앙일보는 자진 휴간하였고 동아일보는 그 시간 이후로 9개월 동안 신문을 펴낼 수 없었다.

이른바 '일장기말소사건'이라는 격랑이 출렁일 때, 이상도 땀을 뻘뻘 흘리며 들어왔다.

"동림아, 짐 싸자. 조선 사람 모두가 걱정에 싸여있고 부지깽이도 나서서 울분을 토하고 있는 이 때에 내가 배를 깔고 앉아 원고 타령이나 하며 신혼 생활에 젖어 숨어 있을 수는 없잖아."

동림이 침착하게 말했다.

"오빠, 너무 흥분하지 마요. 오빠는 마라톤 선수가 아니에요. 민족의 울분을 직접적으로 표현할 수 있는 신문 기자도 아니잖아요. 선수의 유니폼에서 일장기를 긁어낼 수 있는 사진부 기자는 더더욱 아니구요. 오빠는 시인이고 소설가에요. 시를 쓰고 소설을 써서 조선 민중의 가슴에 조선의 혼을 심어주어야 하는 거예요. 그 일은 작가 본연의 일… 글쓰기에 매진하는 거예요."

"그런가?"

이상은 담배를 피워 물었다. 그리고는 동림이 따라주는 냉수를 벌컥벌컥 마셨다. 한숨을 푹 쉬고 나서 말했다.

"아무튼 짐을 싸서 시내로 들어가자. 나도 행동을 해야지."

동림이 말했다.

"좋아요. 시내로 들어가요. 하지만 오빠는 글을 쓰는 거예요. 이번에 조선일보에서 창간한 〈여성(女性 : 일제시대 개벽사의 신여성, 동아일보사의 신가정과 함께 트로이카를 이루었던 유명 여성지)〉에서도 빨리 글을 써달라고 했잖아요. 금년 말까지."

이상은 화들짝 놀라면서 말했다.

"아 참, 조선일보 여성지... 음, 〈여성〉에서 소설 하나를 청탁해왔지."

동림은 누나처럼 말했다.

"작가는 어느 경우에든 작품으로 승부하는 거예요. 이번에는 제대로 된 소설을 쓰세요."

이상은 새 담배를 피워 물면서 개울을 바라보다가 운을 뗐다.

"이번에는 봉별기를 써볼까?..."

"봉별기라니요? 그게 무슨 뜻이에요?"

"음, 만날 때부터 얘기를 시작해서 헤어질 때까지의 스토리를 엮어 보는 거야. 만날 봉(逢)자에 헤어질 별(別)자를 써서 봉별기(逢別記)라는 거지."

동림이 턱을 괴며 말했다.

"누구를 만나고 누구와 헤어지는 거죠? 이번에도 그 여자 이야기를 쓸 건가요?"

이상이 면구스러운 표정으로 말했다.

"동림이 「날개」벌써 읽었어?"

"그럼 읽지 안 읽어요? 정말 당신의 첫 소설이 아니었다면 집어 던졌을 거예요. 낯이 붉어져서 읽을 수가 없더군요. 왜 당신의 첫 여자를 그렇게 희화했어요? 또 천격으로 깎아내리고... 당신은 얼간이처럼 그리고..."

이상은 담뱃불을 끄며 말했다.

"그러니까 소설이지. 후세의 사람들은 내 소설 중에서 날개를 제일 걸작으로 칠걸?"

동림이 침착하게 말했다.

"글쓰기도 마라톤 같은 거예요. 처음부터 너무 달리면 안 되죠. 페이스를 충분히 조절해서 평지와 언덕 그리고 클라이맥스 같은 절정을 내달리며 힘을 안배해야 되는 거예요."

"그럼 이번에는 저를 만난 이야기를 써주실 건가요?"

이상은 허허 웃으며 말했다.

"이번에는 봉별기와 금홍이 이야기를 좀 더 세심하게 써볼 작정이야."

동림이 말했다.

"제가 저녁 맛있게 지어드릴 테니까요, 아무튼 멋진 작품을 구상해보세요. 서머싯 몸은 인간의 굴레를 히트하고 나서도 더 심도 있는 「달과 6펜스」를 썼잖아요. 아무튼 작가는 초기에는 대개 자전적 소설을 쓰기 마련이니까 제가 앞으로 오빠 작품 내용에 대해서 이러쿵저러쿵 이야기는 않겠어요. 다만 자전소설이 됐든 완전 픽션이 됐든 잘만 써보세요. 잘 쓰는 게 문제죠 뭐."

이상은 동림의 손을 잡으며 말했다.

"내가 동림이와 같이 있으면서 쭉 느껴온 것이 있어. 음, 그것은 말이야. 동림이가 날이 갈수록 커 보인다는 점이야. 처음에는 어머니한테 거짓말을 하고 충동적으로 집을 뛰쳐나오는 철없는 소녀인 줄만 알았는데 내가 중요한 결정을 해야 할 때는 결정적인 조언을 해주거나 결정을 하는 사람은 바로 동림이었어. 동림이의 그 크기가 얼마나 큰 것인가 하는 것은 차차 가늠해야 되겠지만 아무튼 날이 갈수록 커가는 거목 같단 말이야."

동림은 입을 가리고 웃었다.

"호호 듣기 싫은 이야기는 아니군요."

며칠 후 이상은 트럭 한 대를 끌고 왔다. 그리고 두 사람은 성북동을 떠났다.

15. 경성으로

　차를 모는 운전수는 안경을 낀 중년이었는데, 이상 내외가 시키는 대로 이삿짐을 짐칸에 조심스럽게 실어주었다. 짐이랄 것도 없었다. 안방에 있는 앉은뱅이책상과 그 위에 나란히 자리 잡고 있던 동림의 책과 이상의 축음기를 끈으로 묶고 헌 신문지로 싸서 짐칸에 얹고 그 동안 신부 동림이 사 모은 그릇 몇 개와 아담한 김칫독을 깨지지 않게 짐칸 구석에 있는 가마니 위에 모신 후 그 옆에 이불 짐을 쌓았다. 이상 내외는 운전수가 짐 싣기를 끝내자 그 소꿉놀이터 같은 신혼집을 휘이 둘러보았다. 집 뒤에 있는 복숭아밭에서 나뭇잎이 떨어졌다.
　"막상 떠나려고 하니 우리의 보금자리가 발길을 잡네."
　동림이도 한 마디 하였다.
　"글쎄 말이에요. 우리 둘의 첫 집이었잖아요. 초록이 짙어가던 6월에 왔다가 가을바람이 부는 9월에 떠나는군요."
　이상도 개울물을 바라보며 섭섭한 듯 말했다.
　"저 물로 동림이가 등목을 시켜줄 때가 참 좋았는데… 벌써 물소리가 차갑게 들리네. 자, 갑시다."

두 사람은 운전수 곁에 있는 조수석에 나란히 앉았다. 차는 부르릉 거리며 성북천 둑을 달리고 플라타너스가 넓은 잎을 자랑하는 돈암동을 지나 삼선교 쪽으로 향하였다. 차가 성북동 입구를 지날 때 새댁은 이상에게 말했다.

"오빠, 전 언젠가는 저 성북동 산협(山峽) 속에서 꼭 한 번 살고 싶어요."

이상은 흰 이를 드러내며 말했다.

"동림이는 시인이 될 소질이 풍부해. 우리가 거닐던 청량리 갈대밭 끝에 있던 포플러를 향해 동림이는 꼭 방풍림이라고 멋지게 말했지. 그러더니 이번에는 궁벽한 성북동 골짜기를 산협이라는 근사한 말로 표현하는군. 그래, 어렵지 않은 얘기지. 언젠가 기회가 되면 저 성북동 산협에서 함께 살아봅시다."

"어머, 여긴 청계천 옆이 아니에요? 조금 더 가면 황금정(黃金町 : 현재의 을지로)이 나오고…"

동림이 트럭의 속도가 줄어들자 아는 체를 했다. 서울내기 이상도 맞장구를 쳐주었다.

"그렇지, 지금 우리가 있는 데는 청계천 옆의 수하동이고 우리가 가는 곳은 입정정(笠井町 : 지금의 청계천4가 일대)이야. 옛날에는 이 일대를 구분다리골, 어떤 이는 보시꼬지골이라고 불렀지. 난 서울내기니까 이 일대를 어려서부터 헤매고 다녔지. 아무튼 이 일대는 육당(六堂) 최남선(崔南善, 1890년 ~ 1957년) 선생의 땅이지. 그 양반이 세운 '조선광문회'가 저 황금정 입구에 있으니까…"

동림도 지지 않았다.

"왜 이래요? 저도 순 서울내기에요. 어릴 때 사범부속소학교를 다니던 그 시절부터 이 청계천 일대를 누볐어요. 저도 이 황금정 일대가 육당 선생의 터전이라는 것쯤은 알고 있어요. 그런데 우리가 살 집도 육당 선생 댁처럼 으리으리한 거예요?"

이 대목에서 이상은 말문을 닫았다. 그리고 운전수에게 맥없이 말했다.

"아저씨, 저기 저 골목 입구에 세워주세요. 차가 못 들어갈 거예요. 대신 짐은 좀 옮겨주시고요."

신부 동림이는 그 비좁은 골목길로 들어서면서 아연 긴장하기 시작하였다. 그 골목은 지저분했고 털이 듬성듬성 빠지고 비루먹은 개들만 어슬렁거리고 땟국이 졸졸 흐르는 아이들이 코를 흘리며 뛰어다녔다. 집들은 모두 일본식 함석집이었고 그런 집들이 쭉 붙어있었다. 한 마디로 말해 일본식 나가야(長屋 : 일본식 함석집이 길게 늘어서있는 연립식 집) 촌이었다. 문패도 없고 번지수도 없었다. 그냥 몇 호라고 불러야 겨우 찾을 수 있는 허름한 빈촌이었다. 동림은 그녀가 읽은 「날개」의 한 구절을 떠올렸다.

'나'는 아내와 함께 흡사 유곽 같은 구조의 33번지에서 산다. 한 번지 내에 18가구가 어깨를 나란히 늘어섰는데 햇빛은 오전 잠깐 든다. 낮은, 이부자리들을 내건 채 조용하다. 하지만 전등불이 켜진 뒤는 화려하고 미닫이 여닫는 소리가 잦다. 그러노라면 '여러 가지 냄새가 나기 시작한다. 비웃 굽는 내, 탕고도오란 내, 뜨물내, 비눗내……'

그녀는 이상을 돌아보며 말했다.
"겨우 찾았다는 데가 당신 소설에 나오는 바로 그곳이에요? 그곳은 그 여자 금홍이에게 맞는 곳이에요. 난 정말 들어가기 싫어요."

이상은 운전수가 짐을 다 들여놓고 골목을 빠져나가자 동림의 손을 잡고 낮은 소리로 말했다.

"면목 없소. 우리는 아직도 신혼인데 겨우 찾은 데가 이런 곳이오. 이곳도 서산이 전세금을 마련해줘서 옮기게 된 거요."

이상은 담배를 피워 물었다. 동림은 방바닥에서 벌레가 기어 나올 것 같아 다리를 오므리며 어쩔 줄을 몰라 했다.

16. 친구들....

"이상 있나? 여보게, 이상... 도대체 몇 호에 있는 거야?"
"여보게, 이상. 어서 자수해. 어느 방이야?"
두 사람이 외치는 소리가 일본식 나가야 골목을 흔들어댔다. 사람들이 여기저기서 고개들을 내밀고 이마들을 찌푸렸다. 이상은 허겁지겁 골덴바지를 걸치고 검은색 목폴라를 서둘러 입었다. 새댁 동림은 화들짝 놀라 며 몸 둘 바를 몰라 했다. 도대체 어디로 숨는단 말인가. 이 단칸방에서... 동림은 윗목에 쪼그려 앉고 이상이 문을 열었다.

"이 사람들 내가 여기 있는 걸 어떻게 알았어. 아이고, 그 죄 없는 서산을 잡도리했군."
"뛰어봤자 벼룩이야. 구본웅 화백 집에서 청계천을 따라 서너 정거장 내려오니 바로 자네 집이군."
정인택이 껄껄 웃으며 서있었다.
"이봐, 숨겨놓은 신부나 내놔. 손님이 왔으면 신혼턱을 해야지...."
그러자 함께 온 박태원이 깐깐한 목소리로 말했다.
"이상, 어서 방문 열고 신혼방을 보여줘!"

이상은 할 수 없이 방문을 열어주며 말했다.

"자, 저간의 이야기는 서서히 하고. 일단 들어들 오게."

두 사람은 허리를 굽히고 좁은 신혼방에 들어섰다. 해질 무렵이라 그런지 방이 어두웠다. 이상이 얼른 희미한 백열등을 켰다. 비로소 윗목에 엉거주춤 서있던 신부를 발견했다.

"어서들 오세요. 이런 형편이라 세상에 알리지 못했습니다."

정인택과 박태원은 신부를 살폈다. 동림이 이실직고하였다.

"낙랑파라 변동욱씨의 동생 변동림입니다."

박태원이 말했다.

"저희들은 벌써부터 알고 있었습니다. 동림씨에게 무슨 죄가 있겠습니까. 이런 얌전한 규수를 훔친 천하의 플레이보이 이 이상 놈이 잘못이지요."

동림은 머뭇거리지 않고 말했다.

"이 분을 따라 나선 당사자는 저예요. 제가 좋아서 이 분을 따라 나섰지요. 그리고 이 분은 플레이보이가 아니랍니다. 시인이기도 하고 소설가이기도 한 이상입니다. 제 남편 이상입니다. 이 분을 몰아세우지 마세요. 결혼도 제가 서둘러서 아무도 모르게 한 거예요."

정인택이 나섰다.

"아무도 모르게요? 오빠 되시는 동욱씨도 그날 우리도 신흥사에 갔었 잖습니까?"

이상이 어물거리며 말했다.

"아, 그때는 정말 어떻게 결혼식이 끝났는지 대처승이 웅얼거리는 염불소리만 귀에 남아있어…. 아무튼 그날 신흥사 요사채에서 첫 날 밤의 보내라고 대처승이 권했지만 내가 미리 마련한 오막살이로 정신없이 도망갔지."

어쩔 줄을 몰라 하는 신부를 바라보며 정인택이 말했다.
"하, 새로 이사 온 동네에서 외상 술을 사올 곳도 없을 거고, 안주거리를 구하기도 어려울 것 같아 우리들이 몇 가지 사들고 왔소이다. 자, 우리 신혼의 보금자리를 위하여 함께 마십시다."
박태원도 빙긋 웃으며 들고 온 정종과 안주 보따리를 풀었다. 그제야 이상은 얼굴이 풀어지며 큰 소리로 선언했다.
"앞으로 우리 집을 찾아오는 자들은 반드시 마실 술만은 손수 챙겨 가지고 올 것… 자네들이 이 불문율을 꼭 좀 전해주게. 지금 우리는 무일푼이야."

아무튼 그 날 이상과 변동림의 신혼집을 맨 처음 급습한 두 사람은 다방 제비 시절부터 이상과 제일 자주 만났던 구보 박태원과 소설가 정인택이었다. 구보는 자신이 소설을 쓸 때 이상에게 삽화를 그려달라고 부탁할 만큼 친한 사이였고, 정인택은 경위야 어찌 되었든 이상이 자신에게 레지 권순옥을 양보하여 결혼을 하게 해준 은인이었기 때문에 가까울 수밖에 없었다.
그 날 박태원과 정인택은 이상의 신혼방을 나서면서 뭔지 모를 불길함을 느꼈다. 훗날 정인택은 입정정에 있던 이상의 신혼방에 관하여 이런 기록을 남겼다.

'입정정 어두컴컴한 방말이 났으니 말이지만 실로 그 방이란 이상이 자신보다도 불쌍한 방이었다. 하루 종일 햇볕이 안 든다느니보다 방이 구석지고 천정이 얕고 하여 지하실같이 밤낮 어둡고 침침하고 습하고 불결하고 해서 성한 사람이라도 그 방에서 사흘만 지내면 병객이 되고 말 지경이었다. 동경으로 떠나기 전 반년 동안을 이상은 그 쓰레기통 같은 방구석에서 그의 심신을 좀먹는 폐균(肺菌)을 제 손으로 키웠다. 그 때 이상 부인은 밤늦도록 나아가 일하고 있어서 새벽 두 시 세 시가 아니면 집에 돌아오지 않을 때이라 혼자 그 음울한 방을 지킬 수 없었고 해서 부인이 벌어다 주는 돈으로 이상 역시 밤늦도록 거리로 쏘다니며 술 먹고 지껄이고, 이렇게 둘이 다 밤이 늦은지라 아침이면 오정(午正)이 넘도록 자리에서 일어날 줄을 몰랐고 일어났대야 대낮에도 저녁 때 같이 어두운 방이라 아무렇게나 고추장으로 끓인 두부찌개 한 그릇만으로 북어를 뜯어 씹어가며 점심인지 아침인지 몇 공기 퍼먹고는 그대로 또 쓰러져 낮잠을 자고 전등불 켜질 무렵 부인이 세수하고 단장하고 밖으로 나가면 이상이도 또한 터덜터덜 불결한 자태로 거리에 나와 술집으로나 아무 데로나 부인이 집에 돌아올 때까지 헤매는 것이었다.'

17. 다미아를 만나다

1936년 가을이 시작되고 있었다.
변동림은 바바리코트를 걸치고 종현성당(鐘峴聖堂 : 지금의 명동성당) 고개에 올라섰다. 노랗게 물들기 시작하는 은행잎들이 하나둘씩 떨어지고 명치정(지금의 명동)에서는 현란한 불빛이 요란하게 빛나고 있었다. 명치좌(지금은 증권거래소)에서는 구슬픈 트럼펫 소리가 울려 퍼지고 본정(충무로) 쪽으로 꺾어지자 화려하게 차려입은 젊은이들이 물결처럼 밀리고 있었다.
그 젊은 연인들 사이에 꽃 파는 소녀들이 끼어들고, 담배 파는 소년들도 부지런히 움직였다. 가까운 전파사에서 외국 여자 가수의 음악을 틀어주고 있었다. 사람들은 모두 그 음악에 취해 있었다. 낮고 허스키한 샹송이었다. 젊은 연인들은 대개 그 음악을 알고 있는 듯한 표정이었다. 멜랑콜리한 그 여인의 흐느끼는 듯한 목소리... 동림은 오늘 저녁만은 그 음악에 취하면 안 된다는 다짐을 하면서 고개를 들고 또박또박 걸었다. 무대에 설 때마다 꼭 검은 드레스를 입는다는 전설적인 샹송 가수 다미아... 그렇다. 춘원 이광수와 동갑이며 자신보다는 24살이 더 많은 프랑스의 샹송가수였다. 그녀도 초년은 어려웠다고 들었다. 어려서부터 남의 집 살이를 하였고 봉제공장, 인쇄소, 악기공장 등을 전전했다고 한다. 한 때는 너무 살기가 고달파 파리 뒷골목에서 웃음을 팔았다는 소문도 있다. 그녀는 샹젤리제 극장 부근을 헤매다가 가수 타벨티를 만난다. 술주정뱅이 타벨티는 꽃을 사달라고 매달리는 그녀에게 술 취한 목소리로 말했다.

"좋다. 꽃을 사주마. 대신 노래를 불러 보거라."

"아이, 전 자신이 없는데요. 목소리가 맑지 못해요."

"음, 안개 낀 듯한 목소리가 더 좋아. 안개 속에서 뱃고동이 울려 퍼지는 듯한 그런 목소리로 한 번 불러 보거라."

그래서 그녀는 아버지한테 배운 짧은 동요를 불러보았다. 술꾼은 소녀의 손을 낚아챘다.

"됐어. 그런 음색이면 됐어. 내가 노래를 가르쳐줄게."

소녀는 술꾼 사내를 따라갔다. 그리고 가수가 되었다. 본명 마리 루이 다미앵(1892-1978, Marie-Louise Damien).

그녀는 1차 대전의 전화를 뚫고 상처와 슬픔을 가슴에 안은 채 돌아오는 병사들을 위해 〈갈매기〉라는 노래를 불렀다. 그 슬픈 노래가 유럽을 울렸다. 전설적인 시인이며 작곡가인 뤼시엔 부아에가 〈이것이 바로 파리〉, 〈나의 사랑스러운 파리〉, 〈발렌시아〉 등을 써주고 작곡했다. 유럽의 젊은이들이 모두 열광하였다. 울면서 그녀의 노래를 따라 불렀다. 그러다가 1933에 헝가리의 전설적 피아니스트 세레시 레죄가 헝가리어로 '소모루 버샤르너프〈우울한 일요일〉'이라는 마술적 피아노곡을 만들었다. 그 곡은 듣는 이들에게 엄청난 유혹을 전해주었다. 처음에는 사랑을 말하는 듯하다가 다음에는 슬픔을 전해주고 끝내는 죽음의 유혹까지를 허용하는 기이한 곡이었다. 헝가리 젊은이들은 그 샹송곡을 들으며 미약(媚藥)에 빠지듯 사랑에 빠지다가 끝내는 한 두 사람씩 서서히 자살을 시작하였다. 당황한 헝가리 당국은 서둘러 〈우울한 일요일〉이라는 피아노곡을 듣지 못하도록 금지하였다.

　1930년대 중반 조선 반도 젊은이들에게도 이 묘한 헝가리풍의 피아노 선율이 전해졌다. 검은 드레스를 입은 프랑스 샹송 가수 다미아가 부르는 슬픈 노래를 따라 부르며 조선의 청년들은 현해탄을 건너고 경성의 뒷골목을 비틀거리고 북만주로 달려가는 야간열차를 몰래 탔다.

　'우울한 일요일 오후/꽃다발을 안고서 나는 우리들의 방에 들어섭니다/작은 촛불 두 자루 켜 놓고 난 당신을 기다리네/그러나 오지 않는 당신 난 당신을 하염없이 기다리네/밖에는 비가 촉촉이 내리는 늦은 일요일 오후...'

　그 날 명치정 뒷골목을 하염없이 걷고 있을 때 다미아의 〈우울한 일요일〉이 안개처럼 따라 붙었다. 동림은 남산이 보이는 본정통까지 갔다가 중앙우체국을 거쳐 조선은행을 바라보며 정자옥 백화점(미도파 백화점)을 왼쪽으로 끼고 명치정 입구로 다시 들어섰다.
　흰 대리석으로 제법 우아하게 치장한 2층 건물이 막아섰다. 그 2층 건물에까지 다미아의 노래가 울려 퍼지고 있었다. 그 곡은 우울한 일요일이 아니고 동림이 좋아하는 〈갈매기〉였다. 건물 꼭대기에는 카페 「마루비루」라는 상호가 요란하게 붙어있었다. '丸ビル'라는 네온사인이 요염하기까지 하였다. 무작정 들어섰다. 정문에 버티고 섰던 기도(문지기)가 쌀쌀하게 물었다.
　"어떻게 오셨습니까?"
　"여긴 카페입니까 바입니까?"

변동림이 묻자 가슴이 떡 벌어진 그 사내는 퉁명스럽게 답했다.

"카페든 바든 여기는 여자 혼자서 오는 데는 아닙니다."

"호홋, 별스러운 곳이군요. 술파는 곳에서 여자 혼자서는 안 되다니요."

"여자분은 보호자가 있어야 합니다."

그 때 키가 크고 쭉 빠진 여인이 두 사람의 실랑이를 지켜보고 있었다.

"뭐야?"

여자가 묻자 기도는 얼른 물러서며 그 키 큰 여자에게 허리를 굽히며 답했다.

"이 아가씨가 들어가겠답니다. 우리 종업원도 아닌데…"

키 큰 여인이 날카롭게 물었다.

"왜 들어가시려고 그러는 거예요? 술 드시게요?"

동림은 기가 죽었다. 그러나 물러설 수 없었다.

"저도 이 곳에서 일하고 싶습니다."

키 큰 여인은 동림을 아래위로 훑어보았다.

"이곳하고는 잘 어울릴 것 같지 않은 분위기인데요? 가만히 있자, 키가 얼마입니까?"

동림은 말했다.

"150cm 이쪽저쪽입니다."

키 큰 여인이 차갑게 웃으면서 말했다.

"우리 집 아가씨들의 평균 키는 160cm이에요. 그리고 우리 집 아가씨들은 모두 내지인들이에요. 물론 안경 낀 사람도 없고요. 안경을 끼고 술잔을 다루고 댄스를 하기에는 좀 그렇지 않을까요?"

그 때 늘씬늘씬한 아가씨들이 화장품 냄새를 풍기며 다가왔다. 그리고 일제히 허리를 꺾으며 키 큰 여인에게 인사했다.

"지배인님 안녕하십니까. 저희들이 늦은 건 아니지요? 먼저 들어가겠습니다."

아가씨들이 우르르 들어가자 그 키 큰 여자도 따라 들어가려고 하였다. 동림이 매달리며 말했다.

"핸디캡이 있는 여인은 또 다른 의미에서 남자들의 눈에 띌 수 있어요. 남자들은 특이한 상대를 늘 원할 테니까요."

의표를 찔린 듯한 그 여인이 돌아섰다.

"참 그러고 보니 당신은 눈에 띌 수 있는 점이 있군요. 첫째 화장을 하지 않았군요. 그리고 지성적으로 보이기까지 하네요. 게다가 어느 집 누이동생이나 이웃집 창문에 얼굴을 숨기는 순진한 아가씨 같은 묘한 매력이 있군요. 음. 좋아요, 면접합시다!"

키 큰 여자의 방은 넓지 않았다. 그런데 건물 분위기와는 전혀 걸맞지 않은 테니스 라켓과 화사한 모자가 벽에 걸려 있었다. 동림이 그 모자와 라켓을 쳐다보자 여인은 싱겁게 웃으며 말했다.

"테니스 칠 줄 알아요?"

동림이 수줍게 대답했다.

"전 운동을 좋아하지 않아요. 하지만 테니스 치는 사람이 부러워요. 무엇보다도 저는 테니스 치는 사람의 그 건강한 다리가 멋있게 보이고 테니스 코트에서 울려 퍼지는 테니스공의 그 튀어 오르는 탄력적 소리가 좋아요. 탄력성 있는 고무공이 튀는 소리가 음악 같잖아요."

여인은 담배를 피워 물며 눈을 가늘게 하고 말했다.

"초면에 이런 얘기부터 하면 자랑으로 들리겠지만 아무튼 나는 전 일본 여자고등학교의 대표 선수였어요. 나에게도 꿈 많던 시절이 있었지요. 세월이 하도 어수선하니까 내가 사랑하던 남자도 군인이 되었고, 대일본제국을 위해 용전하다가 전선에서 목숨을 잃었죠. 뭐 결혼까지 한 사이는 아니었지만, 나는 그때 사랑하는 사람을 잃었고, 테니스에 대한 열정도 접었어요. 그리고 이렇게 반도에 나와서 밤에는 술을 파는 집의 마담이 되었네요. 남들은 모두 나에게 지배인님, 지배인님 하지만 나도 손님방에 들어가면 별 수 없이 마담이 되고 술도 따르게 되지요. 그게 이런 세계의 법칙이에요. 아가씨, 이런 데 처음 나오지요?"

"네, 그렇습니다."

그 여자 지배인은 익숙한 솜씨로 담배를 피어물고 말했다.

"후훗, 이런 곳에 있으면 사람을 척 보면 그 사람에 대한 아웃트라인을 대충은 알아맞히는 도사가 되지요…. 아가씨는 일본에서 공부를 했나요, 반도에서만 공부를 했나요?"

동림이 손수건을 만지작거리며 답했다.

"경성제일여고보를 나오고 도쿄에 가서 프랑스어를 조금 배웠어요. 그 후 이곳 경성 이화여전 문과에 합격이 되어 다니다가 결혼을 하는 바람에 그만…"

키 큰 여자가 반색을 하며 말했다.

"어머, 프랑스어를 배웠다면…. 메이지대학 근처에 있는 아테네 프랑세 아니에요? 나도 애인이 전사하고 나자 만사가 귀찮아지고 세계의 멋쟁이들이 모이는 파리를 가보고 싶어 그 학원에 반 년 동안 다녔지요. 그러니까 우리는 아테네 프랑세 동창생인 셈이네요. 비록 몇 달 안 됐지만… 아무튼 그건 그렇고 내 이름은 나오미예요. 나오미 큰 언니라고 부르세요. 우리 업소에 있는 아가씨들은 대부분 내지(일본)에 있는 대도시에서 온 아가씨들이에요. 도쿄, 오사카, 나고야, 삿포로…

그런데 출신지도 무시를 못해요. 도쿄 아가씨들은 타산적이지만 교양이 있지. 오사카 아가씨들은 좀 거칠고 삿포로 출신은 촌스럽고 그래도 지방 도시로서는 교토 출신들이 반듯하지. 센다이 출신들은 순수한 면이 있고…그런데 내가 오늘 아가씨를 채용하게 된 데는 좀 색다른 이유가 있어. 요즘엔 내지에서 군인들이 많이 와… 대개는 만주를 거쳐 중국 내지로 들어가는 군인들이지. 또 군인들을 상대로 하는 장사꾼들도 따라가고, 고급 정보원들도 가게 마련이지…. 그래서 이 경성은 이런 사람들의 정류장이자 대합실인 셈이야. 겉으로는 센 척하고 돈 좀 있는 척하고 모두 다 한 건씩 할 것처럼 허풍을 치는데 그 마음속에는 미지의 세계에 대한 두려움이 많고 심적 고통이 크다고 봐. 그런 남자들의 어수선한 마음은 가라앉혀주고 말 상대를 해주고 때로는 누나처럼 때로는 착한 누이동생처럼 어루만져줄 파트너가 필요한 거지. 자신의 고민을 털어놓을 수 있는 상담자가 필요한 남자들이야. 조금 더 구체적으로 말하면 장교 중에서도 소좌(소령), 중좌(중령) 같은 중간급 지휘관들의 고급 파트너가 필요하고, 대학 교수나 예술가들을 상대할 수 있는 수준 있는 아가씨가 필요할 때야. 지금이. 내 말 뜻을 알겠지? 참, 얘기를 하다 보니까 아가씨 이름도 안 물어봤네."

"네, 변동림이라고 합니다."

나오미 지배인은 웃으며 말했다.

"그런 조선 이름으로는 술자리에서는 안 되지. 내가 이름을 지어줄까? 음, 안경을 꼈다… 키가 작다.. 하지만 지성미가 있다. 술잔을 들고 있지만 책을 들고 있는 것처럼 학구적인 지성미가 돋보인다. 집에 두고 온 누이동생과 같다. 손으로 만지면 안개 속으로 사라질 것만 같다. 뭐 이런 분위기를 주는 이름을 하나 만들어야 하는데… 아무튼 오늘은 이 정도에서 면접을 끝내기로 하지. 에… 그리고, 그런 후줄근한 차림으로 손님방에 들어갈 수는 없을 테니까. 깔끔한 가을 투피스를 사 입고 나오도록, 화장은 기초화장에 루즈는 지금보다 조금만 짙은 색깔로 악센트를 주고.”

그러면서 지배인 나오미는 찰카닥 손금고의 문을 열더니 돈을 꺼냈다. 그 돈을 건네주며 변동림의 주소와 연락처를 물었다. 동림이 자신이 살고 있는 수하동의 그 허름한 나가야의 호수를 꼼꼼히 적었다. 나오미는 그 주소를 책상서랍에 챙겨 넣으며 묘한 어투로 말했다.

“어떻게 들을지 모르지만 한 번 이런 세계에 발을 들여 놓으면 쉽게 빠져나가기가 어려울 거야. 아가씨가 설령 이 돈을 들고 도망간다고 하더라도 우린 쉽게 찾을 수 있어. 저 북만주 끝까지 도망간다고 하더라도 우린 3개월 안에 잡아낼 자신이 있어. 경찰보다도 더 빠른 것이 우리 술장사들의 정보망이야. 아유 나 좀 봐, 의욕적으로 찾아온 조선 아가씨에게 내가 너무 겁을 주는 걸까. 자, 가기 전에 2층에 올라가 우리 집의 다미아가 부르는 노래를 감상하고 아가씨들이 어떻게 손님들과 춤을 추는지 기본을 좀 보고 가.”

나오미는 책상 위에 있는 벨을 눌렀다. 흰 화이셔츠에 검은 넥타이를 맨 청년이 문 앞에 서서 깍듯이 절을 했다. 나오미가 짤막하게 말했다.

“이 아가씨를 스테이지 곁에 있는 테이블로 안내해줘. 다미아에게도 내가 말을 할 테니까 오늘 저녁은 손님처럼 깍듯이 접대해. 내일부터 출근할 거야.”

청년은 이런 순서를 너무나도 잘 알고 있다는 듯 동림을 안내했다.

18. 만추

"아이고, 으스스하다. 벌써 겨울이 오는 건가."

"글쎄 말이야. 해질녘이 되니까 더 으스스해지네. 낙엽까지 떨어지고."

서정주(徐廷柱, 시인, 1915년~2000년)와 오장환(吳章煥, 시인, 1918년~1948년 월북)이 가슴 가득 술과 안주를 부둥켜안고 들어섰다. 그들은 호기롭게 외쳤다.

"이상씨 계슈?"

검은 골덴 바지에 검은 폴라 티를 입은 이상이 문을 열어주었다.

"어서들 오시오."

서정주가 걸걸한 목소리로 말했다.

"이상씨, 오늘은 쇼와 11년 그러니까 1936년 조선 문단을 결산하기 위해 우리가 이렇게 정종 두 병, 당신이 좋아하는 피죤(일제시대 흔히 피우던 비둘기표 담배)담배 한 보루, 그리고 쓰루메(오징어채), 간즈메(통조림)를 몽땅 사왔시다."

그 때 화장을 마친 부인이 코트를 걸치며 말했다.

"자, 그럼 많이들 결산하시고요, 재밌게 방담하십시오. 저는 실례하겠습니다."

서정주는 볼이 통통하고 안경을 낀 그 여성을 바라보며 생각하였다.

'아, 이 여자가 이상이 결혼했다는 색시로군. 아니 그런데 이 시간에 어디를 가나?'

그러나 이상은 예사롭게 말했다.

"잘 다녀와."

여자도 범상하게 인사했다.

"그럼 다녀오겠습니다."

이상은 신부를 손님들에게 소개를 하지 않았고, 서정주나 오장환도 굳이 채근하지 않았다. 여인이 사라지고 나자 이상은 후유하는 표정으로 아주 홀가분하게 술 따라 마실 잔들을 부엌에서 챙겨왔다. 오장환이 부지런하게 안주 봉지를 뜯고 판을 벌였다. 솔직한 서정주가 운을 뗐다.

"에, 전라도 촌놈인 소생은 1915년 그랗게 을묘생이고, 요 싸가지 없는 막내 오장환은 1918년 무오생이니까 선배보다 나는 다섯 살 아래고 이 오장환은 무려 8년 아래인데... 이렇게 무례하게 찾아와 선배에게 형이라고도 하지 않고 이상씨라고 불러서 미상불 미안하요잉!"

이상은 술잔을 받으며 범상하게 웃었다.

"흔히 쓰는 말이 있잖소. 10년 지간이면 붕우지간이라! 10년 위아래는 충분히 벗 할 사이지요. 뭐 터놓고 지냅시다! 자자.... 술이나 따라요."

술이 돌아가고 먼 데서 개 짖는 소리만 컹컹 울렸다. 이상은 담배를 피워 물며 환하게 웃었다.

"내가 어찌 이 담배를 좋아하는 줄 알고 이것까지 한 보루씩이나 사왔단 말이오?"

서정주가 받았다.

"이 오장환이가 좀 싸가지는 없어도 손은 크지라우. 오늘은 오장환이가 학비가 올라왔다고 하면서 한 턱 내는 겁니다."

이상이 운을 뗐다.

"그래, 금년 1936년은 우리 조선 문단에 어떤 일들이 있었지요? 나는 도둑장가를 들고 이사 오느라고 정신이 없었으니까. 문단소식을 잘 모르오."

오장환이 답했다.

"올해는 뭐니 뭐니 해도 이상 선배가 뜬 해가 아닙니까. 지난 8월의 조광지에 「날개」가 발표돼서 장안의 지가를 울렸지 않았습니까? 또 같은 조광지에 김유정의 「동백꽃」도 발표되었고요."

서정주가 말했다.

"아 그 뿐이야? 동백꽃이 발표될 때 중앙지에는 김동리의 「무녀도」가 나타나 장안의 화제를 모았었지. 지난 3월에는 조선일보에 강경애(姜敬愛, 소설가, 1907년~1943년)가 「지하촌」을 연재하기 시작했지. 참 그 여자는 보통 여자가 아닌 것 같아. 먼 간도에 숨어 살면서 하층민들의 생활을 그렇게 실감 있게 그리더구만. 그 여자 사회주의자 아닐까? 그 여자가 재작년에 발표한 「인간문제」라는 작품도 버림받은 여자들, 가난 속에서 발버둥치는 하층민들의 이야기를 그렇게 처절하게 잘 그렸던데…"

이상이 말했다.

"사실 가난에 관해서는 나도 할 말이 많은데… 난 글 속에서 가난을 그리기는 싫어. 그래서 에둘러 여자 이야기나 하고, 여자에게 돈을 타쓰는 남자의 빈궁 이야기를 그리고 있지 허허."

서정주가 말했다.

"아 재밌는 것은 간도에 있는 강경애는 하층민 생활을 집중적으로 그리고 있는데 그 여자의 문학적인 재능은 입담이 세기로 유명한 양주동(梁柱東, 시인, 학자, 1903년~1977년)씨가 발굴을 해냈다고 하지. 어쨌든 3월에 강경애의 단편 지하촌이 나오고 나니까 4월에는 삼천리에 장덕조(張德祚, 소설가, 1914년~2003년)씨가「자장가」를 발표했더군. 같은 여자라도 장덕조씨는 풍성하고 여유 있는 이야기를 주로 쓰지."

오장환이 끼어들었다.

"아 장덕조씨는 가난한 강경애보다 애당초 부유한 집 출신이라고 하더만. 이화여전 문과를 다니다가 지난해에는 매일신보에「은하수」라는 연애소설을 아주 본격적으로 연재했지. 인물도 좋다고 하고…"

이상이 말했다.

"장덕조씨는 우리 안사람보다 조금 먼저 이화여전 문과에 들어갔지 아마… 아무튼 올해는 문학적으로 풍성한 한 해로구만. 특별히 여류 문인들이 샛별처럼 떠오른 것이 특색일세 그려. 〈세르팡〉지를 봤더니 아메리카에서는 지난 6월에 마거릿 미첼(1900-1949)이라는 무명의 여성이 타자지로 1,000매가 넘는 어마어마한 작품을 써서 전 세계 사람들을 깜짝 놀라게 했다고 하는데 뭐 아직은 일본어로 번역이 안 됐으니까… 내가 동경을 가게 되면 거기 가서 사봐야지. 제목이「바람과 함께 사라지다(Gone With the Wind)」라더군. 아메리카의 남북전쟁 중에 일어났던 남녀의 사랑과 남북 갈등에 관한 어마어마한 이야기인 모양인데… 도대체 여자가 어떻게 그런 방대한 소설을 써냈는지 원. 그 아메리카 사람들은 덩치가 크고 비프스테이크를 많이 먹어서 그런가… 문학적 스케일도 그렇게 크니 원… 나 같은 사람은 참으로 부끄러워. 지금 만지작거리는 소설도 내가 처음 만났던 기생 이야기라…"
서정주가 목소리를 높였다.
"문학이 무슨 근수로 달아서 파는 쇠고기인가? 작아도 다이아몬드는 번쩍거리는 것이여. 아, 이번 달 호〈조광〉지에 나온 이효석의「메밀꽃 필 무렵」을 읽어봤는가?"
이상이 머리를 긁었다. 오장환도 쑥스럽게 말했다.
"아직 못 읽었는데."
서정주가 힘을 주어서 말했다.
"다이아몬드 같은 작품이야. 글은 무조건 크다고 좋은 게 아니라고. 꼭들 읽어봐."

명치정「마루비루」의 마담 나오미는 시원시원한 여자였다. 검은 스커트나 바지를 자주 입었지만 그녀는 명치정의 밤을 지배하는 여신과 같은 존재였다. 명치정(지금의 명동)의 밤 사나이들은 모두 그녀에게 허리를 구부렸다.「마루비루」에서 가까운 주재소의 순사들도 그녀를 두려워하였다. 그녀는 문제가 생기면 말단 순사들과는 상대를 하지 않고 곧장 본정 경찰서에 전화를 걸었다. 그녀의 전화 한 통이면 문제가 깨끗이 해결 되었다. 종업원 아가씨들은 그녀를 존경하면서도 두려워하였다. 그리고 조용히 말했다.
"마담의 기둥서방은 명치좌의 사장이야. 총독부하고도 곧장 통하지."
그녀는 동림에게 '바이올렛'라는 예쁜 이름을 지어주었다.
"장미는 너무 화려하고 사치스럽지. 자네의 이미지하고는 맞지 않아. 그렇다고 산에 들에 피는 민들레는 너무 특징이 없어. 자네는 화려한 장미도 아니고 이름 없는 들꽃도 아니야. 화단의 구석에 숨어 있지만 언제나 도도한 향기를 풍기는 보라색 제비꽃이야. 난 보라색을 좋아해. 은근히 사치스럽고 고급스럽게 보이지 않아? 그런 보라색 꽃이 바로 제비꽃이 아니겠어? 영어로는 바이올렛. 우리 일본말로는 스미레. 그래, 멋진 바이올렛이 되도록 해. 스미레!"

동림은 바이올렛이 되어 조심스럽게 행동하였다. 이빨을 드러내며 자주 웃지 않고 남자들에게 쉬운 여자로 보이지 않도록 걸음걸이도 조신스럽게 하였다. 그 바에서 노래를 부르는 검은 드레스의 가수는 동북지방 센다이에서 온 여자였다. 주로 다미아의 노래를 프랑스 말로 불렀다. 목소리가 저음이며 울림이 좋았다. 그래서 그녀의 이름은 거문고의 소리라는 뜻의 '코토네'였다. 코토네는 마담과 동림이 다니던 아테네 프랑세를 1년 넘게 다녔다. 그래서 그녀의 프랑스어 발음은 엉터리가 아니었다. 그녀는 프랑스어를 잊지 않기 위해 늘 가방 속에 앙드레 지드의 〈좁은 문〉을 넣고 다녔다. 동림은 시간이 나는 대로 코토네의 샹송을 열심히 들었다. 코토네도 자신의 노래를 열심히 들어주는 동림 아니 바이올렛과 곧 친해졌다. 두 사람은 영업시간이 끝나면 명치정 뒷골목에 있는 다방 '전원'을 찾았다. 전원의 마담 하타노는 두 사람을 반겨주었다. 가수 코토네가 자신의 고향 센다이 출신이라는 것을 알고 나서는 두 사람은 급속히 가까워졌다. 두 사람이 전원에 들르면 하타노가 주방에다 대고 특별주문을 해주었다.

"내 친구들이 왔어요. 따뜻한 오뎅국물부터 주세요."

두 사람은 손님들에게 들키지 않도록 오뎅에 밥을 말아 맛있게 먹었다. 다꾸앙(단무지) 씹는 소리가 들리지 않도록 조심해가면서 열심히 먹었다. 일단 허기를 면하고 나면 세 사람만의 신나는 이야기를 끝없이 펼쳐나갔다. 도쿄 지방보다는 훨씬 향토색이 짙은 동북 지방의 아기자기한 풍물 이야기와 센다이의 거리 풍경을 주고받았다. 동림은 서울에서 보냈던 유년기의 이야기와 여고보 시절의 이야기를 들려주었다.

그 다방 '전원'에는 도쿄 유학생들이 자주 들렀다. 입담이 좋고 발이 넓은 길진섭이 경성에 가면 명치정의 '전원'에 들러달라고 선전을 한 덕분이었을 것이다. 동림, 바이올렛이 마담 하타노에게 물었다.

"하타노, 요즘 길진섭 화백의 모습이 보이지 않아요. 도쿄에 가신 거예요?"

하타노가 담배를 피워 물며 말했다.

"지난 3월에 낙랑파라에서 개인전을 했잖아요. 10원에서 40원짜리 정도의 소품을 30점 정도 내놨는데요, 다행히 다 팔렸다는 가봐요. 그 돈들고 지금쯤 간다의 밤을 즐기고 있겠죠. 그곳에서 꿈에도 그리던 화가 간노 유이코와 옛정을 되새기며 긴자거리를 활보하겠죠."

동림이 물었다.

"하타노는 그런 길진섭 화백이 밉지 않으세요? 두 여자 사이를 왔다 갔다 하는 길상이 밉지 않으세요? 여자는 항구고 남자는 배인가요? 언제나 오고 싶을 때 오고 가고 싶을 때 떠나는 것이 남자에요?"

하타노는 배시시 웃었다.

"참 이상해요. 가고나면 한없이 밉다가도 그가 싱긋 웃으며 나타나기만 하면 오금을 못 펴겠으니 제가 미친 여자죠. 뭐. 다 제 탓이에요."

코토네가 말했다.

"그게 사랑이라는 거 아니겠어요? 그렇게 밑지는 장사가 사랑이라는 장사죠. 뭐. 그러니까 여자들은 밤에 등불을 밝히고 술을 팔고 남자들은 부나비처럼 불빛을 따라 몰려오는 것이 아닐까요?"

동림이 말했다.

"코토네도 사랑을 해본 모양이지? 노래가 그토록 애절한 것을 보면."

코토네도 담배를 피워 물며 말했다.

"바이올렛, 당신은 결혼을 했다고 했죠? 아직 이별은 경험해보지 못했죠? 당신도 언젠가 이별을 해보면 알게 될 거예요. 왜 여자들이 검은 바다 현해탄을 건너고 반도에까지 나와 다방을 열고 밤에 등불을 밝히고, 나처럼 검은 드레스를 입고 밤에 술집에 나와 노래를 부르게 되는 가를… 나는 센다이에서 여고보를 졸업하며 이별을 경험했고, 도쿄에 나와 또 다시 사랑을 하고 또 이별을 했죠. 그래서 아주 멀리 가려고 아테네 프랑세에 가서 프랑스말을 배운 후에 프랑스에 가려고 했는데 돈이 모아지지 않아 이 경성에 와서 이렇게 밤거리를 헤매고 있어요. 난 마담 하타노가 왜 두 여인 사이를 왔다 갔다 하는 화가를 미워하지 못하고 사랑하는가를 이해할 수 있을 것 같아요."

동림은 그런 밤이 좋았다. 젊은 남자, 외로운 남자들과 어울려 술 마시는 것도 좋았고 코토네의 샹송을 듣는 것도 황홀했고 영업시간이 끝난 후 전원에 들러 따뜻한 불빛 아래에서 오뎅을 먹고 여자 셋이서 수다를 떠는 것도 너무 좋았다. 그 침침한 방에 누워있는 남편 이상이 아득하게 느껴졌다.

19. 유키즈마리(막다른 골목)

 이상은 대낮인데도 춥다고 하면서 이불을 뒤집어쓰고 개다리소반을 받쳐놓고 글을 쓰고 있었다.
 "그 봉별기는 언제 끝나요?"
 동림이 화장을 하며 물었다. 이상은 숨이 차는 목소리로 말했다.
 "다 돼가고 있어. 오늘 밤이나 내일쯤이면 끝날 거야. 〈여성〉 잡지사에 보내고 나면 난 떠날 거야."
 동림이 물었다.
 "그 봉별기는 「날개」의 속편인 셈이죠?"
 이상은 담배를 피워 물며 말했다.
 "그렇지. 「날개」와 「봉별기」에 금홍이라는 여인을 당당히 등장시켰으니 이제는 퇴장을 시켜야지. 아마 내가 동경에 가게 되면 동림이가 그리워 자연스럽게 동림에 대한 이야기를 쓰게 될 거야. 그렇게 되면 동림이도 내 소설을 통해 조선 문단사에 화려하게 등단하게 될 거야."
 동림이 손사래를 치며 외치듯 말했다.
 "아니, 아니 그것만은 사양하겠어요. 저는 조선 문학사에 오르지 않아도 좋아요. 언젠가는 저도 제 힘으로 소설을 쓸 테니까요. 제발 저는 건드리지 말아주세요. 남편을 재워놓고 저녁에 화장을 하고 나가는 그런 여자로 그리실 거잖아요. 정말이에요. 저만은 그리지 말아주세요."

"허허, 바람난 금홍이라도 조선 문학사에 이름을 올리니까 얼마나 근사해보여. 내가 동림에 대해서 쓰지 않는다면 당신은 두고두고 나를 원망하게 될 거야."

동림은 다시 손사래를 치며 말했다.

"네버, 네버 절대로 사양한다니까요."

그러자 이상이 허공을 쳐다보며 말했다.

"그나저나 동경을 가려면 도항증(조선에서 일본을 건너가는 여행허가증)을 얻어야 하는데… 배를 타려면 도항증을 보여줘야 하는데…"

동림이 힘들이지 않고 물었다.

"아, 그거 경찰서에서 발행하는 거 아니에요? 경찰서장이 도장 하나 찍어주면 끝나는 거라면서요."

이상은 담배 연기를 멀리 보내면서 힘없이 말했다.

"그런데 그게 간단하지가 않아. 얼마 전에 종로경찰서에 가서 도항증을 떼 달라고 했더니 한 마디로 '노'라고 하더만."

"왜요?"

"내 행적이 본토에 들어갈 만큼 단정하지 못하다는 거야. 자식들, 내가 제비다방을 파산한 것도 흠이 되고 더더구나 '식스나인'을 허가 내며 저희들을 골려먹었다는 것이 결격 사유라는 거지."

"그럼 본정서(지금의 중부경찰서)로 가보세요. 종로서(종로경찰서)에서 안 내주면 본정서로 가보면 되잖아요. 지금 우리 집도 본정서 소속이잖아요."

이상은 한심하다는 듯 화장을 하고 있는 동림을 바라보며 말했다.

"이미 가 봤지. 본정서 놈들도 마찬가지야. 도항증을 내줄 수 없대. 종로서에서 내주지 않는 것을 왜 지들이 내주냐 이거지."

화장을 다 끝낸 동림이 바바리코트를 입으며 말했다.

"그럼 어떡하실 거예요? 도항증 없이는 부산에서 배를 탈 수 없잖아요."

담배를 비벼 끄며 이상이 동림을 올려다보았다.

"당신이 좀 해결해줘. 내겐 길이 없어."

그 때 서정주와 오장환이 들어섰다. 지난번처럼 요란하지는 않았지만 그래도 손에는 술병을 들고 안주를 든 채였다. 이번에도 이상은 동림을 그들에게 소개하지 않고 눈빛으로 동림을 쫓았다. 동림은 황황히 구두를 신으며 집을 나섰다. 오장환이 짓궂게 물었다.

"형수님은 이 시간에 어디를 그렇게 가시는 겁니까? 저렇게 곱게 단장을 하고 말이지요."

눈치 빠른 서정주가 오장환의 옆구리를 쿡 찌르며 말했다.

"이 사람아, 우리가 오니까 자리를 비켜주시는 거지. 가긴 어딜 가겠어. 안 나가면 이 좁은 방에서 우리하고 술타령을 하겠능가?"

술잔이 들어오자 오장환이 이상에게 말했다.

"자 이 선배, 오늘은 용건이 있어 왔습니다. 술 취하기 전에 이 입회원서부터 작성해주세요."

"입회원서라니?"

서정주가 싱긋 웃으며 말했다.

"별 것 아니오. 이번에 우리가 '시인부락'이라는 동인지 하나를 꾸미려고 하는데 이상 선배도 함께 합시다요. 취지는 간단하닁께. 이것저것 색깔 없이 순수문학을 해보자는 겅께요."

오장환이 폼을 잡으면서 눈을 지그시 감고 읊었다.
"우리 시인부락의 취지문 앞부분입니다… 벌써 여기다가 꼭 무슨 빛깔 있는 기치(旗幟)를 달아야 멋인가? / 피리를 가졌건 나팔을 가졌건 또 무엇을 가졌건 / 마음 놓고 그는 그의 최선의 진실을 보일 수 있는 것이면 될 것이다 / 아아, 우리 진실 하나면 다 될 것이다."
서정주도 취기가 오르는 듯 들뜬 목소리로 읊었다.
"우리 시인부락 제1호에 올릴 소생의 시 올시다. 좀 소재가 이색적인데 이형, 들어보실라요? 아아, 해와 하늘빛이 문둥이는 서러워 // 보리밭에 달 뜨면 애기 하나 먹고 // 꽃처럼 붉은 울음을 밤새 울었다… 이형, 좀 실긋하지 않소? 문둥이라는 시인데…"
이상은 의외로 감동적인 눈빛이 되어 말했다.
"음음, 문둥이라고? 그거 말 되는데… 좋아. 아주 좋은 발상이야. 우리 조선놈들은 다 문둥이지. 보리밭 이랑을 설설 기는 보리 문둥이지. 음음, 좋은데?"
오장환이 끼어들었다.
"형, 내 것은 어떤지 들어보시오. 세세전대만년성(世世傳代萬年盛)하리라는 성벽은 편협한 야심처럼 검고 빽빽하거니 // 그러나 보수(保守)는 진보(進步)를 허락치 않아 뜨거운 물 끼얹고 // 고추가루 뿌리든 성벽은 // 오래인 휴식에 인제는 이끼와 등넝쿨이 서로 엉키어 // 면도 않은 턱어리처럼 지저분하도다… 아하, 어떻소?"
"제목이?"
"성벽(城壁)이오."
이번에도 이상은 고개를 크게 끄덕였다.
"음, 좋아. 아주 좋아. 보수는 진보를 허락지 않아. 뜨거운 물 끼얹고… 그 대목이 아주 인상적이야."

오장환이 서둘렀다.

"아 그러니까 이상 형도 입회해주시오."

"다른 면면들은 어떤 사람들인데?"

서정주가 말했다.

"김달진(1907-1989, 시인), 김동리(1913-1995, 소설가), 여상현(1914-월북, 시인), 함형수(1916-1946, 시인)… 그리고 우리 둘이오."

"아, 좋아 좋아. 아주 좋아."

오장환이 다시 재촉하였다.

"아, 그렇게 좋다고만 하지 말고 어서 입회원서를 작성해주세요."

이상이 술잔을 크게 꺾으며 말했다.

"그대들의 동인 설립 취지는 충분히 공감하는 바요. 백퍼센트 공감해. 하지만 이를 어쩌지? 나는 지금 목하 도항증을 구하고 있는 형편인데."

눈치 빠른 오장환이 말했다.

"도항증이라면 동경으로 가겠다는 거요?"

"뭐 그런 셈이지. 도항증이 나온다면 말이지."

서정주가 초를 쳤다.

"요새 도항증 내기가 의외로 어렵다고 그러대. 일본놈들이 만주에서 무슨 일을 벌이려고 그런 건지 자꾸 일본군들이 슬금슬금 압록강을 건너 만주로 만주로 달려 들어가는 모양인디. 우리 조선인들의 내지 출입을 엄격하게 하면서 말이야. 형도 도항증 내기가 좀 어려울 틴디?"

이상은 일어서며 카키색 바바리를 걸쳤다. 그리고 벽에 걸린 50호짜리 노란색 자화상을 가리켰다.

"오장환 시인, 학비 올라온 것이 남았으면 말이야. 내 여비 좀 보태

줘. 내가 가진 것은 저 자화상 하나 뿐이야. 저건 종로 제비다방을 충실히 지키다가 지금은 내 방을 지키고 있는 내 총 밑천일세."

서정주가 시적으로 받았다.

"허 참, 내게 돈이 있으면 내가 시인 이상의 자화상을 잡아둬야 쓰는디…. 그 웬수놈의 돈이 있어야지라우. 장환이, 자네가 출혈을 해서라도 이상형의 자화상만은 잡아두게!"

오장환이 결연하게 말했다.

"좋습니다. 이상 선배. 남에게 넘기지 마세요. 내가 간직하겠어요."

세 사람은 문을 나섰다.

그날 밤 따라 「마루비루」에는 손님이 많았다.

동림이 맡은 별실에는 도쿄에서 대학을 나오고 장교로 임관되어 신임 장교가 된 위관급 장교 7~8명이 왁자하게 얽혀있었다. 군가를 요란하게 합창하고 모두 간바이(건배)를 외치며 술들을 마셨다. 마치 죽으러 가는 사람들처럼 비장하였다.

"죽기 아니면 까무러치기지."

"총을 맞으면 막상 아프지는 않대? 자기도 모르게 쓰러지면서 몽롱해지다가 죽는 거래."

"넌 죽을 때 뭐라고 하고 죽을래?"

"난 천황폐하만세지."

"난 어머니 한 번을 외칠 거야."

"난 그래도 우리 애인 이름 한 번은 외치고 죽어야지."

대위 계급장을 단 선임 장교가 소리쳤다.

"무슨 소리들이야? 죽을 땐 깨끗하게 동쪽을 향해 요배를 하고 그냥 고꾸라지는 거지. 뭘 지저분하게 말을 남겨."

그러더니 그는 분위기를 바꿨다.

"이거 만주 땅에 들어가기도 전에 경성 바닥에서 무슨 청승이야. 자, 아가씨. 이름이 뭐라고 했지?"

동림이 침착하게 나서며 말했다.

"바이올렛입니다."

소위 계급장을 단 미남형의 장교가 얼른 받았다.

"바이올렛이라고? 스미레라고? 아주 멋진데? 음, 귀여운 이름이야. 품위도 있고... 그런데 아가씨의 18번은 뭐야?"

바이올렛이 수줍게 말했다.

"죄송합니다만 저는 노래를 잘하지 못합니다. 그러나 젊은 장교님들께서 먼 곳을 가시는 듯하니 먼 나라의 노래를 불러 드리겠습니다. 먼 아일랜드 섬의 목동 노래입니다."

미남 장교가 쓰러질 듯 일어나더니 외쳤다.

"뭐라고? 아일랜드? 그럼 대니보이를 말하나? 자네가 대니보이를 부르겠다고?"

아코디언 악사가 전주곡을 울려주었다. 바이올렛은 약간 음정이 불안하게 시작을 하며 그래도 목동들의 골짜기를 찾아들어가기 시작하였다.

'Oh Danny boy the pipes the pipes are calling / From glen to glen and down the mountain side / The summer's gone and all the roses falling / It's you it's you must go and I must bide // But come ye back when summer's in the meadow / And when the valley's hushed and white with snow / It's I'll be here in sunshine or in shadow / Oh Danny boy, oh Danny Boy I'll love you so...'

바이올렛이 흔들리는 목소리로 흐느끼듯 가사를 이어갈 때, 그 젊은 장교들은 약속이나 한 듯 일어났고 모두 그 가사를 알고 있는 듯 합창을 해주었다. 그 노래가 절정에 이르렀을 때 문이 살짝 열리면서 마담 나오미가 슬그머니 들어와 대위 옆에 섰다. 대위는 마담의 어깨를 짚고 함께 노래를 부르자고 눈짓했다. 나오미도 지지 않고 대니보이의 계곡 속으로 들어왔다.

그 날 저녁 붉은 벨벳 원피스를 입은 마담 나오미의 모습은 고혹적이었다. 만발한 장미가 잠시 가시를 접고 정원에 만개한 듯 명치정의 낯선 카페「마루비루」의 별실을 환하게 밝혀주고 있었다. 대위가 마담을 향해 말했다.

"당신은 참으로 아름답군. 이런 경성 구석 낯선 주점의 마담으로 밤을 밝히기에는 너무나 아까운 모습이군. 당신은 향기 짙은 로즈야 로즈."

나오미 마담은 역시 침착하였다.

"칭찬해주셔서 고맙습니다. 젊은 장교 분들이 이 거친 경성의 주점 마루비루에 와주신 것을 진심으로 환영합니다. 갈 길이 머실 테니까 이 한 밤을 즐겁게 보내십시오. 여러분들의 무운을 빕니다."

대위가 나오미의 어깨를 감싸 안으며 노래를 청했다. 나오미는 대위가 면구스럽지 않게 기술껏 대위의 손을 어깨에서 떼어내며 부드럽게 말했다.

"악사 선생, 내가 좋아하는 노래 알고 있죠?"

마담이 눈짓을 보내자 아코디언 악사는 능숙하게 마담의 애창곡 전주 부분을 켜기 시작하였다. 마담은 풍부한 성량으로 소프라노처럼 입도 크게 벌리면서 큰 목소리로 노래하기 시작하였다. 일본어가사였다.

"한 떨기 장미꽃이 여기저기 피었네 / 한 떨기 장미꽃이 여기저기 피었네 / 꽃들은 졌건마는 꽃망울도 없나 /한 떨기 장미꽃이 여기저기 피었네 / 나는 못 떠나겠네 나의 포근한 자리 / 영원한 잠을 자려 풀들을 덮었네 / 저 달은 침침하고 서산은 적막하다 / 발걸음 돌리지 못해 여기 나는 잠자리."

나오미 마담의 풍부한 성량과 미성에 눌려 모두 환호하며 박수하였다. 변동림도 정말 놀랐다. 테니스 선수 출신의 마담이라면 스포츠 방면에 능할 것이라는 정도는 생각을 해두었지만, 이렇게 노래 솜씨에도 발군의 실력을 갖추고 있을 줄은 몰랐다. 대위가 큰 목소리로 마담을 향해 말했다.
"역시 마담은 마담이군. 대단한 솜씨야. 뭐 성악을 전공하셨나?"
나오미가 고개를 살짝 숙이며 말했다.
"전 원래 테니스 선수였어요. 공 치는 일이라면 얼마든지 하겠지만 성악까지야 할 수 있겠어요? 그냥 흉내를 내본 거죠. 여학교 때 즐겨 부르던 노래였어요."
대위가 받았다.
"그 노래 나도 좋아해. 'The Last Rose Of Summer' 아일랜드 민요가 아니었던가?"
나오미가 고개를 끄덕였다.
"아마 그럴 거예요. 아무튼 전 이 노래가 좋아요."
대위가 나오미의 손을 잡았다. 그리고 그 손등에 가볍게 입맞춤을 하면서 술잔을 건네주었다. 나오미도 기분 좋게 술을 받아마셨다. 아까 동림이 노래를 부를 때 합창을 해주었던 소위가 말했다.

"조금 전에 바이올렛이 부른 노래도 아일랜드 민요였는데. 마담도 아일랜드 민요를 부르시네요? 이 집은 아일랜드하고 무슨 관계가 있나요?"

동림이 끼어들었다.

"무슨 관계가 있어서 그렇겠어요? 우연의 일치죠. 전 대니보이라는 쓸쓸한 아일랜드 민요가 그냥 좋아서 불렀을 뿐이고 우리 마담 언니께서도 the last rose of summer가 학교 다니실 때부터 좋았으니까 그냥 불렀을 뿐일 거예요."

대위가 나오미에게 말했다.

"마담, 기분입니다. 오늘 여기에서 업무가 끝나고 나시면 내가 개인적으로 한 잔 사겠습니다. 이 집 말고 여름의 마지막 장미처럼 쓸쓸하고 아담한 술집에서 단 둘이 마시고 싶소."

나오미도 흔쾌히 받았다.

"좋습니다, 대위님. 계산을 끝내주시면 저도 일찍 퇴근 준비를 해서 대위님과 데이트를 할 용의가 있습니다. 대위님은 잘생겼을 뿐만 아니라 제 노래를 즐겨주셨기 때문입니다. 세레나데를 멋지게 연주하는 악사가 있는 집으로 모시겠습니다."

이렇게 해서 그날은 일이 빨리 끝나게 되었다. 좀처럼 손님과 어울리지 않는 콧대 높은 나오미 마담이 서둘러 일을 끝냈다. 군인들은 모두 밖으로 나갔고 대위 혼자서 골목 어귀에서 서성이는 눈치였다. 마담이 서둘러 검은색 바바리코트를 걸치고 있었다. 동림이 마담 앞으로 조심스럽게 다가갔다. 마담은 건성으로 물었다.

"뭐 나한테 할 말 있어?"

동림은 손을 비비며 조심스럽게 말했다.

"저…"

마담은 마음이 급한지 재촉했다.

"뭐야, 무슨 일이 있는데?"

동림은 어쩔 수 없이 용건을 말하지 않을 수 없었다.

"제 남편이 내지를 가야하는데요, 부산에서 배를 타려면 도항증이 있어야 합니다."

"그렇지. 조선 사람은 도항증이 있어야 배를 탈 수 있지."

동림은 또박또박 말했다.

"제 남편은 시를 쓰는 시인인데요, 평소 경찰서 관계자들에게 잘 보이지 못해 도항증 얻기가 힘든가 봐요. 마담께서 좀 경찰서에 손을 써주실 수 없을까요?"

마담은 고개를 갸웃하며 말했다.

"그거 어렵지 않은 일인데. 왜 신랑에게는 그 일이 그렇게 어려울까? 사상적으로 불온한 데가 있는 게 아닌가? 아니면 우리 일본말을 전혀 하지 못한다든가."

동림이 말했다.

"경성고공을 나와서 일본말에는 능숙합니다. 쭉 일본말로 시를 써왔으니까요…"

마담은 나갈 일에 더 신경이 쓰이는 듯 서둘러 말했다.

"알았어. 내 해결해줄게. 내일 신랑 신상에 관한 서류를 써가지고 와."

동림은 그런 말이 나올 것을 이미 예상했다는 듯 주머니에서 준비했던 서류를 꺼내 마담에게 건넸다. 집주소와 이름, 학력 등이 적혀있는 간단한 메모였다. 마담은 그 쪽지를 받아 핸드백에 넣고 급히 계단으로 내려갔다.

 이상과 서정주 그리고 오장환은 비틀거리며 황금정(을지로)을 따라 명치정 쪽으로 걸었다. 일본식 2층집들과 동양척식회사 건물이 우뚝 서있는 황금정 네거리를 지나 조선호텔 쪽으로 방향을 잡았다. 조선식 기와집이 억새풀 사이에 듬성듬성 서있고 조선호텔로 꺾어지는 공터는 널찍하게 열려있었다. 그 공터에 서있는 다찌노미집(포장마차같은 선술집)에 자리를 잡았다. 꼼장어를 안주 삼아 또 한 차례 요란하게 마셨다. 밉지 않은 주모가 이상이 주문하는 창부가를 신나게 불러주자 이상은 젓가락짝으로 반주를 맞추면서 어깨춤을 추었다. 서정주가 물었다.
 "이상 형, 동경에 건너가면 누굴 제일 먼저 만나보고 싶소?"
 이상이 젓가락 장단을 멈추며 혀 꼬부라진 소리로 되물었다.
 "뭐라고?"
 "동경에 가면 누굴 제일 먼저 만나보고 싶냐고."
 그제야 이상은 서서히 고개를 들며 말했다.
 "내가 그동안 애독하던 세르팡 잡지의 편집자 겸 가장 진보적인 시인, 하루야마 유키오(春山行夫, 1902-1994, 근대일본의 전위 시인)를 먼저 만나야지. 그동안 간간히 편지는 서로 주고받았는데… 이젠 서로 실물을 확인하면서 악수도 하고 볼도 만지면서 크크 한잔 함께 해야지. 하지만 그는 자네들처럼 창부 타령은 이해하지 못할 거야. 그 하루야마를 만나면 술을 마실 때 무슨 노래를 부르지? 크크…"
 그러자 이번엔 오장환이 물었다.
 "그 다음에는 누굴 만나고 싶어요?"
 이상이 대답했다.

"다이쇼 데모크라시(다이쇼(大正)시대 : 1911년부터 1925년까지의 민주시대)의 대논객 하세가와 뇨제칸(長谷川如是閑, 1875-1969, 자유주의논객) 선생도 만나봐야지. 그의 무정부주의, 그의 자유주의 예술론도 들어봐야지."

"그리고 또?"

"그리고 또 소설의 신(神) 시가 나오야(志賀直哉, 1883-1971, 근대 일본소설가) 선생을 만나야지. 모름지기 소설이라면 그 분의「암야행로(暗夜行路)」정도는 되어야 하니까…"

서정주가 말했다.

"이 형이 동경에 가면 다른 사람은 몰라도 시인 기타하라 하쿠슈(北原白秋, 1885-1942, 일본의 근대 대표적 서정 시인)는 꼭 만나봐야 할 거요."

이상은 고개를 숙이면서 말했다.

"왜 내가 그런 구닥다리 시인을 만나봐야 하는데?"

서정주는 열을 올렸다.

"아, 기타하라 하쿠슈 그 양반이 바로 이상 시인을 경성에서 발굴해낸 정지용 시인을 동경에서 발굴해냈던 대시인이 아니오? 그래서 정지용의「가모가와(鴨川)」도 세상에 알려진 것이 아니오. 구닥다리라니… 아직은 일본 문단을 쥐락펴락하는 실력잔데… 시인의 족보로 치자면 이상 시인의 할아버지뻘이 되는 사람이 바로 기타하라 하쿠슈가 아니겠소. 그런 분을 안 찾아뵈면 되겠어요? 안 그래요?"

이상은 고개를 숙인 채 풀이 죽어 말했다.

"일이 그렇게 되나?"

그러더니 이상은 갑자기 자리에서 일어나 주모에게 다가갔다. 초겨울의 찬바람을 이겨내기 위해 그 30대의 주모는 두툼한 자색 스웨터를 입고 있었다. 그 스웨터의 봉긋한 젖무덤을 건드렸다. 여인은 키득키득 웃으며 몸을 피했다. 하지만 이상은 그 여인의 젖가슴 한 가운데에 있는 유두를 찾아 누르기 시작하였다.

"아이, 아이!"

여인은 몸을 비비 틀며 피했다. 하지만 이상의 손끝은 집요하였다. 마치 길 잃은 나그네가 낯선 집의 초인종을 찾아 황급히 누르듯이 그렇게 그 여인의 젖꼭지를 누르고 있었다. 드디어 여인은 목소리를 높였다.

"아유, 아프다고요, 그만 하세요 아아, 이 양반이…"

그러나 이상은 멈추지 않았다. 그의 눈자위가 허옇게 변하면서 이마에는 땀이 맺히면서 그 여인의 젖꼭지를 계속 눌러댔다. 오장환도 놀라 소리쳤다.

"아 왜 그래요 이 형, 어디 불편해요?"

희미한 불빛 아래에서 이상은 숨을 헉헉 몰아쉬며 여인의 젖꼭지를 계속 눌러댔다. 그러다가 그는 소리쳤다.

"유키즈마리, 유키즈마리…. 막다른 골목, 막다른 골목이야!"

서정주가 벌떡 일어나 이상을 끌어안았다.

20. 날개 달다

변동림이 정성을 들여 화장을 하고 있을 때 문이 드르륵 열리면서 이상이 들어섰다. 얼굴 가득 웃음을 달고 서있었다.

"동림아, 고맙다. 도항증을 받아왔다."

동림은 거울을 바라보며 마지막 루즈를 칠하면서 축하해주었다.

"참 잘 됐네요. 오랫동안 기다리시던 일이었는데... 드디어 날개를 달게 되셨군요. 당신의 소설 날개 뒷부분이었던가요? 날자, 날자... 네, 훨훨 날아보세요."

이상은 동림을 꼭 껴안아주면서 말했다.

"그래, 내 날아보마. 호랑이를 잡으려면 호랑이 굴로 들어가야 한다고 하지 않더냐. 그 일본 문학, 일본 문학을 정복해야 조선 문학도 정복할 수 있고... 프랑스 문학도 정복할 수 있지."

동림은 일어서며 핸드백에서 봉투에 싼 것을 건넸다.

"아껴서 쓰세요. 그곳에서는 돈 꿀 데도 없잖아요. 그동안 제가 모은 돈이에요. 저도 더 돈이 모아지면 뒤따라 갈 거예요."

이상이 동림을 껴안고 뽀뽀를 하려고 하였다. 동림은 얼른 고개를 돌리면서 말했다.

"화장 지워져요. 비키세요. 나 얼른 다녀올게요."

"그래, 나도 준비할 게 있을 테니까 어서 다녀와."

이상은 동림을 보내고 나서 천장을 향해 벌렁 누웠다.

'자, 그 낯선 동경으로 간다면 어디에다 짐을 푼단 말인가? 가장 친한 친구는 보성의 1년 후배인 김기림이다. 그러나 김기림은 동경에 있지 않다. 동북제대가 있는 센다이에 있다. 그 다음에 마음 놓고 신세를 질 사람은 일본 문학을 하는 김소운이다. 그런데 김소운은 경성에 있다고 이야기를 들었다. 바람 같은 사나이다. 동경에 아파트(일본식 숙소)를 가지고 있다는 소문도 들었다. 차차 신세를 지도록 하자. 화가 길진섭이가 있다. 착한 사람이다. 하지만 길진섭 화가도 동경에 가면 일본 애인 신세를 진다고 들었다. 그 집에 갈 수는 없다. 그렇지, 그렇지. 연극을 하는 주영섭(朱永燮, 1912~월북)이 있지. 키 크고 활달한 멋쟁이다. 쓰키지소극장(築地小劇場 : 도쿄만 갯벌을 매립해서 만든 소극장, 일본 근대 소극장 운동의 시발점, 조선인유학생들이 조선연극을 자주했다.)을 근거지로 조선인 유학생들을 모집해서 굿판을 벌이는 사나이다. 평양 주공삼 목사의 막내이다. 큰형은 이광수와 함께 조선 근대 문학을 개척한 시인 주요한(朱耀翰, 1900-1979 : 신체시 '불놀이'의 작가)이다. 중형 주요섭(朱耀燮, 1902-1972 : 소설 '사랑방 손님과 어머니'의 작가) 역시 재주가 많은 문인이다. 그런데 막내인 주영섭은 연극에 미친 사나이였다. 보성전문을 졸업하고 동경 호세이(法政)대학에 적을 두었지만 그는 공부보다는 연극에 빠져있었다. 굿보다는 잿밥에만 정신이 빠진 사나이였다.

그 주영섭이 도쿄 시내를 활보하면 사람들이 다 쳐다보았다. 키가 컸기 때문이다. 도쿄 유학생 중에서 키가 제일 큰 두 사람은 평양 사나이 주영섭과 전라도 사나이 김환기였다. 연극쟁이 주영섭과 환쟁이 김환기가 걸어가면 일본 사람들이 수군댔다. '저기 타조 두 마리가 걸어간다 목이 긴 조센징 두 마리가 걸어가고 있다.'... 생각이 여기까지 미치자 이상은 얼른 수첩을 꺼내 주영섭의 주소를 확인하였다. 동경을 가보지 못한 그가 가늠하기 어려운 지명과 위치였다.

'도쿄 신주쿠 근처 정수원(靜修園) 아파트 2층, 나카노구 히가시나카노 전철역에서 북쪽으로 10분쯤 걸리는 조용한 마을, 2층집.'

이상은 배를 깔고 앉아 그가 즐겨 쓰는 한문 투의 흘림체로 후려갈겨 쓰기 시작하였다.

'목이 긴 노쿠샤쿠 친애하는 주영섭 형, 소생 불원 그대가 계신 도쿄 하늘 아래 떨어질 예정임. 염체 불구하고 그대 집에서 며칠 신세를 진 후 소생의 둥지를 마련하고자 하니 선처를 부탁하오. 경성의 이상 올림.'

엽서를 다 쓴 후에는 낡은 가죽 가방을 꺼내서 주섬주섬 옷을 싸기 시작하였다. 겨울에는 도쿄만에서 인왕산의 칼바람에 못지않은 겨울바람이 분다는 그곳의 추위를 생각하여 두꺼운 내복도 챙기고 겹으로 된 바바리도 쑤셔 넣었다. 일단 짐을 싼 후에 그는 휑 하니 청계천 근처의 구보 박태원의 집으로 달려가고 구보를 재촉하여 정인택의 신혼

집을 급습하였다. 오랜만에 이상이 흰 이를 드러내며 크게 웃었다.
"드디어 이상의 옆구리에 날개가 돋았다. 나도 이제는 도쿄 하늘 밑을 걸어보게 되었다."
박태원이 말했다.
"이상, 너무 들뜨지 마. 여기 경성은 그나마 전차가 땡땡거리고 다니고 인력거가 운치를 더해주고 있지만 그곳은 여기와는 사뭇 다르네. 다쿠시(택시)가 빽빽거리며 다니지. 버스가 윙윙대지. 도무지 휘발유 냄새가 요란해서 정신이 없다네. 너무 들뜨지 말게."
정인택도 말했다.
"이상, 꿈을 깨서 미안하네만 도쿄... 사람들은 리틀런던이라고 하며 동경해 마지않지만 며칠 지나고 나면 멀미나는 곳일세. 방세는 빡빡하고 다꾸앙 한 쪽도 공짜로 내놓지 않는 짜디짠 곳일세. 너무 환상에 젖지 말게. 내 한 가지 비결을 가르쳐줄까?"
"무슨?"
"그곳에서 제일 가슴이 순수하고 예술이라는 이름만 대면 순교라도 할 듯 하는 무리가 두 패가 있지. 한편은 축지소극장을 중심으로 해서 연극을 하는 조선인 유학생 패고, 또 한편은 화판을 들고 다니며 그림을 그리는 환쟁이 패지. 가와바다 미술학원이니, 문화학원이니 하는 학원 패거리들이 그래도 돈 씀씀이가 크고 빡빡하지가 않아서 신세지기가 좋을 걸세."
이상이 말했다.
"난 이미 축지소극장 쪽으로 방향을 잡았네. 그곳의 왕초라고 할 수 있는 평양 사나이 주영섭에게 신세를 지기로 했네."
구보 박태원이 말했다.
"그 친구라면 비빌 언덕이 될 걸세. 키 크고 배짱 좋은 평양 사나이가 아닌가?"

이상이 말했다.

"방 얻을 때까지만 신세를 지고 방을 얻으면 혼자 지내야지. 난 게을러서 남하고 함께 있으면 그 사람의 폐가 되지. 난 나 스스로를 알아. 난 언제나 사람들에게 짐이 되어 왔어. 지금도 내 처의 짐이 되고 있으니까."

정인택이 빙글거리며 말했다.

"아, 이 사람 왜 이러나? 장가를 들고 나더니 갑자기 철이 들었나? 새댁 신세를 진다는 이야기를 다 하고. 하 참 사람이 됐구만. 여보, 술상 좀 내와. 이상이 도쿄로 뜬대. 이별주야. 술상 좀 푸짐하게 봐와."

부엌 쪽에서 그의 아내 권순옥이 얌전한 목소리로 말했다.

"다 듣고 있어요. 축하합니다, 이상 시인님. 잘 다녀오세요. 술상은 제가 잘 차리겠습니다."

그날 밤은 정인택의 집에서 마음 놓고 마셨다. 1936년 11월, 쌀쌀한 초겨울이었다. 그해는 참으로 많은 일이 일어났던 한해였다.

그해 6월에는 충청도와 전라도 사이에 있는 장항에 조선 제일의 '장항 제련소'가 들어서고 산업화의 연기를 내뿜기 시작했다. 그리고 그해 8월 9일 유럽 독일의 베를린에서는 조선의 손기정이 마라톤으로 1등을 하였고 조선의 신문사에서는 손기정 가슴에 새겨진 일장기를 지워 문제를 일으켰던 격동의 한 해였다. 또 그해 10월에는 한강 인도교가 개통되어 한반도의 명물이 되었다. 서양에서는 미국작가 마가렛 미첼이 〈바람과 함께 사라지다〉를 발표하여 세계적인 센세이션을 일으켰다.

11월의 바람이었지만 제법 겨울바람의 위세를 띠고 있었다.

으스스했다. 비까지 내리고 있었다. 동림은 낡은 가죽 가방을 들고 남대문역 2등 대합실에 조용히 앉아있었다. 밖에는 하염없이 초겨울 비가 내리고 있었다. 이상은 나타나지 않았고 구보 박태원과 정인택이 밤 9시가 되어서야 나타났다. 정인택이 물었다.

"몇 시 차지요?"

동림이 차분하게 대답했다.

"밤 10시 차예요."

박태원이 회종시계를 꺼내보며 말했다.

"아직 시간은 남아있는데 이 친구는 도대체 어딜 간 거예요?"

동림이 풀 죽은 목소리로 말했다.

"그 분은 떠나는 날까지도 친구가 아내보다도 더 그리운 분이에요. 정릉에 있는 김유정씨를 만나러 갔어요."

이렇게 말하고 있을 때 이상이 허겁지겁 들어섰다.

"아따, 전차도 오늘따라 왜 그렇게 천천히 달리는지… 하마터면 차를 못 탈 뻔했네."

정인택이 나무랐다.

"이 사람아, 동림씨는 저녁도 못 하신 모양인데 이렇게 늦게 나오면 어떻게 하나?"

박태원이 앞장을 섰다.

"위에 있는 그릴에 올라가서 비루라도 한 잔씩 하세. 이별주가 없어서는 안 되지."

모두는 그릴로 올라갔다. 물방울이 뽀그르르 올라오는 맥주를 한 잔씩 마시고 나서 카 소리를 냈다. 동림도 배가 고팠던 터라 맥주로 목을 적셨다. 이상이 말했다.

"이런 때는 다찌노미가 최고인데… 비가 오지 말고 눈이 와야 되는 건데... 다찌노미에 들어가서 따끈한 정종을 시켜놓고 시뻘건 숯불에 손등을 쬐고 어깨에 쌓인 눈을 탈탈 털어낼 때 그 맛이 있잖아. 눈 터는 맛. 그리고 숯불 위에서 이글이글 타는 소고기 한 점을 집어 먹는 그 맛! 카, 다찌노미가 그립다."

정인택이 또 놀렸다.

"이 사람아, 도쿄 하늘에 들어가지도 못해서 숯불 다찌노미를 그리워하면 어떻게 하노. 도쿄 가면 그런 낭만은 찾기가 어려울 텐데."

구보 박태원이 말했다.

"왜? 도쿄에도 뒷골목에만 들어가면 다찌노미가 얼마든지 있지. 경성처럼 인심이 후하지 않고 주모들이 만만하지가 않아서 그렇지."

정인택이 물었다.

"정릉의 김유정은 상태가 어떻던가?"

이상이 긴 한숨을 내쉬었다.

"글렀어. 그 친구도 유키즈마리야. 나를 붙잡고 놔주지를 않는 거야. 경성에 함께 있제. 저를 버리고 가면 어쩌냐고 하면서 꼭 아기처럼 우는데 정말 발걸음이 떨어지지 않더만. 건강도 다 되고 문학도 다 되고 그 친구도 유키즈마리야."

그 때 실내마이크가 소리를 했다.

"부산행 타실 손님은 홈으로 내려가십시오. 1번 플랫폼으로 내려가 주세요."

변동림이 제일 먼저 가방을 들고 일어났다. 박태원이 가방을 대신 들어주었다. 계단을 내려 열차에 오르고 두 사람의 오붓한 이별을 위해 구보와 정인택이 손을 흔들며 계단 쪽으로 갔다. 변동림이 손수건으로 눈을 가렸다.

"저도 곧 따라갈 거예요."

이상이 손짓하며 말했다.

"어여 들어가구려. 곧 만납시다."

남행열차는 서서히 움직이기 시작하였다. 변동림이 몇 발자국 따라가며 말했다.

"제발 건강하세요. 당신은 이제 겨우 날개를 달았잖아요."

이상이 웃으며 손을 흔들었다.

"날개? 날개라고?"

21. 리틀 런던

　키 큰 주영섭이 문간에 서서 김병기(1916년~2022년, 한국 최장수 화가)에게 말했다.
　"어이, 병기. 나 좀 도와주게."
　"뭘요?"
　손에 엽서를 든 주영섭이 허리를 구부리며 난처한 듯 말했다.
　"경성에서 이상이가 온대."
　김병기가 의아한 표정으로 말했다.
　"이상이 누구죠?"
　"아 이상을 몰라? 경성에서 다다이즘 문학을 퍼트려 일약 스타가 된 괴짜 시인이 있잖아. 종로통에 제비라는 다방도 내고. 금홍이라는 기생하고 살다가 파탄이 나서 다방도 들어먹은 덜렁이 같은 시인 말이야. 요즘에는 삼사문학(三四文學) 패거리들하고 어울리기도 하지."
　김병기는 그제야 생각이 난다는 듯 말했다.
　"아, 오감도인가 뭔가 하는 시를 써서 요란하게 욕을 얻어먹은 시인 말이죠? 크크... 도쿄의 다다이즘을 멋지게 카피해서 경성에다 뿌린 괴짜 시인... 그 사람이 어째서요?"

주영섭이 본론을 꺼냈다.

"그 이상이가 뜬금없이 나한테 엽서를 보냈네. 여기에 오겠다 이거야. 나보고 며칠만 신세를 지자고 하네. 경성 갔을 때 제비에서 만나 차도 함께 마시고 그 친구가 하던 카페 쓰루에서 술도 마셨는데 갑자기 나한테 친한 척을 하면서 내 방에서 며칠만 지내겠다는 거야."

김병기가 낄낄 웃으며 말했다.

"아 둘이서 정답게 껴안고 자면 되겠네요. 뭘 망설이세요? 남자끼리 껴안고 자는 것도 괜찮잖아요."

"예이끼, 이 사람아. 내가 호모인가? 아무튼… 내 방은 좁아서 안 돼. 자네 방이 침대도 있고 널찍하잖아. 경성의 괴짜 시인 이상을 며칠만 재워주게. 수많은 도쿄 유학생 중에서 나한테 엽서를 보낸 것은 미상불 영광이라고 해야겠는데 … 내 방은 너무 협소해서 그래."

김병기가 할 수 없다는 듯 말했다.

"형이 호모가 되기 싫다면 내가 며칠 고생을 좀 하죠. 어쩌겠어요. 내 침대를 내주고 나는 바닥에서 자는 수밖에. 그 친구 코는 골지 않겠지요?"

주영섭이 싱긋 웃으며 말했다.

"그 친구 코 좀 골 걸? 생긴 것이 날카로운 것을 보면 이까지 갈지 않을까 몰라."

두 사람은 허허 웃었다. 아무튼 그 날 오후에 문제의 이상이 들이닥쳤다. 경성에서 이틀에 걸쳐 배와 기차로 달려온 그는 수염을 깎지 못해 덥수룩했고 세수도 변변히 못했는지 구질구질한 모습이었다. 김병기는 수십 년 후의 회고담에서 이런 표현을 남겼다.

'당시 30도 되지 않은 그는 늙은이로 보였다. 50은 넘어보였다. 몸

에서는 야릇한 냄새도 났다.'

1936년 초겨울에 도쿄에 닿은 이상은 평양 출신의 부유한 유학생들이 살고 있는 나카노구의 히가시나카노 전철역 근처 멋진 2층 아파트에 들어섰다. 그 2층 건물은 건설업자가 한껏 멋을 내어 지은 신식 연립주택이었다. 지붕은 가운데가 불쑥 솟은 삼각형의 박공지붕이었고, 2층은 베란다가 붙어있는 멋쟁이 집이었지만 2층 방은 좁고 아래층 방은 널찍하였다. 예술가들이 모여 살았는데 평양 출신의 연극연출가 주영섭은 2층에서 지내고, 화가 지망생 김병기는 널찍한 아래층을 쓰고 있었다. 침대도 있고 간단한 응접세트도 있는 그럴듯한 방이었다. 평양의 유명한 주공삼 목사의 아들이며 저명한 문학인 주요한과 주요섭의 막내동생인 주영섭은 김병기만큼은 넉넉하지가 못했기 때문에 다소 좁은 2층 방을 쓰고 있었다. 목소리가 걸걸하고 키가 훌쩍 큰 주영섭은 경성 보성전문에서 법학을 전공했고 현재 적을 둔 호세이대학에서도 법학을 전공하고 있었지만 그는 고문시험(일제시대의 고등고시, 법관이 되거나 행정관이 되는 고시)에 합격할 생각은 하지 않았고 오로지 그가 열을 올리는 분야는 연극이었다.

그래서 그는 도쿄에서 동경학생예술좌(東京學生藝術座)를 창단하고 기관지「막(幕)」을 간행하였다. 한 마디로 말해서 그는 도쿄에 있는 조선 유학생 연극패의 우두머리였다. 축지소극장에 둥지를 틀고 유학생 연극패거리들을 밤낮없이 끌고 다녔다. 1935년 6월 축지소극장에서 유치진의「소」가 공연될 때 자신의 작품「나루」를 연출하기도 하였다. 유치진, 이진순, 마완영, 김영화, 박동근, 이서향 같은 사람들이 전후좌우로 얽히는 사람들이다. 그의 손에는 언제나 연극대본이 들려있었다. 당시 동경 유학생 중에는 평양 출신들이 유달리 많았는데, 연극에서는 주영섭이 평양 인맥의 우두머리쯤이 되었고 화가패 중에서는 길진섭이 평양 출신의 우두머리인 셈이었다. 김병기는 평양 화가패의 부지런한 총무쯤으로 평가되었다. 그러나 당시 도쿄 유학생들이 하숙비로 한 달 40원쯤을 지불하고 넉넉한 학생들은 용돈으로 평균 40원쯤을 쓰고 있었는데, 김병기는 한 달에 200원을 주저하지 않고 썼다고 하니 도쿄 유학생 중에서 제일 멋을 잘 내고 풍류를 누렸던 인물이었다고 할 수 있을 것이다.

아마 이런 연유에서 평양유학패의 리더 격인 주영섭이 넉넉한 김병기에게 이상을 떠맡겼을 것이다. 아무튼 이상이 동경에 왔던 그 1936년 초겨울의 밤에는 밤새 비가 왔다. 아침에 눈을 부스스 뜬 이상은 침대에서 일어나면서 바닥에서 잔 방주인 김병기에게 고맙다는 말 대신 이런 말을 했다.

"어휴, 밤새 무슨 놈의 비가 그렇게 내려… 빗소리 때문에 도무지 잠을 잘 수가 있어야지."

토스트와 우유 한 쪽으로 아침을 때운 이상은 김병기가 실험적으로 그린 면과 동그라미의 추상화를 물끄러미 바라보다 또 이렇게 말했다.

"허 참, 동그라미가 몇 개 있군. 사실 난 추상 어쩌구 하는 것은 별로야… 그림은 그래도 구상이지…"

어이가 없어진 김병기가 이상에게 물었다.

"이 형은 어떤 그림을 좋아하시오?"

이상은 빗줄기가 나부끼는 창밖을 바라보다가 슬그머니 돌아서며 말했다.

"그림은 아무래도 애상적이며 약간은 퇴폐적인 것이 좋지. 난 다케히사 유메지(竹久夢二, 1884년-1934년, 서정적이며 애상적인 화풍의 화가였으나 대중화가로 치부되었던 인물)가 좋더라. 도쿄에 왔으니 그 사람 그림도 마음껏 봐야지."

아무튼 처음 도쿄에 와서 평양의 부잣집 아들이며 도쿄에서 가장 전위적인 미술 학교인 문화학원에 다니던 멋쟁이 김병기에게 남긴 인상은 유쾌한 것이 아니었다. 김병기가 남긴 이상의 인상기이다.

'얼굴은 병색으로 노인 풍이었고 아주 볼품없이 말랐으며 몸에서는 냄새까지 났었다. 아무리 좋게 봐야 50쯤은 되어 보이는 중늙은이로만 보였다. 큰맘 먹고 재워준 방주인에게 고맙다는 인사도 건네지 않았고 그가 공을 들여 그린 그림을 일별하고는 멋지다는 칭찬 한 마디를 건네지 않는 밥맛없는 사나이였다.'

이상은 도쿄 구경을 원 없이 하였다.

용돈이 풍족한 김병기를 따라 신주쿠의 밤거리를 누볐다. 도쿄 유학생들이 자주 들르는 '남만(南蠻)다방', '젊은 베르테르의 슬픔'에 들러 15전짜리 차도 마셔보고 김병기가 시켜주는 보드카도 시켜서 마셔보았다. 우에노 공원도 들러보고 일본 천황이 산다는 궁성도 구경하였다. 또 그 유명한 도쿄제국대학의 붉은 문, 아카몬(赤門)도 가보았다. 그리고 조선연극패들이 점령하고 있는 축지극장도 며칠씩이나 찾아가 보았다.

그럴수록 이상은 글을 써야겠다는 열망을 갖게 되었다. 그래서 김병기의 도움을 받아 도쿄 중심부 오피스 건물이 즐비한 니시칸다구 진보초 산초메 101의 4, 이시카와 가에 둥지를 틀었다. 앞뒤의 높은 건물에 가려 하루종일 햇볕이 들지 않는 2층의 구석방이었다. 그곳에서 그는 〈종생기(終生記)〉, 〈권태〉, 〈슬픈 이야기〉, 〈환상기〉, 〈실락원〉, 〈

실화(失花)〉, 〈동경(東京)〉을 쓰기 시작하였다. 그래서 그 해 1936년 제야의 종이 울릴 때까지 경성에 있는 변동림에게 엽서 한 장을 보내지 못했다. 경성에서 바에 나가던 변동림은 이상에게서 한 해가 다 가도록 아무 소식이 없자 '무소식이 희소식'이거니 하면서 나름대로 바쁜 세월을 보냈다.

연말이 되자 경성의 마루비루 바에도 젊은 군인들이 많이 찾아오고 제야의 기분을 살리기 위해 가수 코토네와 지성적인 바이올렛을 유난히 찾고 골목 어귀에 서서 자정이 되도록 기다리고 있었다. 그러나 코토네와 바이올렛은 언제나 뒷문으로 빠져나와 전원다방으로 달려가고 푸근한 마담 하타노가 끓여주는 오뎅밥을 즐겼다. 그리고 세 사람만이 오붓하게 성당에서 들려오는 제야의 종소리를 들었다.

22. 천재 떨어지다

1937년 정초는 유난히 추웠다.

이상은 햇볕도 들어오지 않는 어두운 골방에서 오들오들 떨고 있었다. 그는 자신의 마지막 소설 〈종생기〉에 매달렸다. 이상하게도 그는 그 소설에 자신이 죽는다는 사실을 암시하면서 생뚱맞게 소설에 자신의 묘비명을 써놓기까지 하였다. 그 묘비명은 다음과 같았다.

'일세의 귀재(鬼才) 이상은 그 통생의 대작 〈종생기〉 1편을 남기고 서력 기원후 1937년 정축(丁丑) 3월 3일 미시(未時) 여기 백일(白日) 아래서 그 파란만장의 생애를 끝막고 문득 졸하다. 향년 만 25세와 11개월. 오호라! 상심커다. 허탈이야 잔존하는 또 하나의 이상 구천을 우러러 호곡하고 이 한산(寒山) 일편석(一片石)을 세우노라.'

참으로 기이한 일이었다. 그 기괴한 소설을 써내려가는 동안 이상은 정말 자신이 매일 땅속으로 꺼져 들어가는 듯 하는 느낌을 가졌다. '그래, 나는 죽을 것이다. 머지않아 죽을 것이다.' 이불을 뒤집어쓰고 오들오들 떨면서 그는 끝없는 악몽에 시달리고 있었다.

그 때 와락 문이 열리면서 기분 나쁘게 생긴 사나이 둘이 들이닥쳤다. 그들은 긴 말을 하지 않고 이상의 초라한 책상부터 뒤졌다. 책상 위에 세워놓은 영어 사전과 러시아어 사전을 가지고 온 가방에 쑤셔 넣었다.

"댁들은 뉘시오?"

사나이들은 대답을 하지 않았다. 이상의 방을 샅샅이 뒤지고 이상이 써놓은 원고지들을 수습하고 일기장까지 가지고 온 마대자루 같은 가방에 쑤셔 넣었다. 그리고 이상을 데리고 나갔다. 이상이 끌려간 곳은 역에서 가까운 니시칸다(西神田) 경찰서였다. 이상을 끌고 온 사람들은 고등계 형사 즉 사상경찰들이었다. 그들은 이상을 꼼짝 못하게 묶어놓고 주먹으로 다그치며 물었다.

"뭐하는 놈이야?"

이상은 침착하게 대답하였다.

"나는 조선 경성에서 온 시인이요. 조선에서는 잘 알려진 시인이요. 나에 대해서 알아볼 일이 있으면 경성 종로서나 본정서에 알아보시오."

"경성에서 시 쓰는 놈이 왜 느닷없이 내지로 건너왔나? 무슨 염탐할 일이 있어 도쿄에 왔느냐 이거야. 너 스파이지? 그래서 어려운 영어사전도 가지고 다니고 러시아 사전도 뒤적이고 있지? 너 친미주의자야? 아니면 공산주의자야?"

"전 친미주의자도 아니고 공산주의자도 아닙니다."

"그럼 왜 러시아 말을 배우고 있나? 공산주의자가 아니란 말이지? 네가 끌쩍거리던 문자 중에는 불란서 말도 있고 에스페란토도 있던데… 그렇다면 너는 아나키스트인가? 아니면 국제공산당인가?"

"아니요, 아니요. 나는 사상 같은 것에는 별로 관심이 없어요. 나의 관심사는 오로지 시와 소설… 문학일 뿐이오."
 고등계 형사들은 이상의 머리채를 잡아 흔들면서 다그쳤다.
 "바른대로 말해, 고생하지 말고. 넌 아무튼 수상해. 이름도 멀쩡한 김해경이라는 본명을 내버려두고 이상이라는 이상야릇한 이름을 쓰고 시도 꼭 무슨 암호 같아. 13이 어쩌고 아해들이 어쩌고 막다른 골목이 어쩌고… 너 밤에는 어디로 가서 무전이라도 치는 거 아니야? 네가 쓰는 시라는 거 그거 다 난수표 아니야?"
 "아닙니다, 아닙니다."
 이상은 바닥에 꿇어앉아 며칠 동안 자술서를 쓰고 또 썼다. 그 고등계 형사들은 이상이 써낸 자술서를 훑어보면서 낄낄 웃었다.
 "역시 글쟁이는 글쟁이로군. 아주 명문이야. 아마 니시칸다 역전 경찰서가 생긴 이래 이곳에 들어와 이런 명문의 자술서를 써낸 자는 너밖에 없을 거다. 이보시오, 경찰관 나으리, 이 놈이 쓴 자술서를 좀 보시오. 내 머리털 나고 이렇게 멋지게 쓴 자술서는 난생 처음이오. 철자법 하나 틀리지 않고 한자 하나 틀리지 않고 우리 일본 사람보다 더 정확한 일본어를 구사하고 있군. 낄낄."

 그 무렵 니시칸다 경찰서로 부지런히 찾아온 사람은 일본어를 일본 사람보다 더 정확하게 구사한다는 김소운이었다. 김소운은 경찰서 유치장을 지키고 있는 경부보(경위)에게 따졌다.
 "이보시오, 내 친구 이상이 도대체 뭘 잘못했길래 여기다 잡아다 넣은 거요? 그 친구는 시를 쓰는 시인이오. 내가 보증하리다. 더구나 그 친구는 지금 몸이 아파요. 몸이 아프다고… 더 정확히 말해드릴까? 그는 폐병쟁이요, 폐결핵 환자란 말이오."
 깨끗하게 생긴 그 경찰 간부는 예의 바르게 말했다.

"사정은 딱하게 됐소. 그러나 그 사람은 우리 관할이 아니오. 사상 경찰 그러니까 고등계의 관할이오. 독꼬오(특고, 특별고등경찰 : 사상 경찰)들이 잡아온 사람이오. 독꼬오들이 잡아온 사람은 우리가 함부로 내줄 수가 없소."

이렇게 해서 그 말 잘하고 사업수완 좋은 김소운도 번번히 돌아설 수밖에 없었고 이상은 그 무렵 본격적으로 기침을 하기 시작했다. 계절적으로도 폐병을 앓는 사람에게는 가장 견디기 어려운 겨울 끝자락이었다. 결국 이상은 1937년 2월 12일부터 3월 16일까지 34일 간을 그 춥고 견디기 어려운 경찰서 유치장 감방에서 지낼 수밖에 없었다. 밤이 제일 문제였다. 기침 때문에 도저히 잘 수도 없었고 함께 수용된 사람들도 불평을 해대기 시작했다.

"아이고 잠 좀 자자 잠 좀 자. 폐병쟁이가 옆에 있으니 잠을 잘 수가 있어야지. 우리도 모두 폐병쟁이가 되겠다. 이봐요, 순사 나으리. 제발 이 폐병쟁이 좀 내보내주시오. 유치장 바닥이 전부 다 피칠갑이니 이거 어디 견딜 수가 있겠소?"

이상은 제 발로 걸어 나가 심문을 받을 수도 없을 만큼 허약해졌다. 더 이상 잡아둘 수가 없게 됐다는 판단을 하게 된 일본 사상경찰은 다꾸시(택시) 한 대를 불러 이상을 타게 하고 그를 잡아 온 고등계형사들이 그를 햇볕 들지 않는 이상의 2층 방으로 되돌려 보냈다.

이상은 반송장이 되어 2층 방에 누워 있었다. 인정 많은 연극패 대장 주영섭이 달려와 우유와 카스테라를 먹도록 했지만 이상은 일어나 앉지도 못하며 그냥 먹는 시늉만 했다. 열에 들떠 겨우 사람을 알아보았다. 이웃에 사는 재일교포 허남용 내외가 미음을 쒀서 입에다 넣어주었다. 그 미음을 먹고 나서야 이상은 겨우 움직이기 시작하였다. 그러나 몸이 너무 마르고 볼썽사나워서 얼핏 보아 송장이나 다름없었다.

 그 해 3월 20일 밤이 되어 이상이 그렇게도 보고 싶어 하던 김기림이 센다이에서 달려왔다. 햇볕 한 자락 들지 않는 그 어두운 방에 들어선 김기림이 탄식하였다.

 "아이고, 사람 사는 방에 햇볕 한 자락이 없다니... 아이고, 당신 얼굴이 마치 골고다 언덕에 매달려 있는 예수상이나 다름이 없소. 어찌하다 이렇게 됐단 말이오? 당신이 움직일 수만 있다면 내가 당신을 데리고 긴자나 간다의 학생거리로 데리고 나가 바람을 쐬어줄 수가 있겠는데... 도대체 당신은 무엇이 먹고 싶소?"

 이상은 앙상한 손으로 김기림의 손을 그러잡고 어린아이처럼 말했다.

 "난 도저히 가망이 없어. 기림이, 날 입원시켜주고 동림이에게 내 소식을 전해줘. 동림이 얼굴을 보고 싶어."

 이렇게 해서 김기림은 이상을 도쿄제대부속병원에 급히 입원시키고 변동림을 만나기 위해 경성으로 향했다.

 그 무렵 변동림은 엽서 한 장을 받았다. 김소운이 동경에서 보내온 짤막한 사연이었다.

 '사태가 급하게 됐습니다. 이상은 현재 도쿄제대부속병원에 입원 중이오. 급히 준비를 해서 대학병원으로 건너오시오. 나도 경성에 가서 준비를 해가지고 올 테니 각자 알아서 행동합시다. 사태가 아주 급합니다. 이상의 목숨이 경각에 달렸소이다.'

 변동림은 입정정의 그 어두컴컴한 방에 엎드려 울기 시작했다. 키가 훤칠하고 콧날이 상큼하고 선량하기 그지없던 이상이 왜 이런 신세로 전락했을까... 그런 이상을 만나고 꿈결 같은 단 3개월간의 신혼 생활 끝에 햇볕도 들지 않는 입정정의 단칸방에 자리 잡고 어떻게 해서든 함께 노력해서 도쿄에 자리를 잡고 그런 다음에는 준비를 해서 프랑스 파리로 함께 유학을 가자고 했던 그 모든 맹세들이 한 줌의 모래가 되어 손바닥으로 흘러내리고 있었다. 기구하고 비참한 청춘이었다. 청춘이 너무나 아까웠다.

변동림은 실컷 울고 나서 서둘러 화장을 시작하였다. 좀처럼 바르지 않던 눈가의 아이라인까지 바르고 그 날 변동림은 까만 투피스를 차려 입었다. 영업이 시작되기 전에 마담 나오미의 사무실 밖에서 기다리고 있었다. 1937년의 새봄을 알리는 4월에 걸맞게 분홍색 투피스를 입은 나오미 마담이 성큼성큼 걸어왔다. 그녀는 생긋 웃으며 먼저 말을 걸었다.

"봉주르, 마드모아젤! 아니 그런데, 이 좋은 계절에 웬 검은 투피스?"

변동림이 공손하게 말했다.

"드릴 말씀이 있습니다."

그녀는 소파에 풀썩 앉으며 담배를 피워 물었다.

"무슨?"

변동림은 주저하지 않고 말했다.

"제 남편이 도쿄에서 죽게 됐습니다. 지병인 폐결핵이 악화되어 도쿄제국대학 응급실에 누워있다고 합니다. 아무래도 장례식까지 치르고 와야 될 것 같습니다."

"아, 그래서 검은 투피스를 입었군. 알겠어. 가봐야지. 나한테 부탁하고 싶은 이야기는?"

"제 봉급을 앞당겨주십시오. 그 동안 모아놓은 돈은 모두 그이한테 부쳤습니다. 지금 제 수중에는 한 푼도 없습니다."

마담은 담배 연기를 내뿜으며 사무적으로 말했다.

"이곳의 월급은 몇 푼 되지 않는다는 것을 잘 알고 있지? 여기 주 수입원은 팁이었잖아... 마, 그건 그렇고 내가 금년 말까지 바이올렛의 봉급을 앞당겨 지불해주지. 장례 치르고 와서 금년 말까지 성실하게 일해서 갚도록 해. 일이 이렇게 됐으니 내가 한 달 봉급은 보너스로 주겠어. 조의금에 보태 쓰도록."

나오미 마담은 책상 위에 있는 금고를 열고 민첩하게 돈을 세어 봉투에 담아주었다.

그 날 변동림이 가방을 들고 남대문역으로 나갈 때 어떻게 알았는지 코토네가 눈물을 글썽이며 따라 나왔다. 코토네 곁에는 전원 다방의 마담 하타노도 서있었다. 두 사람은 변동림의 어깨를 안아주고 다독여주었다. 그리고 봉투 하나씩을 건네주었다. 변동림은 열두 시간 기차를 타고 부산으로 내려가 현해탄을 가로지르는 연락선을 타고 여덟 시간을 항해하여 시모노세키항에 도착하였다. 그곳에서 화장을 고치고 아침밥을 뜨고 도쿄까지 만 하루가 걸리는 기차를 탄 후 스물네 시간 만에 도쿄역에 도착하였다. 택시를 타고 도다이병원(동대병원, 東大病院 : 동경제대부속병원) 중환자실로 들어섰다. 웅성웅성 스무 명이 넘는 젊은이들이 그의 곁을 지키고 있었다. 이상은 김기림의 말처럼 골고다의 예수상 같은 얼굴로 아내 변동림을 맞았다. 사람들은 의아한 표정으로 울음을 터트리는 변동림을 지켜보았다. 그 때 변동림을 바라본 사람 중에는 도쿄에 온 이상을 자신의 침대에 재워주었던 김병기도 있었다. 김병기는 훗날 그 병실에 들어선 변동림을 '밭에서 일하다 온 수수한 여인' 같다고 회상하였다.

이상은 기를 쓰고 일어서려고 했다. 그러나 너무 힘이 없어 풀썩 쓰러졌다. 그 때 김소운이 말했다.

"자네 부인이 왔어. 동림씨가 왔다고."

이상은 고개를 끄덕이며 겨우 웃었다. 김소운이 또 물었다.

"부인을 만나려면 기운을 차려야지. 뭐 먹고 싶은 게 있어?"

이상은 어린애처럼 말했다.

"프랑스식 코페 빵을 먹고 싶어."

사람들이 말했다.

"이 근처에는 제과점이 없는데. 프랑스 빵을 사려면 긴자까지 나가야 돼."

이상은 눈빛을 빛내며 말했다.

"그래도 난 코페빵이 먹고 싶어."

변동림도 말했다.

"나가는 김에 사올게요. 또 먹고 싶은 게 있어요?"

이상은 잠시 숨을 고르다가 말했다.

"멜론이 먹고 싶어."

김소운과 변동림은 택시를 잡아타고 긴자로 나갔다. 코페빵을 사고 멜론을 사서 허겁지겁 돌아왔다. 이상은 다시 눈을 뜨고 아기처럼 투정했다.

"아니야, 내가 진짜로 먹고 싶은 것은 이런 게 아닌데. 버터나 잼을 바르지 않은 아주 말랑말랑한 코페빵 말이야."

변동림이 멜론을 깎아 입에 넣어주었다. 이상은 흡족한 듯 받아먹었다. 그리고 스르르 눈을 감았다. 그게 끝이었다. 이상이라는 별이 떨어지는 순간이었다.

화가 길진섭이 다가와 이상의 얼굴에 기름을 발랐다. 그리고 준비해 온 석고를 이상의 얼굴에 씌웠다. 데드마스크를 뜨기 위해서였다. 그런데 길진섭이 데드마스크를 뜯어냈을 때 기름이 모자랐던지 이상의 구레나루 털이 몇 개 붙어 나왔다.

변동림은 엎드려 흐느꼈다. 그 때 사무복을 입은 병원 직원이 와서 조심스럽게 물었다.

"상주가 누구입니까?"

김소운이 물었다.

"왜 그럽니까?"

직원이 대답했다.

"입원료를 정산해주셔야 합니다. 입원료가 정산되지 않으면 사망진단서가 나오지 않습니다. 사망진단서가 없으면 장례를 치를 수 없습니다."

김소운은 변동림 쪽을 바라보았다. 변동림은 계속 엎드려 흐느끼기만 하였다. 흐느끼고 있는 변동림을 흔들어 깨워 입원료를 정산해야 된다고 알릴 수가 없었다. 어쩌면 변동림은 이 모든 상황을 알아채고 있을지도 모른다. 그러나 그녀는 이상을 부여안고 흐느끼기만 하였다.

김소운이 성큼 일어섰다. 그리고 직원을 따라 원무과로 갔다. 김소운이 입원비를 정산하였다. 사망 진단서도 받았다. 사망진단서에는 사인이 이렇게 쓰여 있었다.

'결핵성 뇌매독(結核性腦梅毒)'

그 시절 일본대학병원에는 영안실이 따로 없었다. 따라서 장례식을 치를 장소도 없었다. 일행은 병원에서 한참 떨어진 아카사카의 작은 일본 집을 세 냈다. 그곳에서 장례가 치러졌다. 김병기가 달려오고 이상을 잘 알고 있는 삼사문학 동인들이 달려왔다. 이상의 데드마스크를 뜬 화가 길진섭과 그 패거리들도 달려왔다. 축지소극장의 주영섭과 연극패거리들도 달려왔다. 영결식은 신속하게 이루어졌고 이상은 화장되었다. 화장장을 나설 때 김병기가 변동림에게 물었다.

"부인은 27세에 세상을 떠난 부군 이상을 지금도 천재라고 생각하고 계십니까?"

작지만 차돌처럼 생긴 변동림은 야무지게 말했다.

"그 분은 가장 천재적인 황홀한 인생을 마친 겁니다. 그가 살다 간 27년은 천재가 완성되어 소멸되기에 충분한 시간입니다. 인간이 8-90년 걸려서 깨닫는 진리를, 4분의 1의 시간에 깨달아버릴 수 있는 경우, 사람들은 이것을 가리켜 천재라고 합니다. 천재는 또 미완성입니다. 사람들은 더 기대하기 때문입니다."

이렇게 해서 1930년대의 조선 문단의 천재 이상은 1937년 4월 17일 새벽 4시에 운명하였다. 화가 길진섭이 데드마스크를 만들었고 아내 변동림이 죽은 이상을 화장하였다.

그런데 실로 이상한 일이 벌어졌다. 이상은 죽기 직전에 마치 자신의 죽음을 눈으로 바라보듯 〈종생기〉라는 소설을 썼는데, 그 소설에 써놓은 자신의 죽을 날과 거의 비슷한 날짜에 죽었다. 더욱 묘한 일은 그가 죽기 전 바로 하루 전인 4월 16일에 경성에서는 그의 아버지와 그를 친자식처럼 입양하여 키운 큰아버지가 함께 세상을 뜬 것이다. 마치 사신의 검은 그늘이 이상의 집안을 온통 덮친 셈이었다.

이상이 세상을 뜨기 얼마 전인 3월 29일에는 경기도 광주에서 마지막 정양(폐병 치료)을 하고 있던 단짝 소설가 김유정도 운명하였다. 천재 이상은 1937년 4월 자신의 가장 친한 친구 김유정을 앞세우고 바로 하루 전에는 고국에 있던 아버지와 큰아버지까지 함께 모시고 이승을 하직한 것이었다. 참으로 불가사의한 일이었다.

  도쿄의 화장터에서 남편 이상을 화장하고 유골을 안고 돌아온 변동림은 도저히 자기 혼자서는 이상의 햇볕 들지 않는 그 2층 방에 들어갈 수가 없었다. 그녀는 울면서 김소운에게 말했다.
  "전 도저히 그이가 살던 방에 들어갈 수가 없어요."
  김소운이 말했다.
  "내 아파트에서 그동안 밀린 잠을 푹 자시오."
  변동림은 도쿄 시내에 있는 김소운의 아파트에서 이상의 유골을 머리맡에 둔 채 정신없이 곯아 떨어졌다.

23. 1937년 김환기

눈발이 날리고 있었다.

도쿄 만에서 불어오는 바람은 차가웠지만 도쿄에서 학생들이 제일 많이 몰려다니는 간다 거리는 젊음의 열기로 후끈거렸다. 무사시노(武藏野) 영화관에서는 찰리 채플린의 〈모던 타임즈〉가 선풍을 일으키고 있었고, 영화관에 들어가지 못한 젊은이들은 뒷골목의 선술집으로 모여들었다. 그 날 아마기(天城) 화랑에서 대학 졸업 기념 겸 생애 최초의 개인전을 마친 조선 출신 화가 김환기는 흥분에 싸인 채 다방 '젊은 베르테르의 슬픔'으로 향하였다. 다방 입구에는 이런 현수막이 걸려있었다.

'모던 아트의 기수 김환기 화백 제1회 기념전'

다방 안은 이미 후끈한 열기로 가득 차있었다. 그 날의 스폰서는 김병기였다. 앞의 상석은 갑빠머리에 뿔테 안경을 낀 프랑스 유학파 교수들이 차지하고 있었고 평양 화맥의 장형이라고 할 수 있는 길진섭이 그의 애인 간노 유이코와 나란히 앉아 있었다. 테이블마다 술잔과 안주가 요란하게 놓여 있었는데, 술을 즐기는 파들은 보드카와 압생트를 물처럼 들이켜고 여자들은 맥주를 홀짝이고 있었다. 김환기가 다방 안으로 들어서자 김병기가 큰 소리로 외쳤다.

"오늘의 주인공, 노쿠샤쿠(키큰 남자) 김환기가 나타났습니다. 박수로 환영해주시기 바랍니다."

요란한 박수가 터졌다. 김병기가 손에 든 쪽지를 보면서 김환기를 소개했다.

"오늘의 주인공, 김환기는 우리 도쿄 유학생 중에서 키 큰 것으로는 아마도 넘버원일 것입니다. 키도 크고 손 다리도 길고 무엇보다 목이 제일 깁니다. 제가 물었었지요 '왜 그렇게 목이 기냐'고 그랬더니 대답은 간단했습니다. 자기 고향은 조선 지도에도 나오지 않는 전라남도 신안군의 조그만 섬인데 매일 섬을 지나가는 배를 구경하고 육지를 목을 빼며 그리워하다가 목이 길어졌다고… 김환기의 고향은 전라남도 신안군 안좌도입니다. 정말 조선 지도에도 나오지 않는 콩만 한 섬입니다. 그 섬에서 다이쇼(大正) 2년 즉 1913년에 태어났습니다. 올해 24세가 되었습니다."

여학생들 쪽에서 놀리는 소리가 들렸다.

"물론 결혼은 했겠지요? 조선 남자들은 일찍 결혼을 하니까."

김병기는 시침을 떼고 군더더기 없이 말했다.

"물론 아깝지만 이미 결혼을 했고 고향 안좌도에서는 얼마 전에 둘째딸이 태어나기도 했습니다. 이 키큰 미남에게 사모의 정을 가지고 있는 아가씨들은 가슴 아프겠지만 단념을 하십시오."

여학생 쪽에서 탄식이 터져 나왔다.

"아깝다… 참말로!"

김병기는 오늘의 주인공을 계속 빛내주기 위해 애를 태우고 있었다.

"김환기 화백은 지난 1932년에 니시키시로(錦城)중학교를 졸업하고 니혼(日本)대학 에술학원 미술학부를 작년에 졸업하고 그동안 연구과에서 조교 생활을 해왔습니다. 혼자서 대학원 과정을 마친 셈이죠. 그 조교 생활도 올 봄이면 끝나게 됐습니다."

길진섭이 말했다.

"사회자! 그런 딱딱한 이력 말고 김환기 화백의 진짜 수상 내용을 얘기해야지."

김병기가 재치있게 받았다.

"물론이죠. 지금 말할 겁니다. 우리 김환기는 지난 1935년 22세의 약관으로 '제22회 이과전'에 〈종달새 노래할 때〉라는 100호 짜리 작품으로 입선했고, 지난 가을에는 역시 100호 짜리 〈25호실의 기념〉이라는 작품으로 또 다시 '제23회 이과전'에 연거푸 입상하였습니다. 우리 조선 반도 출신의 화가로 이과전에서 두 번이나 계속 입상한 이는 김환기 화백이 최초일 겁니다."

그 때 길진섭의 애인이자 여성 화가로서는 가장 앞서가던 간노 유이코가 자리에서 일어나 봄꽃이 가득 담긴 꽃바구니를 김환기에게 건넸다. 그녀는 허리를 굽히며 말했다.

"우리 백만회(白蠻會 : 미술클럽의 이름)의 이름으로 올리는 기념품입니다. 개인전을 축하드리고 대학 생활 마감도 아울러 축하합니다."

길진섭이 벌떡 일어나며 말했다.

"우리 김환기 화백과 가장 가까운 동인은 뭐니뭐니해도 우리 백만회지. 백만회 멤버들 일어나시라요."

길진섭, 간노 유이코, 다시카미 다케나(鶴見武長)가 일어나 김환기를 에워싸고 축배를 들었다. 연장자인 다시카미 다케나가 압생트 잔을 흔들며 말했다.

"우리 백만회는 그동안 어려움 속에서도 긴자의 기노쿠니아(紀伊國屋) 화랑에서 네 번씩이나 전시회를 가졌지. 우리 백만회의 중심 화가도 김환기야. 김환기 화백의 발전을 위하여!"

모두 위하여를 외치고 축하해주었다. 유영국(劉永國, 추상화가, 1916년~2002년)이 달려나와 독일제 라이카 카메라로 백만회 일행을 촬영해주었다. 유영국은 김환기보다 세 살이 아래였다. 다니는 학교도 달랐다. 김환기는 니혼대학이었고 유영국은 김병기가 다니는 분카(文化)학원에 다니고 있었다. 그런데 유영국은 분카학원에서 김병기 등과 잘 어울리지 못했다. 왜냐하면 김병기는 평양 출신으로 나중에 들어온 이중섭, 문학수 같은 평양 출신의 고향 친구들과 더 잘 어울렸고 경북 울진 출신의 유영국과는 서먹하게 지냈다. 그런데 동창이 별로 없었던 니혼대학에 다니던 김환기는 유영국과 단짝이 된다. 두 사람 다 고향이 섬이 아니면 바닷가였기 때문에 먹는 것으로는 해물을 함께 즐겼고 여름에 틈이 나면 요코하마에 가서 수영을 즐겼기 때문이었다. 또 두 사람은 처음부터 추상 미술을 추구했기 때문에 미술 세계에서도 진한 동질감을 느끼고 있었다. 그래서 김환기와 유영국은 숙소까지 함께 쓰게 되었다. 1935년 12월, 도쿄에서 조금 떨어진 시나가와구(品川区)에 새 아파트가 들어섰다. 포플러가 잔뜩 우거진 숲 사이에 아름다운 아파트 4채가 세워졌다. 그 풍광 좋은 아파트에 김환기와 유영국이 입주하였다. 왜냐하면 그 아파트에는 무라이 마사나리(村井正城, 1905-1999)도 들어왔기 때문이었다. 무라이 마사나리는 유영국이 다니는 문화학원 제1회 졸업생으로 1928년부터 32년까지 유럽에서 공부했고 귀국 후에는 모교 문화학원에 교수로 적을 두고 학생들을 열심히 가르쳤다. 특히 그는 헨리 마티스(1869-1954)와 피트 몬드리안(1872-1944)을 학생들에게 소개하고 추상화의 진수를 가르쳤다.

김환기와 유영국은 아침 저녁으로 만나는 무라이 마사나리 교수로부터 많은 것을 배울 수 있었다. 그 포플러 집에서 두 사람은 1년 이상 살며 무라이 마사나리의 예술 세계를 충분히 훔쳐볼 수 있었다. 이 날의 행사는 무라이 마사나리 교수가 김환기를 격려해주는 것으로 절정을 이루었다. 그는 프랑스 유학파답지 않게 점잖은 올빽머리를 하고 있었으며 굵은 테 안경을 끼고 있었다. 그의 축사는 아주 간단했다.

"나는 김환기가 조선 추상화의 선두주자가 될 것을 확신한다."

유영국은 무라이 마사나리와 김환기를 나란히 세워놓고 사진을 찍어주었다. 유영국은 사진 찍기에 특별한 취미를 가지고 있었다. 그 날 흥겨운 김환기의 축제가 끝나갈 때쯤 오후나(본명 : 후나코시 미에코((船越三枝子))라는 아가씨가 수줍게 일어나 자신의 작품을 곱게 포장하여 김환기에게 기념으로 전해주었다.

"김환기씨, 간직해주세요. 제가 최근에 그린 바닷가 풍경이랍니다."

그 수줍은 오후나는 김병기의 애인이었다. 육감적이며 애교 넘치는 문화학원의 학생이었다. 김병기는 김환기에게 눈을 꿈뻑이며 말했다.

"받아둬. 기념이잖아. 이 아가씨도 이 다음 유명한 여류화가가 될 수 있을지 어떻게 알겠나."

1937년 봄이 오고 있었다. 쌀쌀한 도쿄만의 해풍이 그치고 니혼대학 예술학부의 아름다운 교정의 벚꽃들이 벚꽃놀이 준비를 하고 있었다. 김환기는 학부 교수실의 끝자락에 있는 자신의 방에 들어가 짐을 정리하기 시작하였다. 열아홉 살 때에 고향 섬을 탈출하여 도쿄에 들어온 후 중학교를 마치고 니혼대학 예술학원 3년을 끝내고 다시 조교 생활 1년을 더 한 것을 계산해보면 7년에 이르는 세월이었다. 지난해 6월에 둘째 딸 금자가 태어났지만 고향 안좌도는 언제나 낯설게만 느껴졌다. 축구공을 차면 공이 곧장 바다로 굴러 떨어질 것만 같은 좁디좁은 섬이었다. 소작인들의 부엌에 젓가락이 몇 개쯤 꽂혀 있는 것 까지도 가늠할 수 있는 답답한 섬이었다. 조선으로 돌아간다 하더라도 그 섬에서는 살 수가 없을 것이다. 경성 생활을 해야 할 텐데 도대체 뭘 하고 산단 말인가. 학교 훈도(교사)를 할까? … 그것도 쉽지 않을 것이다. 경성에서 이름 있는 학교의 미술 교사라면 간판이 제법 그럴 듯해야 한다. 공립학교나 이름 있는 사립 중학교의 미술 교사 자리는 대부분 도쿄 미술학교(현 도쿄예술대학) 출신이거나 제국미술학교(현 무사시노미술대학) 출신들이 차지하고 있다. 아마도 목포에 있는 사립 학교 정도에서 교편을 잡을 수는 있을 것이다. 그러나 목포 생활은 싫다. 일단 집으로 돌아가 숨을 고르고 객지 밥으로 곯은 몸을 웬만큼 추스른 다음에 다시 도쿄로 돌아오는 것이 순서일 것이다. 아테네 프랑세에 들어가 1년쯤 프랑스 말을 익혀 짐을 챙기는 것이 맞는 순서일 것이다. 3년 동안 실기를 가르쳐 준 기무라 쇼오하치(木村莊八, 1893-1958) 교수도 귀에 못이 박히도록 강조하였다.

'추상미술 하는 사람은 죽든 살든 파리를 다녀와야 한다.'

대학 생활을 하면서 가장 의미 있게 참가하고 활동했던 연구단체는 전위를 표방하는 '아방가르드 양화연구소'였다. 그 연구소에서 연구생들을 지도하던 후지타 쓰구지((藤田嗣治, 1886-1968) 교수는 가장 전위적이며 프랑스적 예술가였다. 아예 부인까지 프랑스 여자를 얻어 일본인들을 놀라게 한 전위파였다. 아메데오 모딜리아니(1884-1920) 같은 거장과도 교분을 쌓았던 실력파 교수였다. 그 교수도 입만 열면 연구생들에게 말했다.

'너희들이 정말로 미술을 하려 한다면 무조건 에펠탑 밑으로 가야 한다. 머리 좋은 유태계의 미술인들이나 슬라브계의 미술인들도 모두 에펠탑 밑으로 들어와 새로운 색채와 기법을 익혔다. 이탈리아 출신 모딜리아니, 러시아 출신 샤갈, 불가리아 출신 파스킨, 폴란드 출신 키슬링, 리투아니아 출신 수틴, 모두가 파리의 하늘 밑에서 예술가로 거듭났다. 그들을 가리켜 〈에콜 드 파리〉파라고 한다. 20세기 미술을 새로 개척한 스페인 출신 피카소도 파리의 몽마르트언덕에 있는 세탁소라는 아뜰리에에 들어오지 않았다면 그렇게 위대한 미술가가 될 수 있었겠는가... 서양화, 특히 추상화를 한다면 추상화의 발생지인 파리로 가야 한다.'

연구소의 또 다른 교수 도고 세이지(東鄕靑兒, 1897-1978)도 길진섭이나 김 병기 그리고 김환기 같은 조선인 연구생들에게 힘주어 말했다. "너희들은 조선 땅에서 밥술 깨나 먹는 집안에서 태어났기 때문에 이 도쿄까지 왔을 것이다. 도쿄 생활을 하려면 하숙비 40원 기타 용돈 60원 평균 한 달에 100원은 쓸 것이다. 그런 돈이면 파리에서 충분히 지내고도 남는다. 나는 지난 1921년, 다이쇼 10년부터 1928년까지 무려 8년 동안 프랑스에 있었다. 처음에는 파리에 있다가 아늑하고 경비도 훨씬 적게 드는 리옹 미술학교를 다녔다. 미술을 하려면 죽어도 프랑스 땅은 밟아야 한다."

24. 야나기 무네요시

　　김환기는 교수들의 충고와 현실적인 여건을 숙고한 끝에 프랑스행을 결행하기로 결심하고 꼼꼼히 챙기기 시작하였다. 짐을 챙기고 연구실 문을 닫고 캠퍼스를 휘휘 둘러본 후 교문 쪽으로 걸어 나오고 있었다. 그 때 그 교수가 고개를 숙이고 캠퍼스 안으로 들어오고 있었다.
　　3년 동안 일본미술사를 가르쳤던 야나기 무네요시(유종열 : 柳宗悅, 1889-1961) 교수였다. 교수 중에서 유일하게 안경을 끼지 않고 콧수염만 기른 채 앞이 트인 일본 화복(和服 : 남자 기모노)을 걸친 그가 김환기의 인사를 받고 지나치다가 돌아섰다.
　　"이봐, 김군. 자네 이번에 귀국한다지?"
　　김환기는 허리를 깊이 숙이며 답했다.
　　"네, 조교 생활도 끝났기 때문에 돌아가려고 합니다."
　　"그럼 진로는 정했는가?"
　　환기는 머뭇거리다가 말했다.
　　"다시 돌아와 아테네 프랑세에 등록하려고 합니다."
　　교수는 잠시 생각에 잠기다가 환기에게 말했다.
　　"이따가 내 연구실로 오게. 얘기 좀 하세."

야나기 무네요시 교수의 방은 어수선했다. 일본어서적, 영어서적, 라틴어서적, 중국어서적 등이 정신없이 엇갈려 쌓여있었고, 오랫동안 청소를 하지 못한 듯 먼지까지 쌓여있었다. 대신 그의 책상 뒤에는 조선식 목물(木物)이 버티고 있었고, 그 목물 위에 하얀 도자기 하나가 놓여있었다. 남자 조교가 가져온 커피를 권하며 교수는 말했다.

"편하게 앉게. 김군. 저 목물이 뭔 줄 알겠는가?"

환기가 당황하며 말했다.

"죄송합니다. 잘 모르겠습니다. 우리 조선 고가에서 자주 보던 것 같은데…"

교수는 환기를 건너다보며 천천히 말했다.

"자네나 나나 모두 바쁜 처지이니 앞으로 이렇게 단 둘이 만나 얘기를 나눌 시간은 없을 걸세. 다행히 오늘은 내 강의가 다 끝났으니 우리 편하게 얘기를 나누세. 사실 지난 3년 동안 자네가 학부를 다닐 동안 내가 일본미술사를 강의했는데 모두 주마간산(走馬看山)식의 얘기였지. 내가 도쿄제국대학에서 배운 서양철학 얘기, 유럽을 보고 온 유럽미술사를 비빔밥처럼 섞어서 대충대충 시간을 때웠지. 특히 지난해에는 내가 중요한 일을 하나 매듭지었기 때문에 더 정신이 없었어. 하긴 뭐, 자네도 학부생도 아니고 조교였으니까 나하고는 직접 만날 일도 없었지만… 아무튼 나는 지난해에 일본민예관을 세웠네. 그 민예관을 개관하고 세상에 알리느라 정신이 없었지. 내가 세운 일본민예관에 대해 들어는 보았는가?"

환기는 손수건을 꺼내 이마를 닦으며 어렵게 말했다.

"죄송합니다. 저도 지난해에 이런 저런 전시회에 출품을 하고 제 개인전을 하느라 정신이 없었습니다. 교수님의 민예관 개관을 몰랐습니다. 송구스럽습니다."

교수는 웃으며 말했다.

"피장파장이지 뭐. 자네는 개인전을 했다는데 내가 화환 하나도 보내지 못했잖아. 어디서 했지?"

"네, 간다의 아마기 화랑이었습니다."

"늦었지만 축하하네… 자네는 구상이 아니고 추상 쪽이었지?"

"그렇습니다, 교수님. 저도 늦었지만 귀국하기 전에 교수님이 세우신 일본민예관을 꼭 들르고 싶습니다. 거기가 어디쯤인지요."

"응, 찾기는 쉬워. 고마바토다이마에(駒場東大前)역에서 내려 도쿄대 예과 쪽으로 올라가면 금방 찾을 수 있지."

교수는 커피를 권하면서 말했다.

"커피 들게. 다른 교수들은 연구실에서 꼭 격식을 갖추어 차를 마시는데 난 커피가 좋아. 번잡스러운 격식도 필요 없고 설탕과 프림만 적당히 조절해서 마시는 커피가 구수하고 편해서 좋아. 난 경성에 나가면 부청 앞에 있는 낙랑파라에 들러 그 집 MJB커피를 즐기지. 참 그 집 주인도 지금쯤 다른 사람으로 바뀌었을 거야. 처음 이순석 화백이 개점을 했고 그 뒤에는 배우 김연실씨가 운영을 했는데 지금은 그 여배우가 만주 신경으로 가서 양주를 파는 바를 한다고 하지?"

"네. 지금은 주인이 바뀐 걸로 알고 있습니다. 저도 이번에 가면 확인을 해보겠습니다."

"그건 그렇고…"

교수는 자신의 등 뒤에 버티고 서있는 목물에 대해 설명을 해주었다.

"저건 조선 강화도 반닫이야. 일본 것도 아니고 중국 것도 아닐세. 장식도 섬세하고 아주 정이 가는 목물이지. 내가 지난해에 개관한 민예관(The Japan Folk Crafts Museum:日本民藝館)에 저것도 갖다 놓을까 하다가 하도 정이 들어 그냥 내 곁에 있게 했네. 그 위에 놓여 있는 하얀 자기는 어느 나라 것인지는 알겠나?"

환기는 조마조마하며 어림잡아 얘기했다.

"저건 아무래도 조선 자기가 아니겠습니까."

교수는 반색하며 말했다.

"맞네. 조선 자기가 맞네. 천하의 명물 조선 자기일세. 저것도 내 민예관에 내놓을까 하다가 내가 이 대학에서 강의가 다 끝나면 가져다 놓으려고 그냥 내 곁에 놓고 보는 것일세. 바로 내 애인일세. 내가 이 텅 빈 연구실로 들어설 때면 제일 먼저 나를 반겨주는 내 애인이지. 허허. 또 내 마음이 쓸쓸해질 때면 언제나 내가 살며시 안아보는 내 여인이자 가장 자별한 나의 친구일세."

환기는 용기를 내서 물었다.

"교수님, 비싼 것입니까?"

"허허, 비싼 거냐고? 그건 나도 잘 몰라. 저건 내 첫사랑 같은 것이야. 내가 딱 스무 살 되던 해 그러니까 1909년에 자네들도 잘 다니는 학생거리 간다를 걷고 있을 때 저것이 야시장 램프 불에 반짝반짝 빛나면서 나에게 미소를 보내고 있었지. 아주 수줍게 말이야. 꼭 조선의 처녀가 고름을 입에 물고 배시시 웃고 있는 것 같았어. 난 무엇에 끌려가듯 그냥 가서 집어 들었고, 상인이 말하는 얘기를 들었어. '그거 조선 자기입니다. 모란문 항아리라는 희귀한 물건이지요. 싼 값에 드리겠어요. 단 돈 20원이요.'… 난 주머니를 털어 샀지. 나중에서야 알았지만 나는 아주 횡재를 한 것이었네. 아무튼 그 시절만 해도 그렇게 살 수가 있었지."

"교수님은 도쿄제국대학에서 철학을 공부하신 걸로 알고 있는데요. 어떻게 해서 조선의 민예와 일본 민예에 빠지시게 되셨습니까?"

야나기 무네요시 교수는 눈을 지그시 감고 천천히 시작했다.

"자네는 지금 몇 살인가?"

"제 나이 말입니까? 전 만 나이로 24살입니다. 결혼은 했습니다만."

"그야 뭐, 조선 청년들은 일찍 결혼하니까. 아이도 있겠구만."

"네. 지난해에 둘째 딸이 태어났습니다."

교수는 환하게 웃으며 말했다.

"참 좋은 나이야. 내 나이의 꼭 절반이로군. 나는 지금 48살일세. 허리가 벌써 구부러지기 시작했네. 나에게도 좋은 시절이 있었지. 도쿄의 화족(華族 : 귀족 집안) 집안에서 태어나 화족들만 다닌다는 가쿠슈인(学習院) 고등과에 다녔지. 문학에도 심취했고, 음악에도 빠졌었고, 미술에도 아주 관심이 많았지. 그래서 스물한 살 되던 해에 뜻 맞는 젊은이들끼리 '시라카바(白樺 : 자작나무)라는 동인지를 발간했지. 아주 기고만장했던 동인지였어. 일본의 지식인들이 주목하고 입이 마르도록 칭찬을 해주었기 때문이야... 시라카바 시절 난 편집인 자격으로 내가 흠모해 마지않던 근대 조각의 시조 오귀스트 로댕(Auguste Rodin, 1840-1917)을 우리 동인지에 소개하고 그의 작품을 표지에 실었지... 뭐 세계적인 조각가 로댕이 답신을 해주면 좋고, 안 되면 할 수 없지 하는 마음으로 그 동인지를 그 분에게 국제우편으로 보냈어. 아 그랬더니 이게 웬일, 파리 에펠탑 밑에 있던 그 노대가가 동방의 런던이라고 불리던 도쿄에서 그것도 귀족 출신의 젊은이들이 자신에게 관심을 가져주고 특집을 냈다는 사실에 감동하고 만 거야. 그래서 그 영감님이 자신의 소품 3점을 배편으로 보내주었지. 일본의 모든 신문들이 대서특필했고 일본의 모든 잡지들이 특집을 내주었지. 일본 열도가 발칵 뒤집힌 거야. 급기야는 우리가 가지고 있는 로댕의 작품을 보기 위해 삿포로 끝에서, 유구 열도에서까지 사람들이 몰려오기 시작했어. 그 때 도쿄 근처에 살던 아사카와 노리타카(浅川伯教, 1884-

1964)라는 소학교 선생과 그의 동생 아사카와 다쿠미(浅川巧, 1891-1931)가 찾아왔지. 로댕의 작품을 보기 위해서 그 두 형제는 빈손으로 오지 않고 로댕 작품을 감상한 대가로 선물을 들고 왔어. 그 선물이 바로 조선 백자였지. 〈청화백자 추초문 각 항아리〉라는 것이었어. 내가 처음으로 이름을 외운 조선 백자였어. 아사카와 노리타카 형제가 들고 온 그 조선 백자 때문에 내 인생은 방향이 틀어졌지."

김환기는 얼이 빠졌다. 일본에서 가장 뛰어난 미학자라고 자타가 공인하는 그 야나기 무네요시가 정신없는 세계로 마구 끌고 갔기 때문이었다. 환기는 조교에게 MJB 한 잔을 더 청하고 교수의 열강에 취하기 시작했다.

"아무튼 나에게 조선 도자기를 선물했던 아사카와 노리타카와 다쿠미 형제는 나보다 훨씬 먼저 조선으로 건너갔지. 노리타카는 조선 경성에서 소학교 선생을 했고 동생 다쿠미는 경성에 있는 임업시험장의 기수(기사 : 말단 기술 공무원) 노릇을 했는데 이상하게도 두 사람은 조선 도자기와 목물에 일가견을 가지게 되었지. 형 노리타카는 방학만 되면 조선 팔도를 누비며 조선 자기의 도요지를 찾아다녔고 동생 다쿠미도 휴가를 받을 때마다 조선의 구석구석을 찾아다니며 도자기 공부를 했어. 참, 자네 고향이 조선 어디라고 했지?"

"네, 전라남도 신안군... 남쪽 바다 섬입니다."

"그래, 자네 고향에서 가까운 전라남도 강진에도 자주 찾아가 그곳이 고려청자의 첫째가는 도요지라는 것을 알아낸 사람들도 바로 그 두 형제였어. 강진에는 지금도 땅만 파면 청자 파편이 나오지. 나는 조선에만 나가면 그 동생 되는 아사카와 다쿠미의 집에서 묵었지. 왜냐하면 그 분이 사는 청량리 집이 한적한 숲속에 있었기 때문이었고 그 집에는 조선 자기가 가득 차 있었기 때문이었어."

"교수님께서는 언제부터 조선에 나가시기 시작하셨습니까?"

"그 때가 1916년 조일합방이 이루어지고 6년째가 되는 해였지. 내 나이 스물일곱이 되던 해였어. 대학을 졸업하고 유럽에서 잠시 공부를 한 후 중국을 걸쳐 조선으로 들어갔었지. 그 때 이미 다쿠미 형제는 조선에서 조선 자기 공부를 상당히 하였고 나를 안내하면서 공부를 시켜주기 시작했지. 이 무렵에 중국 베이징에서 만났던 영국 도예가 버나드 리치(Bernard Howell Leach, 1887-1979)씨도 만나게 됐지. 나보다 두 살이 위인 버나드 리치도 중국과 조선을 다니며 도자기를 연구한 사람인데 그 분도 조선의 도자기가 동양에서는 제일 뛰어나다는 것을 알고 있었어. 나와 버나드 리치는 그 후로 조선 여행을 아주 빈번하게 했는데 나나 버나드씨나 똑같이 조선의 도자기에 미치고 말았지."

"미치다니요?"

"암, 미치다 마다. 나와 버나드 리치는 다쿠미 형제에 이끌려 완전히 조선 도자기의 포로가 되고 말았네. 물론 비취색이 짙은 고려청자가 귀족적인 품위를 자랑하고 있었지만 나와 버나드는 이상하게도 질박한 조선 도자기... 아무 장식도 없고 떠오르는 달처럼 둥글기만 한 그 조선 도자기에 혼을 빼앗기고 말았다네. 우리가 그렇게 된 연유는 아마도 이 방면에 뛰어난 스승이었던 아사카와 형제 때문이었을 거야. 그 분들은 나나 버나드 리치처럼 대학 공부를 하고, 미학(美學) 책을 읽고 유럽 유학을 한 분들은 아니지만 선험과 직관으로 조선 도자기의 정수를 일찍이 터득하였고 조선 팔도의 도요지를 누빈 끝에 저절로 높은 경지에 이른 분들이었어."

"아사카와 형제분들은 어떻게 조선 도자기에 빠지게 되었나요?"

"그 분들은 야마시현의 시인 집안에서 태어났는데 많은 공부는 하지 않았지만 현장 공부를 통해 도자기의 달인이 된 분들이었어. 특히 동생이 되는 다쿠미씨는 아주 삶 자체가 조선식이었지. 조선말의 사투리를 정확히 구분할 만큼 조선어에 능통했고 조선 옷을 입고 여행을 다닐 때는 조선 당나귀를 타고 다닌 사람이었어. 경성에서 전차를 타면 일본 여인들이 허름한 조선 옷을 입은 다쿠미씨를 보고 자리를 비키라고 다그쳤대. 그러면 그 분은 두말없이 자리를 비켜주며 '편히 가십시오'라는 조선말을 했다는 거야. 자네도 반도 출신이니까 조선의 경제 사정을 잘 알겠지만 경성 변두리에는 걸인들이 얼마나 많은가. 청량리에 있는 다쿠미씨 집에도 아침저녁으로 걸인들이 찾아왔는데 그 분은 걸인에게도 상을 차려서 꼭 밥을 먹여 보냈다는 거야. 아기를 업은 여인이 찾아와 입원비가 없다고 하면 용돈을 털어 주기도 했는데, 돈이 떨어졌을 때는 자신의 봉급날을 알려주면서 그 때 찾아와 입원비를 받아가도록 했다는 거야. 청량리 일대의 빈민들이나 걸인들은 다 아는 얘기였지. 그런데 안타깝게도 아사카와 다쿠미씨는 향년 40세로 지난 1931년에 세상을 뜨셨지. 세상을 뜨시면서 그 분은 집에서 가까운 이문동 묘지에 묻어달라고 했대. 자신이 사랑하는 조선의 도자기가 조선의 흙에서 나온 것이니까 자신도 조선의 흙이 되고 싶다는 유언까지 남기셨다는 거야. 물론 나는 부음을 듣고 즉시 조선으로 달려갔지. 내가 그 분 댁에 들어섰을 때, 청량리 일대에는 큰 소동이 일고 있었어. 상복을 입은 사람들이 모여들고 걸인들과 여인들은 소리내어 울기까지 했어. 내가 눈으로 확인했으니까... 조선의 상여는 보통 열 사람이 매게 되었는데 무려 30명이 넘는 조선 조문객들이 서로 상여를 매겠다고 해서 형님 노리타카씨가 애를 먹기도 했어. 그 분 상여가 장지로 향해 떠날 때 그곳에 모여 있던 모든 사람들이 목 놓아 울었어. 참 감동적이며 기이한 풍경이었지!"

환기는 면구스러운 표정으로 말했다.

"금시초문입니다. 조선에서 있었던 그런 감격스러운 내용을 교수님을 통해 알게 되어 참으로 부끄럽습니다."

교수는 짤막하게 말했다.

"부끄럽다면 이번에 경성에 가면 동대문 밖 이문동에 있는 그분의 묘지를 한번 찾아가보게. 그 분 묘지는 금방 찾을 수 있으니까. 참, 그리고 경성에 가면 경복궁 안에 있는 '조선민족미술관'도 꼭 찾아가보게."

"그게 언제 세워진 겁니까?"

"지난 1924년 내가 서른다섯 살 때 아사카와 형제와 함께 세운 걸세. 그 때 성악을 하는 내 안사람이 조선에 건너와 음악회를 열어 기금을 보탰고, 아사카와 형제는 자기들이 모은 컬렉션을 모두 조선민족미술관에 기증을 했네. 꼭 한 번 찾아가보게."

25. 각성

　동대문 밖 이문동 공동묘지 일대에도 벚꽃이 한바탕 피었다가 서서히 지고 있었다. 묘지를 찾는 일은 어렵지 않았다. 상석 전면에 '조선의 흙을 사랑하고 도자기를 사랑했던 아사카와 다쿠미의 묘'라고만 쓰여 있고 묘 옆엔 고인의 형 노리타카가 만들어 세운 모따기 항아리 모형이 커다랗게 세워져 있었다. 김환기는 동대문에서 사들고 간 곡주를 무덤에 뿌리고 예를 표하였다. 묘 앞엔 故아사카와 다쿠미를 추모하는 사람들이 갖다 놓은 들꽃 묶음들이 싱싱한 모습으로 놓여 있었다. 따스한 햇볕을 받으며 환기는 담배를 피워 물었다. 새 소리, 벌레 소리가 요란했다.

　김환기가 동경의 모교를 떠나오던 날, 그 교수를 만난 것은 참으로 묘한 일이었다. 평소엔 말할 기회도 없었고 특별히 교분을 나눌 일도 없었던 야나기 무네요시, 유명세 때문인지 말수가 적었고 사람들에게 눈길도 자주 주지 않던 그가 조선인 출신 조교를 붙잡고 그렇게 긴 시간을 보낸 일은 예사로운 일이 아니었다. 그는 퇴근 가방을 챙기고 연구실을 나서며 환기에게 저녁을 함께 하자고 했다. 신주쿠에 있는 자신의 단골가게인 듯한 화식집에 들어가 정종을 들이켜 가며 강의를 시작했다. 그것은 일종의 특별 강의였다.

"제국대학에서 미학을 전공했던 나는 미의 발원지를 찾기 위해 어지간히 헤맸어. 유럽으로 건너가 헬레니즘의 근원지를 찾는다고 하면서 아테네 들판을 헤매기도 했고 로마제국의 원형을 찾는다고 하면서 그 방대한 로마시를 누비고 바티칸을 샅샅이 뒤졌지... 그런데 머리가 까맣고 키가 작은 동양 사람으로서 서양 문화, 서양 미학의 정수를 찾아낸다는 것은 쉽지 않은 일이었어. 애당초 번지수가 틀렸기 때문이었지. 그래서 난 부랴부랴 중국으로 건너갔지. 옛날 장안으로 불리던 시안(西安)에 가서 석 달을 머물렀지. 어마어마한 중국의 고도를 걸으면서 또 좌절하였어. 왜냐하면 나는 한문 공부를 많이 하지 않았고 중국 고전에 능하지 못했기 때문이었지. 동양 문화의 정수를 찾아내는 일도 정말 쉬운 일이 아니었어. 압록강을 건너고 평양을 거쳐 경성으로 왔지. 그래서 만난 사람이 경성에서 소학교 교사를 하는 아사카와 노리타카였어. 그 분이 나를 경성 남쪽에 있는 관악산으로 데리고 가더군."

교수는 환기에게도 잔을 권하며 편하게 이야기했다.

"자네, 관악산을 올라가봤나?"

환기는 교수에게 술을 올리며 공손히 말했다.

"아직 가보지 못했습니다. 경성에 가면 종로나 본정통을 누비며 술 마시는 일만 했습니다. 부끄럽습니다."

야나기 무네요시 교수는 말했다.

"노리타카 선생과 삼막사(三幕寺 : 경기 안양시 만안구 석수동 삼성산에 있는 절)라는 절에 들렀지. 용주사의 말사라 크지 않은 절이었어. 주지스님이 차를 내왔는데 차 그릇과 다반들이 이상하게 내 마음을 끌었어. 흰 사기 그릇 같았는데 달빛에 비치는 그 모습이 참으로 묘하게 내 마음을 끌었어. 노리타카 선생에게 은근히 말했지. '선생, 다기와 다완이 범상치 않은데요. 어떻게 생각하십니까?' 그러자 노리타카 선생도 말했지. '네, 이곳이 옛날부터 유명했던 경성 제일의 조선 도자기 도요지였다고 합니다. 구전으로만 내려오고 스님들도 잘 모르는 것 같습니다' 그래서 다음날 내가 시주를 내놓으니까 주지스님이 다완과 다기들을 정성껏 싸주시는 거야. 그걸 가지고 나는 일본에서 다도인으로 이름이 높은 마스다 다카시(益田孝 : 일제시대 일본제일의 다도인으로 알려진 사람) 선생을 찾았지. 그 분에게 하얀 조선의 다기 세트를 보여드렸더니 아, 글쎄 무릎을 치시는 거야. '어디서 이런 명품을 구하셨습니까? 이런 명품은 일본에선 구하기 어렵고 가끔 조선에서만 나옵니다. 조선 것이지요?' … 어찌 보면 대단히 단순하고 저급한 동기인데… 결국 나는 등잔 밑이 어둡구나, 하는 깨달음을 얻은 거지."

그 날 밤, 저녁 자리가 파할 때쯤 야나기 무네요시 교수는 지나가는 말로 말했다.

"너무 멀리 갈 생각 말게. 아름다움은 의외로 가까운 곳에 있다네. 나는 일본 사람이지만 이미 조선의 백자에 혼을 빼앗겼다네. 어떤 예술가에게도 뿌리라는 게 필요하네. 나는 예술가는 아니고 단지 아름다움을 연구하는 학자이자 운동가인데 내 뿌리는 동양에 있다고 생각하네. 그리고 그 뿌리에서 태어난 관심의 가지는 조선 백자에 가 있네. 반도에서 태어난 자네도 뿌리라는 것에 대해서 생각해보게. 나는 조선 백자에서 말할 수 없는 슬픔, '비애미(悲哀美)'라는 것을 느꼈는데… 아사카와 형제는 의외로 조선 백자에서 조선의 무속 신앙과 '민중의 힘'을 느꼈다고 하더군. 조선 반도에 뿌리를 둔 김환기군, 혹 마음이 변할 수 있다면 자네도 조선 백자를 연구해보게나."

김환기는 이문동의 아사카와 다쿠미 묘 앞에서 커다란 마음의 동요를 느꼈다. 조선인으로서, 더구나 아름다움을 추구하는 미술인으로서 수치감 같은 것을 느꼈다. 자신들이 해야 할 일을 정복자인 일본인들이 대신 나서서 해주는 현실을 비로소 깨닫게 되었다. 뿌리 없이 동경 시내를 누비며 환쟁이의 길만 정신없이 추구해왔던 자신의 정신세계에 대해 성찰하게 되었다. 동대문에서 사온 소주를 정성스럽게 묘에 뿌리고 나머지를 음복한 후 천천히 묘지를 내려왔다.

그는 종로 뒷골목에 있는 전라도 사람의 여관에 묵으면서 일주일 동안 경복궁 안에 있는 '조선민족미술관'도 출근하듯이 찾았다. 그곳에서 아사카와 형제 컬렉션과 무네요시 교수 컬렉션을 수첩에 적어가며 공부하였다.

26. 고향에 돌아오다

1937년, 김환기는 일단 도쿄 생활을 마감하고 고향으로 돌아왔다. 일제시대 사람들은 부산과 일본을 오가는 그 바다를 검은 바다, 현해탄이라고 불렀다. 왜 사람들은 그 바다를 검은 물결의 바다라고 불렀을까. 사실상 그 바다는 눈물의 바다였다. 가난한 고국 조선을 벗어나 내지, 즉 일본인들이 자신의 땅이라고 부르는 일본으로 건너갈 때, 조선인들은 얼마나 가슴이 떨렸을까. 거미줄처럼 촘촘히 쳐진 일본 경찰들의 감시망이 있었다. 그 바다를 건너려면 일본 경찰이 내주는 도항증이라는 것이 있어야 했다. 조선인들은 여러 번 그 도항증을 형사들과 일본 관리들에게 내민 뒤에 부산에서 배를 탈 수 있었다. 일본 땅 시모노세키 항의 위풍은 당당했다. 선창가에 수많은 밥집이 있었고, 여관이 있었고, 술집이 있었고, 욱일승천하는 일본의 기상이 펼쳐졌으며 일본이 자랑하는 신문명이 펼쳐졌다. 그러나 조선의 관문 부산은 초라했다. 뱃사람이 겨우 쉬어갈 조선식 여관들이 누워있었으며 항구는 어지러웠다. 왁자한 조선 노래가 펼쳐지고, 서글픈 조선인들의 남루가 펼쳐졌다. 못 먹고 헐벗은 사람들의 행렬이 초라했다. 길에 서 있는 가로수도 비비 비틀어진 버드나무나 밤나무들이 고작이었고, 일본 내지의 그 정돈된 산수의 멋도 없었다. 오직 가난하고 초라한 흔적만이 난무하였다. 심지어 길거리에는 인분이 흥건하여 비 오는 날에는 걷기조차 힘들었다. 그래서 일찍이 일본에 유학하여 이런 조국과 선진 일본의 극명한 대비를 경험했던 조선의 천재들, 홍명희(1888~1968), 최남선(1890~1957), 이광수(1892~, 6·25때 납북) 같은 문사들도 현해탄에서 눈물을 흘렸다. 초라한 조국이 부끄러워, 인분 냄새가 나는 조국을 똑바로 바라보기가 민망하여, 그 바다 위에서 눈물지었다. 심지어 이룰 수 없는 사랑이 있을 때에는 둘이서 그 바다 위에서 껴안고 떨어졌다. 조선의 천재 화가 김환기도 도쿄 유학생활을 청산하고 시모노세키를 떠나 부산항을 바라보고 올 때, 그 검은 바다 위에서 마음이 착잡하였다. 내가 학업을 마치고 일단 돌아가긴 돌아가는데 나의 앞날은 어찌 될 것인가. 그 검은 바다 현해탄의 물결을 바라보며 그는 번민하였다.

부산에서 서울 가는 특급열차를 잡아타고, 남대문 역에 내렸다. 그때 남산으로 올라가는 남대문의 성벽 주변에는 초가집이 남아있었다. 그는 담배를 꼬나물고 경성부청 앞에 있는 다방, 낙랑파라를 찾았다.

그 당시에는 최신학문으로 알려졌던 공예학을 공부하고 그림을 그리며 미술평론까지 했던 이순석이 희고 반듯한 3층 건물로 재건했던 낙랑파라는 조금 변해 있었다. 순수한 맛이 퇴색하고 밤에는 술을 파는 카페로 변해 있었다. 이름도 낙랑파라가 번거롭다고 해서 새 주인 여배우 김연실은 그냥 '낙랑'이라는 간판을 고집하였다. 첫 주인 이순석이 순백색으로 칠해놓은 건물을 그는 자신이 좋아하는 핑크색과 초록색을 덧칠해 놓았다. 자신은 그때까지 자신이 찍은 영화 승방비곡(1930), 임자 없는 나룻배(1932), 종로(1933)의 상업적 후광을 자랑하며 가게 카운터에서 요염한 자태를 뽐내고 있었다. 핑크색 원피스에 담배를 꼬나물고 요란한 매니큐어를 자랑하고 있었다.

그날 김환기가 낙랑에 들어섰을 때, 김연실은 카운터에서 일어나 그가 앉은 자리로 다가왔다.
"지금 귀국하셨어요? 도쿄 다쿠시(택시)들은 여전히 신나죠? 서울에도 다쿠시가 더 많이 생겨야 하는데, 영화도 더 신나게 찍고… 김환기 화백님, 지난 1월 도쿄 아마기(天城)화랑에서 제 1회 개인전을 멋지게 성사시켰다는 뉴스를 내지신문 문화면에서 읽었어요. 와우, 대단해요! 오늘은 제가 한 잔 내죠. 고향이 어디시더라?"
환기는 어느새 나온 보드카로 목을 축이며 쑥스럽게 대답했다.
"전라도 섬입니다. 신안군에 있는…"
"어머머, 전라도 신안군의 섬이라구요? 나도 다음 영화는 바다에 나가서 찍어야겠다. 와우, 푸른 바다! 그 바다를 달리며 기적을 울리는 증기선의 하얀 연기… 뱃전에 부딪히는 하얀 포말들…"
환기는 그녀의 말을 끊으며 말머리를 돌렸다.
"이건 누구의 전시회입니까?"
그는 벌떡 일어나 벽면에 걸린 30호에서 40호에 이르는 그림을 따라 카페를 한 바퀴 돌았다. 그는 자주 그림들 앞에 멈춰 섰다. 손깍지를 끼며 머리를 크게 얻어맞은 듯 감싸기까지 하였다. 그는 자리로 돌아와 마담 김연실을 불렀다.
"이 그림의 주인이 누굽니까?"
그녀는 풀썩 주의성 없이 환기 앞에 주저앉으며 말했다.
"이번에 내가 아주 과감히 대관에 동의했죠. 그림 한 점 팔리면 5퍼센트씩 커미션을 받기로 하고, 큰 맘 먹고 대관해줬어요. 흐흣, 그런데 번지수를 잘못 짚었던 것 같아요. 아직 한 점도 안 팔렸거든요. 보세요. 대동강 부벽루를 그린 절경이 한 점이라도 있나. 해금강 촉석정을 그린 명장면이 있나. 진해 남강가의 괴석, 거 뭐냐 논개가 왜장을 끌어안고 몸을 던진 뭐 그런 포인트를 개발했어야죠. 아, 저게 뭐예요. 둥근 점에 네모꼴, 쭉 그은 직선 위에 별 같은 낙서… 허 참, 이런 낙서는 나도 하겠다. 글쎄, 보는 사람마다 그냥 고개를 갸우뚱 하기만 하는 거예요. 내가 커미션 받기는 다 글렀다구요."

환기는 자신이 묵을 여관의 전화번호를 적어주었다.

"이 그림을 그린 화가가 오면 제가 머물 남도여관으로 연락 좀 해달라고 해주세요."

"아, 종로 뒷골목에 있는 전라도 여관이군요? 그 집 팔첩반상이 일품이지요. 여관은 크지 않지만 반찬 맛이 워낙 좋아요. 순 전라도식으로 나오니까, 음식은 뭐 전라도 음식이 제일 아니여요?"

환기는 다시 한 번 그 그림을 쭉 둘러보고 김연실에게 화가가 오면 꼭 자신에게 연락하라고 당부를 하였다.

그날 저녁 피곤 때문에 코까지 골며 풋잠에 녹아떨어져 있을 때, 여관집 소년이 흔들어 깨웠다.

"전화 왔어요, 손님에게."

환기가 황급히 수화기를 잡자 젊은 화가가 말했다.

"제 그림을 봐주셔서 영광입니다. 선배님의 존함은 익히 들어 압니다. 저는 일본미술학교 회화과를 다니는 이규상(李揆祥, 화가, 1918년~1967년)입니다. 제 형님뻘이 되시는 걸로 알고 있습니다만…"

"이번에 귀국했습니다. 귀국 선물로 이규상 화백의 그림 한 점을 가지고 가고 싶습니다. 아주 유니크하고 의표를 찌르는 작품입니다. 저보다 앞서 가시는 군요."

"아이고, 부끄럽습니다. 선배님이 오신다면 전시회가 끝나는 대로 졸작을 올릴까 합니다. 값은 받지 않겠습니다. 제가 감히 어찌 선배님께 졸작을 팔 수 있겠습니까?"

"천만에 말씀! … 조선의 화단에 큰 충격을 던졌소. 나는 이규상 화백의 그런 화풍을, 거 뭣이냐… 음… 신사실파(新寫實派) 작품이라 말하고 싶소이다."

"뭐, 뭐라고 말씀하셨습니까?"

"글쎄요. 내가 말해놓고도 금방 잊었네요. 만나서 얘기합시다."

환기는 급히 서둘러 나갔다.

환기는 카페 낙랑에서 첫 전시회를 열었던 이규상을 만나고 그의 작품 하나를 얻은 후, 고향으로 떠났다.

27. 안좌도

그가 자신의 고향 전라도 신안군의 작은 섬으로 돌아가 집으로 들어서자 제일 먼저 어머니가 반색하였다. 환기로부터 큰절을 받은 아버지는 자리에 앉아 담배를 물었다.

"그동안 타관에서 고생 많았다. 동경이라고 별 거 있었겠느냐? 내 집 만한 곳이 없느니라. 내일부터 나하고 나가 우리 집 땅을 둘러 보거라. 나도 우리 집안이 어찌하다 이 남도섬 끝에까지 왔는지는 정확히 모른다. 동학란때 황황히 쫓겨 여기까지 왔고, 섬을 일궈 농토를 가꾸었느니라. 작은 섬에서 나는 곡식까지 합치면 500석 소출은 되느니... 네 대에 열심히 해서 천석지기를 이루 거라."

곁에 앉은 어머니는 암암 하면서 연신 고개를 끄덕이었다. 어머니도 아버지와 장죽으로 맞담배질을 하였다. 부엌에 있는 아내는 부엌사람들을 지휘하며 밥 짓는 일에 골몰하고 있었다. 목소리만은 반가움 때문에 떨고 있었다.

다음날부터 환기는 아버지를 따라 섬을 둘러보았다. 중학교 때부터 도쿄로 떠나 공부를 했었기 때문에 섬은 마냥 낯설기만 하였다. 마름 윤 씨 아저씨가 앞장을 서고, 마을과 농토와 어장을 둘러볼 때, 섬사람들은 모두 고개를 숙였다. 아버지는 뒷짐을 지고 흠흠, 밭은기침을 하였다. 사람들은 환기에게도 허리를 굽혀 인사를 하였다. '도련님, 오셨어요? 공부하시느라 고생 많으셨습니다.' 모두 그의 귀국을 환영해 주었다. 장차 이 농토와 어장을 물려받아 섬의 주인이 될 것이라는 것을 나름대로 헤아리고 있는 듯 했다.

집으로 돌아오며 아버지는 은밀하게 말했다.

"애비, 니가 올해 만으로 25살이지?"

"그렇습니다, 아버님."

아버지는 걱정스럽게 말했다.

"면서기나 면장, 지서주임에게는 모두 손을 써 놨다. 그런데 목포 경찰서에서 불쑥 형사들이 찾아오는 일이 문제다. 뭐, 38살까지 징집대상이라고 하더라. 전세가 마냥 좋은 것만은 아닌 것 같다. 당분간 서울에 올라가 있다가 집에는 가끔씩만 오거라. 목포 사람들이나 면사무소 사람들 눈에 띄지는 말거라. 집에는 저녁에 들어오는 배로 슬쩍슬쩍 다녀가거라."

환기는 서울과 안좌도를 적당히 오르나리며 가급적 섬사람들에게 띄지 않도록 조심하였다. 그 당시 그는 징집대상이었기 때문에 잘못하면 전쟁터에 끌려갈 수 있었다. 그래서 그는 피신 겸 서울 종로 뒷골목에 있는 전라도 여관에 은신해 있었다. 가끔 다시 동경에 찾아가 모교 사람들이나 긴자의 화랑 사람들과 만나기도 하였다. 이듬해, 1938년에는 셋째 딸이 태어났다. 그 위로 자란 두 딸이 갓 태어난 여동생을 안고 업어주었다. 이듬해, 〈제2회 자유미술가협회전〉에 〈론도〉, 〈아리아〉, 〈백구〉 등을 출품하였다. 서울, 도쿄, 목포를 오르나리며 세월을 보냈다. 39년 5월, 〈제3회 자유미술가협회전〉에 〈메아리響〉, 〈

여麗〉를 출품했다. 서울에서 나오는 『문장文章』지에서는 표지화를 그려달라고 했다. 그가 그린 표지화가 문화계에 화제가 되었다. 그 잡지에 글 쓰는 작가들이 여관으로 찾아왔다. 종로에 나가 통음하며 밤을 새는 일이 잦았다.

 28세가 되는 1940년에는 〈제4회 자유미술가협회전〉에 〈창窓〉, 〈섬의 이야기〉를 출품하였다. 이 자유미술가협회는 1940년 가을부터 〈미술창작가협회〉로 이름을 바꾸었다. 그 전 해, 1939년부터 일본은 전시체제로 바뀌기 시작하며 징집령을 강화하였다. 거리에서 젊은이들을 불시에 검문하여 전선으로 보내기 시작했다. 환기는 여관 밖 출입을 삼가며 하루 종일 여관방에서 담배를 피웠다. 혀가 깔깔해지고 밥맛이 없어졌다. 방공법이 실시되며 전차가 가다가 미국 비행기를 피하는 훈련을 하였다. 승객들은 전차에서 내려 가로수 밑에 서 있다가 다시 타고는 했다. 화가들은 추상화를 그릴 수 없었다. 추상화를 그리면 사상이 이상하다고 하며 그림 자체를 못 그리게 했다. 경성부민회관(지금의 서울시의회 자리)에서 〈경성전〉이 열렸다. 일본인 작가 무라이 마사나리, 하세가와 사브로, 야마구치 가오루 등이 출품했고, 서울에서는 김환기, 문학수, 유영국, 이중섭, 이규상, 안기풍 등이 출품했다. 환기는 〈섬이야기〉, 〈정물〉, 〈풍경1〉, 〈풍경2〉, 〈아타미 풍경〉, 〈실내악〉 등 총 6점을 출품하였다. 비교적 구상화에 가까운 쉬운 그림들이었다. 이규상만 기하학적 구성이 두드러진 전위적인 작품을 냈다.

 그 해 10월, 환기는 서울 정자옥 화랑(해방 후, 미도파백화점 화랑)에서 제2회 개인전을 가졌다. 종로경찰서 형사들이 그림을 둘러보며 그림 끝에 서명한 것을 살펴보고 화가가 일본식으로 이름을 바꾸었는가, 즉 창씨개명한 사실들을 점검하였다. 환기는 전시체제가 온몸을 조여 오는 듯한 느낌을 받으며 야간열차를 타고 목포에 내려가 선창가에서 술을 마시며 숨을 고르기도 하였다.

1942년, 30세가 되던 해에 그는 부인과 헤어졌다. 헤어지는 부인에게 섭섭지 않게 하려고 애썼다. 어머니가 세 딸을 꼭 끼고 며느리만 나가기를 바랬다. 부인은 뒤를 돌아보지 않고 목포 쪽으로 나갔다. 섬 생활이 어지간히 고달팠고, 딸들도 할머니를 잘 따랐기 때문에 자신의 길을 선택했다.

환기는 서울로 올라와, 서울에서 사귄 문인들과 자주 어울렸다. 화가이면서 문장에 뛰어난 김용준과 자주 어울리고, 이상을 문단에 소개했던 시인 정지용과도 자주 만났다. 카페 낙랑에는 거의 날마다 나갔다. 점심은 문인들이나 화가들과 어울려 중국집에서 빼갈을 곁들여 술을 마시기 시작하면 결국 늦은 밤까지 중국집에서 나오지 못했다. 중국집 주인도 환기를 환대했다. 밥값과 술값을 넉넉히 받았기 때문이었다.

환기는 보성고보 미술 교사로 재직하고 있는 김용준을 스승처럼 모셨다. 9살이나 연상이고 도쿄미술학교도 일찍감치 나온 그를 깍듯이 모셨다. 하지만 근원(近園) 김용준(金瑢俊, 1904년~1967년, 월북작가)은 환기를 후배처럼 대하지 않았다. 친구처럼 스스럼없이 대하고 말도 꼭 높여 썼다. 그 점이 거북했던 환기는 김용준에게 말했다.

"말씀 낮추십시오. 아우처럼 대해주십시오."

하지만 점잖은 김용준은 언제나 환기를 깍듯하게 대했다. 그에게 야나기 무네요시가 쓴 『조선과 예술』을 전해주며 꼭 읽어보라고 하였다.

환기는 여관방에서 그 책을 완독하였다. 두 사람은 형제처럼 친숙해졌다. 환기는 김용준을 근원(近園) 선생이라 부르며 그의 그림보다 훨씬 뛰어난 문장력을 배우기 시작하였다. 근원 김용준은 자신이 소장하고 있던 조선조 때의 명화들을 보여주며 환기 눈을 띄워 주었다. 환기는 근원 김용준을 만나면서 그가 자신의 예술관과 인생관에까지 큰 영향을 미치고 있다는 사실을 서서히 깨닫기 시작하였다.

28. 근원(近園)과 수화(樹話)

점잖은 근원 김용준이 말했다.
"화가는 본명보다는 아호 하나는 가지고 있어야 합니다. 환기 씨의 아호를 지으러 갑시다. 그림 한 점만 준비하세요."
환기는 10호짜리 도자기화를 챙겼다. 김용준이 말했다.
"우리나라 제일의 서예가 소전 선생을 만나러 갑시다. 그 분에게 아호를 부탁해봅시다."
"소전 선생이 누구신지..."
"아, 소전(素荃). 소전 선생은 글씨를 가장 훌륭하게 쓰시는 서예가이시기도 하지만 우리나라 자기와 고예술을 다루는 전문가이시기도 합니다. 우리 미술인들이 조선 예술의 진수를 터득하고 조선조 500년 미술과 맥을 이으려면 이 분에게 배워야 합니다. 우선 이 분에게 간청해서 환기 씨의 아호를 얻어냅시다."

두 사람은 전차를 타고 효자동으로 향하였다. 소전의 집에는 많은 사람들이 사랑방에 대기하고 있었다. 차례가 되어야 뵐 수가 있었다. 점심을 넘기고 차례가 되어 두 사람이 소전(素荃) 손재형(孫在馨,1902

년~1981년,우리나라 최고의 고미술 수집가) 선생 앞에 큰 절을 올리고 앉게 되었다. 소전 선생은 환기 얼굴을 그윽히 바라보다가 말했다.

"참 상이 좋소이다. 어디 가든 사람들을 즐겁게 하고, 또 사람들을 끌어 모을 상입니다. 따라서 큰 나무가 두런두런 옆에 나무와 이야기를 나누듯 그렇게 사람들을 대하고 점잖게 처신하세요. 예술도 중요하지만 사람이 먼저입니다. 키도 크고 인상도 좋고 그림도 좋으니, 항상 겸손해야 될 것입니다."

그는 환기가 그린 도자기를 바라보다가 말했다.

"좋아요. 서양 예술도 좋지만 먼저 내 나라 작품부터 알아야 되죠. 단원 김홍도의 그림, 혜원 신윤복의 풍속화부터 공부를 시작해보시오. 조선 시대의 미술사에 대해서는 근원이 잘 알고 있으니까. 허허, 근원(近園)으로부터 아호를 얻어도 될 텐데…"

김용준이 겸손하게 받았다.

"아닙니다. 이 사람도 머지않아 훌륭하게 될 사람 같으니, 이 사람의 아호만은 선생님께서 내려주십시오."

소전 손재형은 지필묵을 준비하였다. 그리고 한지 위에 천천히 써 내려 갔다.

'樹話(수화)'

김환기는 감격하였다.

'나무의 대화, 나무가 말을 한다. 아니, 말하는 나무. 커다란 나무가 옆에 나무에게 말을 건네도 좋을 것이다. 아니, 커다란 나무가 세상을 굽어보면서 말을 나누어주어도 될 일이었다.'

김환기는 벌떡 일어나 소전에게 또 한 번 큰절을 올렸다. 근원 김용준도 함께 기뻐해주었다.

"수화라…. 정말 환기 씨와 썩 잘 어울리는 아호입니다. 선생님, 정말 감사합니다. 선생님 덕분에 이 사람은 조선 화단에 큰 인물이 될 것입니다."

소전 선생도 덕담을 붙여주셨다.

"나도 마음에 감동이 되는 바가 있어 그런 아호를 전해주는 것입니다. 대성하시오."

두 사람이 효자동 소전의 집을 나올 때, 환기가 김용준에게 물었다.

"그런데 소전 선생 댁에는 웬 사람들이 그렇게 모여 있습니까? 뭐하는 사람들이죠?"

김용준이 웃으며 대답했다.

"그 사람들, 허름하게 생겼지만… 돈 꽤나 있는 사람들입니다. 조선 제일의 나까마(도매상의 일본말)들이죠. 골동품, 고미술품, 도자기, 목물(木物)들을 다루는 사람들입니다. 소전 선생에게 '이건 진품입니까? 이건 값이 좀 나가겠습니까?' 이런 것들을 물으러 온 사람들도 있고, 고이 간직하고 온 보물들이 진짜인지 가짜인지를 확인 받으러 온 사람들도 있을 겁니다. 그 사람들이 인사동에 터를 잡기도 하고, 조선 팔도를 누비며 고예술품을 찾아오는 눈 밝은 사람들입니다."

환기는 새로운 세계를 보는 듯한 느낌을 받았다. 그리고 자신도 도자기와 목물들을 공부하고 싶었다.

두 사람은 효자동 그 집을 나와 광화문 네거리에서 너무 기쁜 나머지, 동아일보사 근처의 명월관에 들렀다. 오후 시간이라 문을 열지 않았지만 주인은 바깥방을 내주었다. 두 사람은 축배를 들었다.

"근원 형님, 감사합니다. 이 은혜는 잊지 않겠습니다."

수화 김환기가 축배를 올리며 말했다.

"좋은 아호를 얻게 된 것을 이 사람도 진심으로 기쁘게 생각합니다.

축하하오."

환기가 다시 말했다.

"오늘부터는 제가 형님으로 모시겠습니다."

근원이 답했다.

"좋습니다. 형제처럼 지냅시다. 이 어려운 시기에… 나도 외로운 사람입니다. 우리 집사람은 예술을 이해하는 사람이지만 아이를 낳지 못하고 있습니다. 그래서 근자에 딸 아이 하나를 양녀로 받아드렸습니다. 그 어린 것이 우리 내외를 요즘 매일 황홀하게 해주고 있습니다. 우리 집은 고개 넘어 성북리에 있습니다. 우리 집 구경도 할 겸 내가 집으로 초대하겠습니다."

김환기가 말했다.

"제 집은 전라도 끝 섬마을입니다. 언제 때가 되면 저도 형님을 모시겠습니다. 목포에서 두어 시간 배를 타고 가면 됩니다. 제가 사는 섬마을 앞으로 중국 가는 배가 하루 두서너 편씩 지나가지요."

"중국 가는 배가 증기를 내뿜으며 하루 두어 차례씩 지나간다… 아 참, 멋진 얘기입니다. 꼭 그 섬에 가보고 싶소이다. 우선 내가 사는 성북리를 찾아와 주시오. 적적한 우리 내외가 기쁨으로 맞겠소이다. 어린 딸아이도 봐주시고요."

"여부가 있겠습니까? 근원 형님!"

"기쁜 마음으로 맞겠어요. 수화 아우!"

두 사람은 잔을 부딪쳤다. 그때 기생 둘이 들어와 목욕탕에서 갓 돌아온 듯한 향내를 품기며 악기를 고르고 있었다. 환기가 큰 소리로 말했다.

"오늘은 기쁜 날이다. 이런 날에 어울리는 춘향전의 사랑가를 부탁하오."

어린 기생이 악기를 고르며 조심스럽게 목을 텄다.

"흠흠, 진양조로 아뢰오리다. 아하, 사랑 사랑 내 사랑이야/어허 둥둥 내 사랑이야/광한루(廣寒樓)서 한 번 보고 산하지맹(山河之盟) 깊은 사랑/하월 삼경(三更) 밤이 짧아 구곡 같이 서린 정회(情懷)/탐탐히 풀 새 없이 새벽 닭이 원수로다…"

난숙하고 풍요롭게 생긴 기생이 중모리로 받았다.
"둥둥둥 내 사랑 어둥둥 내 사랑/저허리 가거라 뒤 태(態)를 보자/이만큼 오너라 앞 태(態)를 보자/너와 나와 유정(有情)허니/어찌 아니 다정(多情)허리…"
점잖은 근원도 흥이 나는 듯 손으로 상머리를 쳤다. 환기는 장구채를 빼앗아 둥둥둥 장구를 치기 시작했다.

〈1930년대의 근원 김용준〉

29. 함경북도 경성읍

"언니, 언니!"

종현성당 언덕을 막 올라섰을 때, 누군가가 뒤에서 불렀다. 변동림이 돌아섰다. 그리고 반갑게 받았다.

"아니, 영원이 아니야? 영문과의?"

두 사람은 이내 손을 맞잡았다. 1930년대 중반을 넘어선 초여름이었다.

"어떻게 나를 알아봤어?"

"언니의 생머리, 안경, 고개 숙인 얼굴 때문에 금세 알 수 있었죠. 어떻게 보내셨어요? 신문에 기사도 났던데…"

변동림이 대답했다.

"뭐, 신문에서 본 대로, 잡지에서 읽은 대로, 그동안 고생 깨나 했지. 뭐… 사서한 고생이니까 누구한테 원망하겠어. 운명이 다소 가혹했다 생각했지 뭐… 지금은 많이 좋아졌어. 오빠네 집에서 쉬고 있어. 영원이는 그동안 어찌 지냈누? 학교는 졸업했지?"

"네, 학교를 졸업하고 지금은 남산에 있는 여학교에서 햇병아리 영어선생을 하고 있어요. 여름방학이 시작되어 고향으로 돌아가 여름을 좀 보내고 오려구요. 어머니가 경성에서 고생한다고 어서 오라고 성화셔요. 몸보신을 한 후, 뭐 시집을 가라나요? 호호."

동림이 물었다.

"참, 영원은 고향이 어디야?"

"제 고향이요? 함경북도 경성읍(鏡城邑)이에요."

"어디라고? 경성읍이라고? 그런 데가 있었어?"

두 사람은 언덕 아래로 내려가 충무로와 명동이 만나는 지점까지 갔다. 그 근처는 주식이나 돈거래를 하는 금융관계 회사들이 많았다. 그곳에 배우와 가수로 활동하던 강석영이 '모나리자'라는 다방을 운영하고 있었다. 두 사람은 그 끽다정(다방)에 자리를 잡았다. 영원은 동림에게 말했다.

"언니, 맛있는 거 시키세요. 제가 취직 턱을 할게요."

변동림이 받았다.

"취직 턱을 내려면 맛있는 돈까스라도 내야지. 겨우 차 한 잔으로 때우려고?"

이화전문 영문과의 1학년 후배였던 그 처녀는 아름답게 타오르는 볼을 만지며 대답했다.

"우선 시원한 것 시키시구요. 점심은 제가 돈까스로 내겠어요. 언니 지금 뭐하고 계세요?"

동림은 손수건을 꺼내 도수 높은 안경을 닦으며 말했다.

"아이스커피로 줘요!"

동림이 영원에게 물었다.

"아까 고향이 함경북도 어디라고 했지?"

"경성읍이에요. 한만국경하고 아주 가까운 곳이죠. 동해바다도 있고, 뒤로는 백두산으로 연결되는 산맥도 있어요.…. 아가씨, 저도 아이

스커피로 주세요!"

그녀는 숨을 고르고 말했다.

"언니, 마음이 심란하시면 올 여름은 저하고 제 고향 경성읍에 가보시면 어떻겠어요? 제 고향은 깊은 산골도 있고, 수정 같은 동해바다 물결도 있는 곳이에요. 해당화 피는 백사장도 있어요."

나온 아이스커피로 목을 축인 변동림이 조심스럽게 말했다.

"그러고 보니 함경도 경성은 거울 경(鏡)자를 쓰는 그런 곳이 아니던가? 그곳이라면 시인 이상과 가장 가까웠던 김기림 시인의 고향이기도 한데?"

조영원이 반색하며 받았다.

"네네, 지금 그 김기림 시인이 제 동생이 다니는 경성중학교 영어선생님으로 와 계시대요. 저도 그분 시를 좋아해요… 그분 고향은 제 고향과 붙어있는 학중이라구요, 바로 가까운 곳이에요. 그분 시가 이렇죠?"

나의 고향은 저 산 넘어 또 저 구름 밖 / 아라사의 소문이 자주 들리는 곳 / 나는 문득 가로수 스치는 저녁 바람 속에서 / 여엄-염 송아지 부르는 소리를 듣고 멈춰 선다.

변동림이 손뼉을 치며 반색했다.

"그래그래, 그 경성이야. 아라사(러시아)의 소문이 자주 들리는 곳!"

변동림은 주저 없이 대답했다.

"영원, 나 그곳에 가보고 싶어…. 그 함경도 땅, 경성으로 데려가 줘! 아라사 소리가 들리는 그 곳으로!"

철원에서 출발한 그 기차는 금강산역을 지나고, 원산역도 지나 동해안 푸른 바다를 끼고 한없이 올라가다 어느 산골 해안가에서 멎었다. 경성 읍내에는 사각형 꼴의 치성(雉城 : 까치성이라는 뜻)이 있었다. 옛날 성곽의 모습을 간직한 채 동해의 푸른 바다를 마주하고 있었다. 네모반듯한 성곽, 그 성곽의 대문 중에서 세 대문은 모두 부서지고 남대문 하나가 오롯이 남아 있었다. 옛날 임금님께서 꿩이 눈 위에 남긴 발자취를 따라와 지었다는 전설이 남아있었다. 그 함경도의 작은 읍성에는 학교도 있었고, 병원도 있었고, 또 남대천이 흘렀다. 그 남대천이 흘러 바다로 가는 그 곳에 사람들은 해수욕장을 마련하였다.

변동림은 해당화처럼 밝은 그 처녀 조영원을 데리고 곧잘 바다로 나갔다. 그 해 여름, 해풍을 안고 망망한 동해바다를 지켜봤다. 그리고 지난 날의 아픈 상처, 시인 이상의 상념을 씻어냈다. 이상이 남기고 간 그 숱한 원고들 중에서 숙제처럼 남아 모래톱에 걸리는 몇 개의 작품들…. 〈날개〉, 〈봉별기〉, 〈종생기〉 등을 가끔 생각하며 꺼내 읽었다. 그리고 실없이 웃었다. 그녀가 과거에 메여있으면 눈치 빠른 조용원이 그녀의 손을 잡고 조용히 말했다.

"언니, 이제는 다 잊으세요. 그리고 밝은 미래를 그려보세요. 언니는 아직도 젊잖아요."

"그래, 아직 서른도 되지 않은 24이잖아. 그래, 24은 낙담하기에는 너무 젊은 나이지…."

때때로 조용원의 총명한 동생 조요한이 따라왔다. 그리고 소년이 말했다.

"누나, 나도 서울로 갈 거야. 누나처럼 서울에 가서 공부할 거야. 누나, 누나가 아버지께 말씀 드려줘. 나, 누나 집에서 공부하고 싶어."
　변동림도 거들었다.
　"그래, 중학교를 졸업하면 서울로 올라와. 대학은 서울에서 다녀야지."
　조숙해 보이는 그 소년이 당돌하게 동림을 향해 말했다.
　"누님, 누님은 근심이 많은 분 같아요. 근심일랑 저 바다 너머 수평선에 던져버리세요. 바닷가 포말에 묻어버리세요. 여기 계실 때에는 많이 드시고 푹 주무시고, 누님께서도 꽃처럼 다시 피어나세요."
　변동림은 그 총명한 소년이 귀여우면서도 두려웠다. 그의 맑은 눈동자가 자신의 영혼을 쏘아보는 것 같았다. 저녁 식사가 끝나고 나면, 그 식구들은 아주 정성스럽게 변동림을 위해 기도를 해주었다. 조영원의 아버지는 기독교 장로님이었다. 그분은 신심이 깊은 바리톤으로 말씀해주었다.
　"모든 짐을 주님께 맡기거라. 영혼을 새롭게 해서 새 출발을 해보거라. 내 힘껏 밀어주마. 우리 온 식구가 네 영혼을 위해서 기도해주마. 그 젊음을 아끼거라."
　그 장로님의 부인인 영원이의 어머니도 뜨겁게 기도를 해주었다.
　"주님, 이 지친 영혼을 말끔히 씻어 주시옵소서. 거듭나게 해주시옵소서."
　그 가족은 기도회가 끝날 때쯤에는 가족 합창을 하였다. 장로님은 바리톤으로, 성경식으로 이름까지 조요한으로 부르는 그 소년은 청아한 테너로, 어머니는 소프라노로, 그리고 영원은 맑고 깨끗한 알토로 화음을 지어 불렀다. 변동림은 그 가족의 화목함을 바라보며 깨끗한 영혼들이 만들어내는 분위기에 압도되었다. 그녀의 마음과 영혼은 차츰 회복되고 밝아지기 시작하였다. 참으로 고마운 1938년의 여름이었다.

30. 바다와 나비

시인 김기림이 찾아왔다.
"아니, 부인께서 웬일이십니까? 이 함경도까지 어쩐 일이세요? 여긴 아라사 소리가 들리는 곳이 아닙니까?"
변동림이 웃으며 말했다.
"저도 아라사 소리를 듣고 싶어 왔어요. 아라사 소리는 들리지 않네요? … 여기서 선생님이 되셨다죠?"
"네, 눈빛이 맑은 아이들하고 고향바람을 쐬면서 지내다보니 나도 날로 깨끗해지는 느낌입니다."
"선생님 노릇하느라고 시 쓰는 일까지 접고 있는 건 아니에요?"
김기림은 쑥스럽게 웃으며 말했다.
"저도 그 점이 걱정입니다. 그래서 애쓰고 있습니다. 제가 지난해에 세상에 내 놓은 시를 읊어보겠습니다."

아무도 그에게 수심(水深)을 일러준 일이 없기에 흰 나비는 도무지 바다가 무섭지 않다. / 청(靑)무우밭인가 해서 내려갔다가는 어린 날개가 물결에 절어서 공주처럼 지쳐서 돌아온다. / 삼월(三月)달 바다가 꽃이 피지 않아서 서글픈 나비 허리에 새파란 초생달이 시리다.

변동림이 고개를 끄덕이며 말했다.
"제가 이렇게 언뜻 들어서 어찌 시인님의 깊은 뜻을 헤아릴 수 있겠습니까… 그러나 여하튼, 우리 그이 이상 씨의 그 난해한 시보다는 훨씬 맑고 깨끗한 듯합니다. 이 시의 제목은요?"
김기림이 짧게 말했다.
"바다와 나비입니다."
곁에 없는 줄 알았던 조용원이 어느새 나타나며 말했다.
"시인님, 제 영감에는요… 아마도 시인님의 그 시, 바다와 나비가 먼 훗날에는 틀림없이 시인님의 대표작이 될 거예요. 대중들은 어렵고 이해하기 힘든 시보다는 그렇게 귀에 쏙 들어오는 시를 반기잖아요. 저처럼 아무 것도 모르는 사람에게도 가슴 속에 금방 스며들어 오는 시 같네요."
그날 점심에는 시인 김기림이 읍내 한가운데 있는 중국집 청풍루에 두 처녀를 모셨고, 경성중학교 영어선생님으로 학교 사정과 시골학교 교사생활 하기에 대해서 말했다. 고향에서 교사생활 하는 일은 퍽 보람되고 순박한 함경도 소년들의 눈동자가 별빛처럼 힘이 돼준다고 말했다. 조용원이 자신의 체험을 덧붙였다.
"저도 남산 밑에서 여학생들을 가르치고 있지만, 저도 늘 그 소녀들에게서 배워요. 그 아이들이 주는 영혼의 향기를 맡고, 그 아이들이 주는 체온의 향기로 도시의 때를 씻어내곤 하죠."
김기림 시인이 말했다.
"백 번 옳은 말입니다. 선생들이 아이들에게 가르치는 것이 아니라, 선생들이 아이들에게 늘 배우는 거죠. 그 아이들의 맑은 눈동자와 순

정한 영혼들이 선생들의 낡고 찌든 영혼을 씻어주거든요. 전 여기에서 가르치고 방학에는 부모님들이 일궈 놓으신 과수원에 나가 일을 합니다. 일하면서 또 많이 배우죠."

변동림이 말했다.

"저도 이제는 보람 있는 일을 하고 싶어요. 아이들을 가르쳐 보고도 싶고, 글도 써보고 싶어요."

김기림이 말했다.

"아이들을 가르치는 교사라는 직업이 참 좋은 직업입니다. 아이들에게 가르치는 것 같지만 결국 늘 자기 자신을 가르치게 되고, 자신을 돌아보게 되는 것이니까요."

눈을 깜빡이던 변동림이 갑자기 생각난 듯 말했다.

"참, 시인님은 우리 그이와 만나고 서울에서 계실 때에는 어느 신문사에 나가시지 않으셨나요?"

김기림이 씩 웃으며 대답했다.

"네, 동경에 가서 공부하고 서울로 왔다가 한동안 조선일보 기자로 활동했었죠. 허 참, 그때는 늘 술에 젖어있었고 취재를 한답시고 동분서주 했습니다. 늘 바빴고 정신이 없었었죠. 하 이거, 안되겠다 싶어 전 다 때려치우고 도호쿠 제국대학에 진학하여 영문학을 하였죠. 아주 새삼스럽게 늦깎이 공부를 했습니다."

변동림이 말했다.

"그러니까 뒤늦게 공부를 하시고, 선생님이 되셨군요. 저도 하던 공부를 마저 하든지, 어느 깊은 산골에 들어가 아이들을 가르쳐보고 싶어요. 깨끗한 영혼들로부터 전염되고 싶습니다. 깨끗한 영혼의 전염 말입니다...."

31. 구월산에서

변동림은 1938년 말까지 함경도 경성읍에서 이화여전의 1년 후배인 조영원의 집에서 참으로 오랜만에 안온한 생활을 즐겼다. 그리고 이상과 어지러웠던 신혼생활의 뒷끝을 정리하였다. 그러던 어느 날 조영원의 부친이 뜻밖에도 황해도 구월산(九月山) 근처에 있는 심상소학교(지금의 초등학교)를 소개해주며 마음도 다스릴 겸 교사생활을 해보라고 권했다. 변동림은 감사를 표하고 생전처음 가보는 구월산으로 향하였다.

황해도에 있는 구월산은 우리나라 4대 명산 중의 하나이다. 그 산의 정상은 945m가 될 정도로 아득하고 그 광대한 산은 평양아래의 제일 높은 산으로 위용을 자랑하고 있었다. 사리원에서 내려 버스를 타고 힘들게 그 조그만 소학교에 닿았다.

신앙심이 돈독한 기독교 장로가 사비를 들여 세운 그 아담한 소학교는 구월산의 정상이 보이는 산자락에 그림처럼 붙어있었다. 교사 몇 명에 학생이 100여명 되는 조그만 학교였다. 훗날 변동림은 그 학교 풍경을 이렇게 썼다.

'깊은 산속 마을의 그 소학교는 마을에서 떨어진 한참 떨어진 언덕 위에 고즈넉이 있었다. 언덕에 서면 새파란 하늘만 보였다. 언덕 중턱에서 바라보는 구월산의 모습은 수려하고 아름다웠다. 숨을 고르며 언덕을 다 오르자 비로소 넓은 운동장이 나타났다. 그 왼쪽에 그 넓은 운동장과 비교하면 너무나도 초라한 목조건물이 덩그러니 세워져 있었다. 교실 여섯 개, 직원실 하나, 변소(화장실) 두 칸 있었고 그 뒤로는 아득한 구월산만 보였다.'
　　　　　　－변동림이 쓴 정혼〈淨魂〉이라는 중편소설에서

　교무실에는 교장 한 명, 수석 교사라는 명칭이 붙은 나이든 교사 한 명, 그리고 교사는 두 명이 있었다. 그렇게 작은 산 속의 학교에 도시풍의 모습을 한 변동림이 나타나자 아이들이 일제히 소리를 질렀다.
　"야. 예쁜 선생님이 오셨다! 경성에서 사시던 분이래. 아유, 우리학교에도 경성출신 여선생님이 오셨네!"
　사실상 학생들만 반기는 것이 아니라, 깊은 산속의 언덕바지에 신설된 그 학교에 도시내음이 물신 나는 변동림이 나타나자 그 일대 시골마을 까지 금세 소문이 퍼졌다.
　'경성출신 하이카라(멋쟁이) 여선생님이 오셨다오.'
　그 구월산 산록에 아늑하게 위치한 소학교에서 변동림은 비로소 마음의 안정을 찾았고 밤에는 하숙집에서 남포불(옛날식 유리등이 갖춰진 등불)을 밝히고 글을 쓰기 시작하였다. 글이라고 해봐야 구월산 일대의 산골 풍경과 아기자기한 시골 학교생활 내용이었다. 다분히 자전적인 소설형식의 글이었다.

　'나는 과수원에 둘러싸인 장로님 댁에 하숙을 정하였다. 여기까지는 아직 전기가 들어오지 않아 여전히 밤에는 램프 불을 켜고 글을 써야 했다. 나는 아득한 옛날로 돌아온 듯 한 낭만을 느꼈다. 밖으로 나가면 구월산 자락이 보이고 아득히 먼 곳에 그림같은 시골집들이 엎드려 있었다. 아침에는 이슬을 밟으며 우물가로 간다. 논둑 건너에는 교회의 종탑이 보였다. 내가 화가라면 멋진 그림을 그릴 수 있을 것 같다. 아마 이상같으면 이 풍경을 멋지게 그림으로 그렸을 것이다.'
　　　　　　　　　－변동림이 쓴 정혼〈淨魂〉이라는 중편소설에서

　변동림은 그렇게 쓰기 시작한 정혼〈淨魂〉이라는 중편소설을 일본어로 써서 경성의 〈매일신보〉에 투고하였다. 그 글은 식민지 시절의 고비라고 할 수 있는 1942년 12월에 발표되었다. 1941년 태평양 전쟁이 시작된 아주 어수선한 시기에 아득한 황해도 구월산 산자락의 시골 교사의 이야기는 전쟁기운이 감돌던 경성 독자들에게 묘한 매력을 전해주었다. 그 중에서도 총독부(중앙청 자리에 위치했던 조선총독의 집무처) 근처에서 잡지사를 운영하던 일본인 시인 노리다케 가쓰오 (則武三雄, 1919~1990)라는 사람이 그 글을 읽고 변동림에게 편지를 보내왔다.

　'저는 일본사람 노리다케 가쓰오라는 시인입니다. 일본시인이지만 조그만 잡지사를 하고 있고, 조선의 여러 시인들과도 교분을 쌓고 있습니다. 제가 잘 아는 조선 시인으로는 정지용, 이태준, 서정주, 정비석, 노천명 같은 분들이 있습니다. 귀하께서 쓰신 중편소설 〈정혼〈淨魂〉〉을 감명 깊게 읽었습니다. 그 곳 시골에서 교사생활 하시는 것도 보람된 일이겠습니다만, 다시 경성에 오셔서 근무해 보시는 게 어떻겠습니까? 일자리는 제가 알아볼 수 있습니다.'

그러더니 그 일본시인은 얼마 후에 또 이런 편지를 보냈다.

'제가 총독부 안에 속해있는 조그마한 출판사에 자리를 마련했습니다. 경성에 오셔서 근무해 보시죠.'

이렇게 해서 변동림은 다시 경성에서 생활하게 되었다. 거창한 총독부 건물이 가까이 있는 사무실에서 이런 저런 잡문을 쓰고 사람들을 만났다. 본격적으로 글을 쓰거나 편집을 하는 일이 아니라, 이것저것 잡일을 하는 사무직이었다. 곁에는 십대 후반의 박양이라는 아가씨가 있었다. 어쨌거나 다시 경성생활을 시작하면서 생활인으로 돌아왔다. 그래도 저녁에는 꾸준히 글을 써서 〈매일신보〉등에 발표하였다. 그 무렵, 노리다케 시인은 조선 전역을 누비며 기행문을 발표하고 1943년에는 전쟁 중에도 제법 서정적인 시각으로 조선반도를 묘사한 수필집 〈압록강〉을 펴냈다. 그는 자신의 수필집을 전해준다고 하며 퇴근 시간에는 변동림을 다방으로 불러내 문학 담론을 폈다. 그는 어떤 때는 청하지도 않았는데 이상의 시를 암송하기도 하였다.

그 무렵, 노리다케는 총독부 청사 앞에서 퇴근하는 변동림을 자주 기다렸다. 그리고 가까운 다방이나 제과점에서 자기 신상에 관한 이야기를 했다. 일본에서 문과대학을 나오고 그때 조선어를 익혔다고 한다. 조선에 나가 조선의 시가(詩歌)를 연구해보고 싶었다고 했다. 그러던 어느 날 노리다케는 자기가 좋아하는 화가가 있다면서 꼭 소개시켜 주고 싶다는 말도 했다. 그러더니 며칠 후, 그는 그 화가가 전라도 사람인데 고향에서 올라온다는 소리까지 했다. 그리고 남산 근처에 있는 자신의 집에 그 화가와 함께 변동림을 초청하였다.

노리다케는 머리가 하얗게 샌 노모와 함께 단란하게 살고 있었다. 변동림은 초청을 받고 혼자 가기가 쑥스러워 직장동료 박양을 데리고 함께 갔다. 조촐한 일본밥상이 나오고 교양 있어 보이는 그 할머니는 많이들 들라고 권하면서 옆방으로 갔다. 전라도 사람 화가, 노리다케, 그리고 변동림, 박양등이 일본소주 사케까지 마시면서 긴 이야기를 하였다. 지금의 회현동 남산 기슭에서 저녁을 마치고 나오자 박양은 집이 멀다고 하며 전차를 타고 먼저 갔다.

휘영청 달이 밝았다. 전라도 화가 김환기와 노리다케, 그리고 변동림이 본정통(지금의 명동)을 내려오자 많은 사람들이 달밤을 즐기려 나와 있었다. 세 사람은 본정통으로 들어섰다. 달빛에 비친 세 사람의 그림자가 나타났다. 전라도 사람 김환기의 키는 로크샤크(6척 장신이라는 뜻)였고, 150cm 전후의 변동림과 노리다케의 키가 아주 비슷했다. 키 작은 두 사람과 키 큰 김환기화가의 그림자가 아주 대조적이었다. 본정통입구에서 노리다케는 돌아갔다. 김환기와 변동림만 달빛 속을 걸어 종로까지 걸었다. 김환기화가가 말했다.

"시인 노리다케씨는 비록 일본사람이지만, 우리 조선 사람을 아주 좋아합니다. 특히 화가와 시인들을 좋아하지요…. 초면에 이런 말씀은 뭐 합니다만…. 노리다케씨가 변동림씨를 퍽 좋아하는 듯 한데…. 결혼 하실 생각은 없으세요?"

그러자 변동림은 딱 잘라 말했다.

"폐일언하고…. 전 키 작은 남자는 딱 질색이예요. 제가 키가 작은데 남자까지 작으면 되겠어요? 제 전남편 이상을 아시잖아요. 그 사람도 키가 화가님처럼 컸어요. 전 키 큰 남자가 좋아요."

김환기화가는 달빛 아래에서 허허 웃으며 농담인지 진담인지 말했다.

"그럼. 키 큰 제가 청혼을 하면 받아주시겠습니까?"

변동림도 반쯤 농담으로 받았다.

"아. 물론이죠! 일단 키가 크시니까 제 마음에 들고요. 일본에서 공부한 화가이시니까 또한 제 마음에 듭니다."

그 달밤은 그쯤에서 끝나고 두 사람은 종로 네거리에서 헤어졌다.

〈노리다케 가쓰오 (則武三雄, 1919~1990), 일본시인〉

32. 운명의 만남과 결혼

얼마 후 변동림에게 낯선 편지 한통이 날아왔다.

사연을 펼쳐 보니 얼마 전에 노리다케의 집에서 만났던 그 키 큰 화가 김환기가 보낸 편지였다. 자신의 집은 전라남도 신안군에 속한 조그만 섬 안좌도라는 곳이라는 것과 자신에게는 일찍 결혼한 부인과 세 딸이 있다는 내용도 자세히 써 보냈다. 그런데 그 편지 끝에는 의미심장한 내용이 있었다.

'폐일언하고 저는 이제라도 제 예술세계를 이해할 수 있는 여인와 새 출발을 해보고 싶습니다. 저에게 희망을 주십시오. 저는 동림씨에 관한한 잘 알고 있습니다. 동경에 와서 이상씨의 마지막을 감당하시고 얼마 전까지 황해도 구월산 근처에 있는 소학교에서 교편생활을 하시면서 마음을 많이 정리하신 걸로 알고 있습니다. 함께 새 출발 하실 결심이 서시면 알려주십시오.'

상당히 과감한 내용이었다. 변동림은 자신이 혼자 살아갈 사람은 아니라는 것을 스스로 알고 있었다. 김환기화가처럼 키가 훌쩍 큰 그런 예술가에게 기댄다면 새로운 힘이 생길 것만 같았다. 글 쓰는 자신과 그림 그리는 화가가 만난다면 또 다른 세계가 펼쳐질 것만 같았다.

그래서 그녀는 짤막한 답신을 하였다.

'편지 주셔서 고맙습니다. 첫 인상이 아주 좋았습니다. 앞으로 서로 연락해요!'

답신과 함께 얼마 전에 자신의 글이 실린 〈국민문학〉1942년 12월호를 정성껏 함께 싸서 보내주었다.

그러자 김환기화가는 즉시 전라도 섬에서 올라와 그녀를 조선호텔 양식코너로 데려가 멋진 저녁을 내고 그날 밤 청혼을 하였다. 청혼 할 때 그가 건넨 예물은 삼 푼짜리 다이아몬드 반지였다. 참 예쁜 반지였다.

며칠 후, 그는 변동림을 데리고 명륜동에 있는 큰 누님댁으로 향하였다. 그곳에는 경성에 사는 누이들과 친척여인들이 앉아있었다. 김환기가 변동림을 소개하자 큰 누님이 단호하게 반대하였다.

"나는 자네가 결혼하고자 하는 이 여인에 대해 알고 있네. 천하가 다 아는 시인 이상의 부인이 아니였나…. 비록 명문이라는 경성여고보(지금의 경기여고)를 나오고 이화여전 영문과를 다녔다고는 하나, 이른 나이에 그 좋은 이화여전을 착파(중퇴)하고 이상과 어느 절에 가서 결혼을 한 여자 아닌가…. 지금은 여기저기 글을 쓰고 제법 문명을 날린다고는 하지만, 나는 반대일세…. 딸이 셋씩이나 있고 섬에는 어머니까지 살아계신데…. 자네가 전처를 버리고 새 장가를 든 다니…. 우리 친척이나 누나들은 반대일세!"

그러자 김환기는 변동림의 손을 잡고 짤막하게 말했다.

"누님들 뜻은 알겠습니다. 그러나 저도 이제는 제 인생과 제 예술을 갈무리 해 나갈 연치가 됐습니다. 제 일은 제가 알아서 하겠습니다."

김환기는 변동림의 손을 움켜쥐고 힘차게 일어섰다. 두 사람은 그 길로 나와 종로구청에 가서 결혼하는 절차를 문의하였다.

변동림은 이상과 사별 후 오래 방황하던 생활을 정리하고 화가 김환기를 맞을 준비를 하였다. 김환기도 섬에 돌아가 답답한 섬 생활을 힘들어 하며 일본 유학생인 남편, 유식한 화가남편을 멀리서만 바라보다가 떠나겠다는 말을 했다. 두 사람은 합의했고 엄하게 반대하는 아버지의 고집을 무릅쓰고 결행하였다. 부인은 목포로 나가고 세 딸은 섬에 남겼다. 착한 그녀는 떠날 때 환기에게 당부했다.
 "훌륭한 화가가 되세요. 저는 배우지 못해 곁에 있어도 늘 답답했어요. 저도 목포에 나가 공부를 해볼까 해요."
 환기는 그녀에게 공부 할 수 있도록 넉넉한 돈을 챙겨주었다.

 서둘러 상경하였고 1944년 그가 32세가 되던 그해 종로 기독교회관 YMCA 강당에서 새 신부 변동림을 맞았다. 두 사람의 결혼식에 수 많은 화가들과 문인들이 참석하였다. 가장 가까웠던 동경 유학시절의 친구 유영국이 독일제 라이카 카메라를 들고 기념사진을 잘 찍어 주었다. 유영국은 사진에도 조예가 깊은 전문가였다.
 두 사람은 금강산으로 신혼여행을 떠났다.